U0902877

修辞文萃丛书

修辞学

丛书主编　王希杰　李维琦

李维琦　著

湖南师范大学出版社

序　言

◆王希杰

李维琦教授的《修辞学》作为他和我共同主编的“修辞文萃”中的一种再版了，这是汉语修辞学界的一件大事，我想说几句话。

1986年我去长沙到湖南师范大学讲学，一到宾馆，老朋友秦旭卿先生就说中文系系主任李维琦教授马上来看你。并说，李主任跟我通过信。后来李先生担任了湖南师范大学的副校长，积极筹建出版社，创办《古汉语研究》。我每次到湖南师范大学，李校长都到宾馆来看我，还给我送行，即使是他生病住院期间。由于李先生是古汉语专家，音韵学家、训诂学家、文字学家，后来专攻佛学词汇，我们在学术上交往不是很多。他的专长是我不能插嘴胡说的，训诂学、音韵学、文字学、佛学等我是外行。我只能说说他的《修辞学》。

李维琦教授的《修辞学》曾是周秉钧教授主编的“古汉语”丛书中的一种，所以是一部《古汉语修辞学》。李先生执教于湖南师范大学，他是杨树达的再传弟子。杨树达的《中国修辞学》是古汉语修辞学的经典。李先生的《修辞学》和杨树达的《中国修辞学》是20世纪以来最重要的两部古汉语修辞学著作，是“湘派修辞学”的标志性著作，共同引领古汉语修辞学研究的风骚。

同杨树达的《中国修辞学》相比，李先生更重视现代语言学理论，引进了苏联的同义学说，努力构建一个古汉语的修辞学新体系。古汉语修辞学不是很重视体系，理论上跟着现代汉语修辞学走，在这部著作之前似乎没有一个古汉语修辞学体系。李先生对汉语修辞学的贡献是提供了一个古汉语修辞学体系，以同义修辞学说为核心的修辞学体系。而且，这个古汉语修辞学体系不仅是属于古汉语的，而且适用于现代汉语修辞学。这是中国现代修辞学理论的一个大收获。

李先生继承杨树达的传统，又积极吸收外国修辞学理论，既脚踏实地，严谨朴实，又敢于独辟蹊径，大胆创新，他成功地把“湘派修辞学”推向了一个新阶段，在现代修辞学史上写下了光彩的一页。

李先生对汉语修辞学的贡献还有他同王大年等合作的《古汉语同义修辞》，这也是同义修辞学的重要著作。李先生等继承了杨树达的传统，把修辞学与训诂学紧密结合起来。或者说，他们在训诂学的基础上建立起新的古汉语修辞学。

学术的繁荣是多方面因素促成的。学术的进步不靠豪言壮语空头口号，群众运动不能推动学术的繁荣。学术繁荣是继承和创新的产物。学术繁荣需要重新认识学术传统。李先生的《修辞学》虽然已经产生相当大的学术影响，但是还需要重新认识，这个重新认识是汉语修辞学继续发展所必需的。“修辞文萃”重新出版这部修辞学著作就是为了新世纪汉语修辞学的繁荣。

我个人以为，李先生的《修辞学》给我们的启示是学术创新需要全身心的投入。急于求成，浅尝辄止，是很难有所成的。创新需要引进，但是只有真正吃透一种新理论才能够谈得上引进。创新是好，但是需要学术基础，需要多方面的基本功。李先生的音韵学、训诂学、文字学、语法学、古文献学等多方面功底是其《修辞学》成功的保证。

出版李先生的《修辞学》也是为了学风、文风的建设。李先生的学风和文风都是值得赞美与学习的。在目前的学术界和教育界，李先生的学风都是值得提倡的。学术水平是评价学者的重要指标，学者学术水平的高低是由其学术水平所决定的。这是常识。但是切不可忘记，科学精神、学风问题，也是坚定一个学者的根本。杨树达和李维琦的共同点是：学风好，具有科学精神。

再版那些经过时间考验的至今还相当具有参考价值的修辞学著作，这也是中国修辞学发展和繁荣的必要条件之一。这是湖南师范大学出版社出版这套“修辞文萃”丛书的意图。

李维琦是湖南师范大学的前副校长，是我的老朋友，我自信我这样说并非感情用事。

请读者阅读李先生的《修辞学》吧。

李先生的《修辞学》已经被写进了多部汉语修辞学史，早有定评，也留给后代修辞学史家去评论吧。

最后要说的是，湖南师范大学的秦旭卿教授也是“湘派修辞学”的一员大将，“湘派修辞学”第二代的核心人物，对“湘派修辞学”的发展发挥了重要作用。

在这里，我期待“湘派修辞学”的进一步发展与繁荣。

2012 年 5 月 22 日

南京秦淮河畔

目 录

绪 论

一、修辞与修辞学

“修辞”二字连用，古书中出现较早。《易·乾文言》：“修辞立其诚。”意思是修饰词语，表达自己真诚的信念。作为书名，始于元人王构的《修辞鉴衡》。其序言说：“（此书）教为文与诗之术。”这里的“修辞”，与我们现在所说的修辞已相去不远。修辞，通常就是指修饰词、语、句，再宽一点说，就是修饰语言或言语，充分发挥语言的交际功能。关于修辞的不同定义，大都从这里引申出来。为了对修辞有较具体的了解，下面举出一些实例：

> （1）文士怀才，譬若武夫握利兵焉。弓矫矢直，洞坚贯札，洵可为利器矣。或用之以为盗，或用之以御盗，未可知也。此则又存乎心术矣。（章学诚《章氏遗书·评沈梅村古文》）
>
> （2）少游与子瞻同席，自矜髭髯之美，曰：“君子多乎哉！”子瞻戏曰：“小人樊须也。”（《邵氏闻见后录》）尤借对之的者，况又全用经语。（孙奕《履斋示儿编·诗说》）

例（1）是说文士怀才，可以干坏事，也可以做好事，正像武人操持利器，可以为盗，也可以御盗一样。用今天的话来说，这取决于思想如何。用上比喻能让人对这个问题了解得更加具体，更加深刻，例（2）记秦观与苏轼的一次开玩笑。“君子多乎哉！”“乎”、“胡”同音，秦观以君子自许，夸自己胡子多。“小人樊须也”，“樊”、“繁”同音，“须”指“胡须”。苏轼讥笑秦观，说小人才胡须繁密。这里用同音双关构成借对——对偶的一种；两句又都是从《论语》中引出的现成话，修辞上叫做引用。有趣的自夸，善意的讥嘲，反映了两位朋友之间亲切的交情与和谐的关系。

(3) 近日诗流……不曰莺啼而曰莺呼，不曰猿啸而曰猿唤。蛇未尝吟，而曰蛇吟，蛩未尝嘶而曰蛩嘶。厌“桃叶蓁蓁”，而改云“桃叶抑抑”，桃叶可云抑抑乎？厌“鸿雁嗷嗷”而强云“鸿雁嘈嘈”，鸿雁可言嘈嘈乎？油然者作云之貌，未闻泪可言油然。荐者祭之名，“士无田则荐”是也，未闻送人省亲而曰“好荐北堂亲”也。(杨慎《丹铅总录》卷十九)

(4) 夏后氏五十而贡，殷人七十而助，周人百亩而彻。(《孟子·滕文公》)

(5-1) 治世不一道，便国不必法古。汤武之王也，不修古而兴；殷夏之灭也，不易礼而亡。然则反古者未必可非，循礼者未足多是也。(《商君书·更法》)

(5-2) 治世不一道，便国不法古。故汤武不循古而王，夏殷不易礼而亡。反古者不可非，而循礼者不足多。(《史记·商君列传》)

例(3)杨慎所批评的，是追求新颖而用词不当，实际上是同义词选用问题。例(4)“五十”、“七十”之后探下省“亩”字，这是为了音节匀称的缘故，与音韵修辞相关。例(5)《史记》改“多是”(过多地肯定)为“多”(称赞)，改“修”为“循”，属于词汇修辞。此外，又易“不必”、“未必”为“不”，以便与前后形成对偶句式；删去“之王也”、“之灭也”，变两句为一句；加连词“故”，舍弃“然则”与文末“也”字，句型相同，只是表示法不同。这些我们都看成语法修辞。

由此可见，修辞就是用各种语言手段来改善语言的表达方式，加强它的表达效果。修辞学则是总结修辞的历史，研究修辞的手段、方式及其应用，概括修辞规律的科学。古汉语修辞学以古代汉语为研究材料，由于古代汉语是过去时代的语言，现在一般不再使用，学习修辞主要就不是为了应用，而是为了认识和了解古代汉语，所以不侧重讲修辞手段和方式的应用。现代汉语是古代汉语的继承和发展，两者在修辞的许多方面都是相通的，讲古汉语修辞，对现代汉语仍然有重要的借鉴意义。

二、修辞的标准

修辞的标准怎样，修辞学界有许多不同的说法。这些说法有的完全不同，有的有同有异，大同小异。其中以陈望道《修辞学发凡》的观点能为较多的人所接受。陈先生提出适合题旨与情境是修辞的标准与依据。题旨即说写的事项、所要表达的意思。情境包括：①写说目的是劝化人，使人了解，还是同人辩论；②是谁说给谁听，写给谁看，写说者与读听者的关系怎样；③在什么时候、什么地方、什么情况下说话写文章。这是总的提法。分开来说，修辞划分为消极修辞、积极修辞两大类。消极修辞是抽象的、概念的，必须处处同事理符合。积极修辞却是具体的，体验的，它同事实虽然不无关系，却不一定有直接的关系，只要能够体现生活的真理，反映生活的趋向就行。关于消极修辞，《修辞学发凡》明确提出四条标准（原书称为“纲领”）：①意义明确；②伦次通顺；③词句平匀（指选用“本境的”、“现代的”、“普遍的”词语）；④安排稳密（词语切境对机叫稳，词语不多不少恰到好处叫密）。至于积极修辞，带有写说者的体验性，如同他自己亲身经历过一样，能在读者、听众心里唤起具体的印象，获得“感受”。

我们不区分积极修辞与消极修辞，但不否认为这两大修辞所拟订的“纲领”。我们尤其赞同以适合情境和题旨为修辞的总标准。下面提出得当、得体、简约、明白等四点看法对这个总标准的某些方面作阐述和补充。

《礼记·祭义》：“夫言岂一端而已，夫各有所当也。”一个词语，一个语言形式，把它安排在恰当的地方，就叫得当。正如古人所说：“靥子在颊则好，在颡则丑。”酒窝生在嘴角边，那就漂亮，假如长到额头上，就难看了。修辞也是这样，词语没有绝对的好坏，用在该用的地方就好。如《夜泊瓜洲》：“京口瓜洲一水间，钟山只隔数重山。春风又绿江南岸，明月何时照我还？”据洪迈《容斋随笔》所载：王安石这首诗，“初云‘又到江南岸’，圈去

‘到’字，注曰：‘不好’，改为‘过’，复圈去，而改为‘入’，旋又改为‘满’。凡如是十许字，始定为‘绿’”。这个“绿”字定得好，它不仅与“到”、“过”等字一样，能显示出动态，而且进一步赋予春风以造化的功能，它带来生机和春色，使得江南满眼新绿。“春草年年绿，王孙归不归?”（王维诗）江南草长，与下句思乡正好相应。刘长卿诗：“新年草色远萋萋，久客将归问路蹊。暮雨不知浈口处，春风只到穆陵西。孤城尽日空花落，三户无人自鸟啼。君在江南相忆否，门前五柳几枝低?”富寿荪《唐诗别裁·校记》指出：“肃、代之时，江淮间有刘展之乱，穆陵以东，光、黄、舒、庐皆苦兵扰，不识春和矣，其西则差安静，故有第四句。”可知“春风”是双关，兼指政治局势。这里的“到”却不可改为“绿”。时局惨淡，又是新年久客，暮雨孤城，伤时感事，如果用上绿字，显得生意盎然，便与全诗的题旨、情境无法调和。“春风东来忽相过，金樽渌酒生微波。”（李白《前有樽酒行》）“春风不相识，何事入罗帏?”（李白《春思》）“山雨欲来风满楼。”（许浑《咸阳城东楼》）诗句中的“过”字、“入”字、“满”字同样用得恰到好处。在一个地方不好用，到别的地方还是有派上用场的机会。

和得当相联系的是得体。写说者与听读者总是处在一定的关系之中。所写所说能与这种关系相应，写说能注意到写说的场合，就叫得体。如果是写文章，文章有文体，有风格，能符合文体的要求，能取得风格的一致，也是得体。我们下面举些不得体的例子，反过来看，什么是得体也就能有所了解了。

(1-1)（韩信）使人言汉王曰：齐伪诈多变，反复之国也，南边楚。不为假王以镇之，其势不定，愿为假王便。（《史记·淮阴侯列传》）

(1-2) 使人言汉王曰：齐夸诈多变，反复之国，南边楚，不为假王以填之，其势不定。今权轻不足以安之。臣请自立为假王。（《汉书·韩信传》）

(2) 陈思之文，群才之俊也。而《武帝诔》云：“尊灵永蛰。”《明帝颂》云：“圣体浮轻。”浮轻有似于胡蝶，永蛰颇疑于昆虫。施之尊极，岂其当乎？潘岳为才，善于哀文，然悲内兄则云“感口泽”，伤弱子则云“心如疑”。《礼》文在尊极而施之下流，辞虽足哀，义斯替矣。（刘勰《文心雕龙·指瑕》）

（3）凡人摘裂书语以代常谈，俗谓之掉文，亦谓之掉书袋。掉书袋三字见马令《南唐书·彭利用传》。利用自号彭书袋。传中所载掉文处，真堪绝倒。传有云：或问其高姓，对曰：“陇西之遗苗，昌邑之余胄。”又问其居处，对曰：“生自广陵，长侨螺渚。”其仆尝有过，利用责之曰：“始予以为纪纲之仆，人百其身，赖尔同心同德，左之右之。今乃中道而废，侮慢自贤，故劳心劳力，日不暇给。若而今而后，过而勿改，予当循公灭私，挞诸市朝，任汝自西自东，以遨以游而已。”……利用丧父，客吊之曰：“贤尊窀穸，不胜哀悼。”利用对曰：“家君不幸短命，诸子糊口四方，归见相如之壁，空余仲堪之棺，实可痛心疾首，不寒而栗。苟泣血三年，不可再见。”遂大恸。客复勉之曰：“自宽哀戚，冀阕丧制。”利用又曰：“自古毁不灭性，杖而后起，卜其宅兆而安措之。虽则君子有终，然而孝子不匮。三年不改，何日忘之？”又大欷歔。吊者于是失笑。会邻家火灾，利用往救。徐望之曰：“煌煌然赫赫然，不可向迩，自钻燧而降，未有若斯之盛，其可扑灭乎？”又尝与同志远游，迨至一舍，俄不告而反。诘旦或问之故。利用曰：“忆思朱亥之椎，犹倚陈平之户，窃恐数钧之重，转伤六尺之孤。”其言可哂者类如此。（周寿昌《思益堂日札》九）

例（1）《史记》“愿为假王便”较为得体：我愿意做代理齐王，以便治理。韩信仍愿受汉王节制，为王的雄心又不可抑止，自然应当这样说，以求得刘邦的同意。《汉书》改为“臣请自立为假王”，本来是“自立”，但既要汉王批准，就不好自己这么说。例（2）刘勰批评曹植不该讲他父亲（曹操）的死是“尊灵永蛰”，只有昆虫才能“蛰伏”。又指出曹植的另一个语病，他在《冬至献袜颂》里说："翱翔万域，圣体浮轻。""圣体"是讲明帝曹睿，说"浮轻"有失庄重，"施之尊极"，就不得体了。刘勰也承认潘岳有才华，但没有放过他文章中的缺点。"感口泽"是悲母亲逝世的（见《礼记·玉藻》），"心如疑"只用于长辈（见《礼记·檀弓上》），弄错了对象。例（3）转述彭利用"掉书袋"的事，说话照古书搬，就不可能得当。如"不幸短命"是孔丘在别人面前讲他的学生颜回早死了的话，现在用来指父亲去世，自然要成为笑柄。就算是都得当，写在纸上给懂古书的人看，或者还可以，用这些话来进行日常交际，不顾场合瞎说，遭到讪笑是必然的。

《论语·卫灵公》："辞达而已矣。""达"是表达，把意思说明白，下面将要讲到。"辞达而已矣"，不再多说，这就是简约。古代论为文简约的不乏其人，其中论述得比较充分的要算唐朝的刘知几。他说："夫国史之美者以叙事为工，叙事之工者，以简要为主。简之时义大矣哉！""然则文约而事丰，此述作之尤美者也。"并提出了一些删繁就简的办法。《史通》专门讨论史书。不但历史，一切文章都要简约。陈骙说："且事以简为工，言以简为当。言以载事，文以著言，则文贵其简也。"（《文则·甲》）清人刘大櫆对简的意义阐述得更透彻，他说："文贵简，凡文笔老则简，意真则简，辞切则简，理当则简，味淡则简，气蕴则简，品贵则简，神远而含藏不尽则简，故简为文章尽境。"（《论文偶记》）。

言简意丰，以较少的笔墨叙明较多的事情，确是修辞的一项重要标准。要达到简约，作者必须具有较高的文化修养，像刘大櫆所说，要意真、辞切、理当，文笔老到，目光邃远等。否则，一味追求简约，就势必使文字疏漏晦涩。这种现象看得多了，有人就以为简约不见得能成为标准了。比如刘器之就说："《新唐书》好简略其辞，故其事多郁而不明。迁、固载相如、文君事几五百字，而读之不觉其繁，使子京记之，必曰'少尝窃卓氏以逃'而已。文章岂有繁简，要当如风行水上，出于自然。不出于自然，而有意于繁简，则失之矣。《唐书》进表曰：'其事则增于前，其文则省于旧。'新唐所以不及两汉文章者，正在此两句。而反以为工，何哉?”(转引自《滹南遗老集·新唐书辨惑》)《新唐书》除了生造词语、变易旧文之外，它行文的毛病还在于疏略与晦涩，并不是简约本身的过错。

顾炎武有一个说法:“辞主乎达，不主乎简。”《日知录·文章繁简》说:

“齐人有一妻一妾而处室者。其良人出，则必餍酒肉而后反。其妻问所与饮食者，则尽富贵也。其妻告其妾曰：良人出，则必餍酒肉而后反，问其与饮食者，尽富贵也，而未尝有显者来。吾将瞯良人之所之也。”此必须重叠而情事乃尽。此孟子文章之妙。使入《新唐书》，于齐人则必曰：其妻疑而瞯之……是故辞主乎达，不主乎简。

顾炎武举的例子说明：当简则简，当重就重。简约虽是重要标准，但不是最高标准。如果简与达产生矛盾，简应当服从于达。语言首先要求明白，它的功能才能得到发挥。尽管如此，简约仍是一项不可动摇的原则。杨慎《丹铅杂录》在“辞尚简要”小标题下说:

吾观在昔文敝于宋，奏疏至万余言，同列书生尚厌观之，人主一日万几，岂能阅之终乎？其为当时行状墓铭，如将相诸碑，皆数万字。朱子作《张魏公浚行状》四万字，犹以为少，流传至今，盖无人能览一过者，繁冗故也。元人修宋史亦不能删节，如反贼李全一传凡二卷六万余字，虽览之数过，亦不知其首尾何说，起没何地。宿学尚迷，焉能晓童稚乎?

这里反对繁冗的见解经得起辩驳，所举繁冗的事例也不可否认。

《论语》说:“辞达而已矣。”这个“达”实际上就是明白，前面已经两次提到。杨树达作《中国修辞学》，立“避嫌”、“别白”二目，“避嫌”和“别白”都是为了使文意明白无误。目虽是杨氏所立，而所举全是古书中的例子，可知我们的祖先早就懂得必须把话说得明白无疑。如《春秋·隐公元年》:“秋七月，天王使宰咺来归惠公仲子之赗。”顾炎武《日知录》卷四说:“《尚书》之文但称王，《春秋》则曰天王。以当时楚吴徐越皆僭称王，故加天以别之也。”又云：“鲁有两仲子，孝公之妾（即惠公之母）一仲子，惠公妾（即桓公之母）又一仲子，故此不得不称之曰惠公仲子也。”

作为一个论点，晋代葛洪《抱朴子》已提出文贵“易晓”，而不贵“难知”。南宋朱熹则谈得更多：“文章须正大，须教天下后世见之明白无疑。”“圣人之言，坦易明白。”（均见《朱子语类》卷139）“（前辈作文）务为明白磊落，指切事情，而无含胡脔卷、睢盱侧媚之态，使读之者不过一再，即晓然知其为论某事，出某策，而彼此无疑也。”（《跋余岩起集》）

说话写文章，原是为了把意思传达给人。让人明白，既是说写的出发点，也是说写要达到的直接目的。文章有不易理解的地方，词语含糊混淆，尽管是了不起的大家和公认的权威，也很难不遭到批评。例如：

> 退之《行难》篇云：“先生矜语其客曰：某，胥也；某，商也。其生，某任之；其死，某诔之。”予谓上二某字，胥商之名也。下二某字，先生自称也。一而用之，何以别乎？（《滹南遗老集》三十五）

又如《左传·桓公十年》：

> 公会齐侯于泺，遂及文姜如齐。齐侯通焉。公谪之。以告。夏四月丙子，享公，使公子彭生乘公，公薨于车。

陈望道《修辞学发凡》对此提出疑问：“通”谁？“谪”谁？谁“告”？“告”于谁？再读《管子·大匡》，才能解决所有这些疑问。《大匡》篇说：

> 遂以文姜会齐侯于泺。文姜通于齐侯。桓公闻，责文姜。文姜告齐侯。齐侯怒，飨公。使公子彭生乘鲁侯，胁之。公薨于车。

这些是后人指摘前人。同时代人的批评也不乏其例。《涵芬楼文谈》（五）载：

> （宋子京）与欧阳文忠并修唐史，往往以僻字更易旧文。

> 文忠病之而不敢言，乃书“宵寐匪祯，札闼洪庥”八字以戏之。宋不知其戏己，因问此二语出何书，当作何解。欧言此即公撰《唐书》法也：宵寐匪祯者，谓夜梦不祥也；札闼洪庥者，书门大吉也。宋不觉大笑。（转引自陈望道《修辞学发凡》）

意见提得很诙谐，但意见本身却分量不轻。

主张明白，自然不赞同隐晦，但并不反对含蓄。言近意远，辞浅义深，语已毕而意不尽，“睹一事于句中，反三隅于字外”（刘知几《史通》）。明白与简约结合，是高水平的修辞，是难得的佳境。古人所举实例，在书史方面如：“帝乃殂落，百姓如丧考妣。”（《虞书》）“前徒倒戈，血流漂杵。”（《周书》）高祖亡萧何，“如失左右手”；汉兵败绩，“睢水为之不流”（《史记》）；董生乘马三年，“不知牝牡”，翟公之门，“可张雀罗”（《汉书》）。在诗文方面如：

> 诗云：“牂羊坟首，三星在罶”，言不可久。古人为诗，贵于意在言外，故言之者无罪，闻之者足以戒也。近世诗人惟杜子美最得诗人之体。如“国破山河在，城春草木深。感时花溅泪，恨别鸟惊心。”“山河在”，明无余物矣，“草木深”，明无人矣。花鸟平时可娱之物，见之而泣，闻之而悲，时可知矣。（司马光《温公续诗话》）

三、修辞学的体式

我们暂且以已出版的成体系的修辞书为依据，来看修辞学的体式及对体式研究之进展。修辞学著作有讲篇章段落与语体风格的。许多人都以为篇章段落是文章学的内容，而语体风格可以建立一门独立的风格学，在文章学还缺乏重要的著述、风格学还没有独立之前，把它纳入修辞学的范围也未尝不可。但是这或许只可算是研究修辞学的方案之一。我们如果把篇章段落和语体风格搁在一旁，再将通论或理论部分除去，则一般修辞书所讲述的，主要是修辞格和语言要素等表达手段了。有以修辞格为主的，这是自《修辞学发凡》以来，多数人习惯的传统体系。得到专家肯定的修辞学新书也多是以辞格为主，只不过不“一字儿摆开”，而由修辞目的来统帅罢了。有以语言要素等表达手段为主的。修辞中强调语言要素，20世纪50年代已发其端，张瓌一（1953）、张弓（1963）的修辞著作对此已不同程度地论及，直到70年代末期才出现以语言要素等表达手段为主的修辞专书。还有第三种情形，辞格与表达手段对开，把辞格的一部分挪到表达手段中去论述。最能代表这一体式的修辞书是1980年出版的倪宝元的《修辞》。也在这一年，有文章宣扬修辞中的同义学说，以为研究同义结构应当是修辞学的全部，想用同义说来代替修辞学。这在修辞学界引起了强烈反响，即使是反对者，也承认同义学说有可取的地方。我们认为，同义学说对汉语的修辞研究，特别是对古汉语的修辞研究是很有用处的，因为古汉语大量可资对比的材料中，许多便是同义形式或同义手段。这些材料如古书的不同版本，《尚书》、《左传》、《国语》与《史记》，《史记》与《汉书》，《后汉书》与《三国志》，新旧《唐书》，新旧《五代史》，同书中不同章节所载或不同的书所载的同一事实或同一说法，类书与群书，引文与原文等。（现代汉语找不出这么多的同义素材。）不仅素材丰富，而且我们的祖先早已积累了若干分析语言同义形式的经验。如《公羊传》所载：

（1）郑伯克段于鄢。克之者何？杀之也。杀之则曷为谓之克？大郑伯之恶也。（《隐公元年》）

（2）祭伯来。祭伯者何？天子之大夫也。何以不称使？奔也。曷为不言奔？王者无外，言奔则有外之词也。（同上）

例（1）“克”与“杀”同义，解释了选“克”不选“杀”的缘故。

例（2）“来”与“奔”同义，用“来”有用“来”的理由。

分析同义结构的如：

（3）晋侯侵曹，晋侯伐卫。曷为再言晋侯？非两之也。然则何以不言“遂”？未侵之也。未侵曹则其言侵曹何？致其意也。（《僖公二十五年》）

例（3）本也可写作“晋侯侵曹，遂伐卫。”《春秋》不用“遂”，并且后句不省主语，照《公羊传》的解释，因为侵曹是名，伐卫是实，所以“晋侯”两出，也不能用“遂”字。

古汉语中同义材料丰富，有分析同义形式的先例，我们可尝试把同义学说引进到古汉语修辞学中来。引进并不是代替，决不能抛弃原有修辞研究的成果。我们在编写本书时，既保留了原有的辞格之大部分，也没有放弃语言要素作为修辞的表达手段，同时又把同义说与古汉语修辞实际结合起来，构成本书的绝大部分篇幅。我们又认为，在要说的意思即题旨已经确定的情况下，选用什么信息来表达这个意思，即信息的选取，应当纳入修辞的范围。这至少也是修辞的伴随现象，合在修辞里一起研究，有一定的实用价值。①因此，本书给了信息选取以一席之地，姑且叫它做提炼。在群策群力以取得修辞学进展的巨大努力之中，本书从这两方面作些探索，或许不是无益的。

四、学习、研究修辞学的意义

语言对于人类的意义是人们所熟知的。没有语言就没有人类。语言的丰富、发达与表达功能的增强，是和人类素质的提高、人们智慧的发展以及社会的进步互相联系互相促进的。人类文明的增进，要求丰富和改善语言表达方式，加强它的表达效果，反过来，改善语言的表达方式，讲究语言表达效果又有利于增强人类文明。语言是人们交际、交流思想，用来协调自己活动的工具，是社会斗争和发展的工具。为了人类更美好的生活和更合理的社会，我们不但要透彻了解这个工具，更重要的是要充分利用这个工具。过去的研究，重在认识，忽略利用。认识远不够，我们还要继续深入，但同时要注意研究利用。语音学、语法学、词汇学等是认识语言的科学，而修辞学则是研究利用语言、使它充分发挥效能的科学。总

① 关于信息选取，参见李维琦：《黄犬奔马句法优劣论》，湖南师范学院学报 1984 年 4 期。

之，我们学习修辞是为了更有效地利用语言，为人类进步和社会发展服务。

研究、学习古汉语修辞学，至少有两方面的意义：一是有助于提高我们理解古代书面语的能力。例如，为了强调事物本质的真实，往往要用到夸张手段。理解起来，就不能拘泥于字句。杜甫《古柏行》："霜皮溜雨四十围，黛色参天二千尺。"沈括讥嘲这里的数字不确，说"四十围乃是径七尺，无乃太细长乎？"（《梦溪笔谈·讥谑门》）黄朝英为杜甫辩护："古制围三径一，四十围即百二十尺。围有百二十尺，即径四十尺矣。……径四十尺，其长二千尺宜矣，岂得以细长讥之乎？"（《苕溪渔隐丛话》前集卷八引《缃素杂记》）杜甫不过说古柏高大，"四十围"、"二千尺"都是夸张说法，完全不必像沈、黄两位那样去计较树高与围大的比例。

《左传·僖公二年》："狄人伐卫。卫懿公好鹤，鹤有乘轩者。将战，国人受甲者皆曰：'使鹤！鹤实有禄位，余焉能战？'"汪中《述学·释三九》说："鹤无乐乎乘轩，好鹤者不求其行远。谓以卿之秩宠之，以卿之禄食之也。故曰：鹤实有禄位。"卿出行可以乘车，乘车是卿的待遇之一，借一个方面代全体，用乘车表示卿的级别和俸禄。假如直接理解为"鹤有乘车子的"，正如汪中所说，鹤不以乘车为乐，卫懿公也不是要鹤乘车远行，"鹤有乘轩者"这话就讲不通了。《易·杂卦传》："晋，昼也；明夷，诛也。"俞樾《古书疑义举例》卷一说："《杂卦传》：'乾刚坤柔，比乐师忧。'皆两两相对。他卦虽未必然，而语意必相称。独'晋，昼也；明夷，诛也'其义不伦。愚谓此参互以见义也。"指出了修辞中参互一法。又如《孟子·滕文公下》："引而置之庄岳之间。"赵岐注："庄岳，街里名也。"顾炎武《日知录》卷七云："庄是街名，岳是里名。""庄岳，街里名也"是合叙，也可说成庄是街名，岳是里名。懂得上下句有时错综其词这种修辞手法，就不会把"庄岳"理解为一个词，把"街里"看成一回事了。

学习古汉语修辞学的另一个意义，是有利于提高语言素养、提高对古籍作品的欣赏水平。

(1) 熙宁初，欧公作《史照岘山亭记》以示子厚。子厚读至“元凯铭功于二石，一置兹山，一投汉水”曰：“‘一置兹山，一投汉水’亦可，然终是突兀。惇欲改曰：‘一置兹山之上，一投汉水之渊’为中节。”文忠公喜而用之。（王铚《默记》卷下）

(2) 广武君曰：“臣闻‘智者千虑，必有一失；愚者千虑，亦有一得。’故曰：‘狂夫之言圣人择焉。’顾恐臣计未足用，愿效愚忠。”（《汉书·韩信传》）

例（1）记章惇（子厚）改文，理由是为了“中节”，“中节”就是合乎音节要求，适应韵律需要。《晏子·杂篇下》有云：“圣人千虑，必有一失；愚人千虑，必有一得。”例（2）广武君的话，改后一“必”为“亦”，显得更加谦和。

(3) 欧公文多是修改到妙处。顷有人买得他《醉翁亭记》原稿，初说“滁州四面有山”，凡数十字，末后改定，只曰“环滁皆山也”五字而已。(《朱子语类》卷139)

(4) 吴晦悔（恭亨，1857—1937）庚子年尝撰一墓铭，写质王葵园，明日发还，于铭辞“深谷高陵，此阡不磨”句，乙为“陵深谷高”，忽若苍劲无伦。前辈之炉锤不苟，至可想见。(傅熊湘《钝安脞录》卷一)

例（3）除删去一些不必要的信息外，句式也作了更动。原句讲“滁州”怎么样，改句除滁州的四围如何，且简去一字。例（4）改句主要是调整词序，让“陵”、“谷”与“阡”一样作主语，使“陵深谷高”衬托“此阡不磨”，显出苍劲的特色。

(5)《南朝野史》载张回寄远诗：“蝉鬓凋将尽，虬髭白也无？”齐己改为“虬髭黑在无”。(戴埴《鼠璞》)

(6) 晋孝武帝崩，从叔尚书令珣为哀册，出本示诞，曰：“犹恨少序节物。”诞揽笔便益之，接其“秋冬代变”后云：“霜繁广除，风回高殿。”珣叹美，因而用之。（《南史·王诞传》）

例（5）的修改可说是借代，原句、改句意思一样，只是出发点不同，正如杨树达所说："'白也无'有欲人须白之意，非事理也，故改之耳。"（《中国修辞学》）例（6）的添句增加了新的信息，由两句表示节令的话增强了肃穆的气氛，使文章得到了进一步的完善。

学习、研究古汉语修辞学，就会大大提高我们的语言素养，加强我们对古籍的阅读理解能力，就能为古为今用创造条件，在社会主义两个文明的建设中做出贡献。

第一章　音韵修辞

第一节　传其声情

什么样的声音表现什么样的意义，取决于远古以来的民族习惯，这就是所谓的约定俗成。从这一角度说，语音和语义没有必然联系。但它们也不是完全绝缘的两回事。如“击”字的音，与敲击钝物的响声相近，“滴”字的音和雨滴于地的响声相近，“喜”音接近于嘻嘻笑，“乌”音类似于乌鸦啼。语音跟语义融合无间，自然更能贴切地表达情意。只是这类可供利用的资料不多，我们还不能就此展开论述。本节所讨论的是另外两个方面：声的模拟和音的组合。

一、声的模拟

声的模拟指摹写人或物发出的声音。如：

(1) 无何，折纸戢戢然，拔笔掷帽铮铮然，磨墨隆隆然，既而投笔触几，震震作响，便闻撮药包裹苏苏然……（蒲松龄《聊斋志异·口技》）

“铮铮”、“苏苏”是摹拟，我们读了，如闻其声，这便加强了语言的直观性。“戢戢”、“隆隆”、“震震”是描写，我们读了，可获得具体的感受，这便加强了语言的形象性。用绘画作比，摹拟是形似，描写是神似。形似要求模样相像。掷金属笔帽于案，“丁”的一声，就是所谓“铮铮”然。用纸包药，索索作响，就是所谓“苏苏”然。神似不要求外形毕肖，而要求神情不差。“戢戢”是说声音于寂静中清晰可辨，未必指折纸发出“戢戢”这样的声音。磨墨当不至于轰隆轰隆地响，投笔也到不了“震震”的程度，用“隆隆”、“震震”来形容，是说听起来声音大，听得真切，不容置疑。这都是抓住神情的写法。就与原来的声音的关系说，所有的摹声都可归入摹拟和描写两类，非此即彼。摹声的作用，能使语言获得直观性和形象性，从而更好地达意传情。

(2) 一之日觱发，二之日栗烈。(《诗经·七月》)

(3) 无边落木萧萧下，不尽长江滚滚来。(杜甫《登高》)

(4) 浔阳江头夜送客，枫叶荻花秋瑟瑟。(白居易《琵琶行》)

(5) 关关雎鸠，在河之洲。(《诗经·关雎》)

(6) 旦辞爷娘去，暮宿黄河边。不闻爷娘唤女声，但闻黄河流水鸣溅溅。(《木兰诗》)

(7) 泉水激石，泠泠作响；好鸟相鸣，嘤嘤成韵。(吴均《与朱元思书》)

(8) 大弦嘈嘈如急雨，小弦切切如私语。(白居易《琵琶行》)

(9) 管弦呕哑，多于市人之言语。(杜牧《阿房宫赋》)

(10) 府吏马在前，新妇车在后。隐隐何甸甸，俱会大道口。(《古诗为焦仲卿妻作》)

(11) 车辚辚，马萧萧，行人弓箭各在腰。(杜甫《兵车行》)

(12) 坎坎伐檀兮，置之河之干兮。(《诗经·伐檀》)

(13) 手之所触，肩之所倚，足之所履，膝之所踦，砉然响然，奏刀騞然。(《庄子·养生主》)

这些例句摹写了冻裂声、草木摇落声、鸟鸣声、水流声、音乐声、车马声、刀斧声。如果我们不讲毕毕剥剥（觱发）、萧萧瑟瑟、关关嘤嘤、泠泠溅溅、嘈嘈切切、辚辚萧萧、坎坎哗哗（砉、騞）等，只说发出了冰裂声、落叶声……便失去了具体的感受，没有生动的印象，剩下的就只是一些枯燥的陈述和笼统的概念。而枯燥和笼统有时是要折磨人并令人生厌的。

摹写人发出的声音，多半用叹词记录下来，但不都是叹词：

(14) 嘻，技亦灵怪矣哉！(魏学洢《核舟记》)

(15) 陈涉太息曰："嗟乎！燕雀安知鸿鹄之志哉？"(《史记·陈涉世家》)

(16) 唧唧复唧唧，木兰当户织。(《木兰诗》)

"嘻"和"嗟乎"是叹词，"唧唧"就不是。

摹写人的声音，有时能起到突现人物性格的作用。例如：

(17) 亚父受玉斗，置之地，拔剑撞而破之，曰："唉！竖子不足与谋！夺项王天下者，必沛公也。吾属今为之虏矣。"(《史记·项羽本纪》)

(18) 项王喑噁叱咤，千人皆废。(《史记·淮阴侯列传》)

(19) 昌为人吃，又盛怒，曰："臣口不能言；然臣期期知其不可。陛下虽欲废太子，臣期期不奉诏。"(《史记·周昌列传》)

例(17)"竖子不足与谋"，表面上是对项庄说话，实际上是指项羽而言。前面一声长叹，范增的惋惜、责备、气愤，都可以从"唉"中看出，体现了一位年长的重臣对项羽的忠爱之心。例(18)"喑噁叱咤"摹写发怒的声音。"喑噁"是从鼻子里哼出的怒不可遏的先声，叱咤是破口而出的大声呵斥。正如后人所说："喑呜则山岳崩颓，叱咤则风云变色。""喑噁叱咤，千人皆废"画出项羽这个人物的"盖世"豪情。例(19)"期期"(jī jī)摹拟口吃。"臣期期知其不可"，"臣期期不奉诏"两句，使一位强直朴拙的大臣形象活现起来。如果删去两个"期期"，表达效果就大为逊色了。

摹写多用叠音词，但也有不用的，如例(2)的"鬅发"，例(14)的"嘻"，例(17)的"唉"，例(15)的"嗟乎"，例(18)的"喑噁"、"叱咤"等。

二、音的组合

这里说音的组合，是指通过精心的安排，使语音和语意相称。不是所有的语音组合都能与相应的意义吻合无间，尽管如此，并不妨碍语言发挥交际效能。但语音的组合如果能与语义相称，那交际作用就会发挥得更好，还可形成类似于音乐的境界，使读者得到美的享受。

(1) 素练风霜起，苍鹰画作殊。㧐身思狡兔，侧目似愁胡。绦镟光堪擿，轩楹势可呼。何当击凡鸟，毛血洒平芜！(杜甫《画鹰》)

这首诗写苍鹰画得逼真，神情飞动，迅猛鸷悍。反复咏读，似乎能感觉到猛禽冲刺的呼呼风声。这四十个字中，素、风、霜、画、殊、㧐（耸）、身、思、似、胡、镟、轩、势、呼、何、凡、血、洒等是拂音（现代语音学叫擦音）。拂音的发音，是从狭缝中擦出声来，性质与风声相似。十八个擦音组合在一首五律中，正好和风霜凛凛的肃杀之气相应。

(2) 银瓶乍破水浆迸，铁骑突出刀枪鸣。(白居易《琵琶行》)

这两句写琵琶声如银瓶破裂、刀枪撞击。除“银”、“水”、“鸣”三字外，全用戛音、透音。用现代语音学术语解说，塞音和塞擦音中的不送气音叫戛音，送气音叫透音。突然打开口腔中完全闭塞的部位，发出声音来，与撞击相类。强气流冲破口腔中完全阻塞的障碍，与爆破相似。用戛音透音来描写撞击和破裂，是再恰当不过的了。

(3) 江风扬浪动云根，重碇危樯日色昏。(李商隐《赠刘司户蕡》)

日色昏黄，风猛浪急，云生处的岩石、系船石墩与高高的桅杆，都摇摇欲坠。上句全是阳声韵（以鼻音结尾的韵），下句也有四个阳声韵。阳声韵通过鼻腔共鸣，有利于表现壮阔刚猛的声势。京剧黑头的唱腔常常带上鼻音。因为净角的特性之一是粗犷豪放，有意识地运用鼻音，能使粗豪的声情得以加强。李商隐是一个艺术修养很高的诗人，他上面那两句诗多用阳声韵，想必不是偶然的巧合。其次，这两句诗中的"扬"、"浪"、"动"、"云"、"重"、"碇"、"危"、"樯"、"日"是浊音。浊音，特别是全浊音，往往给人以雄浑沉宏的感觉，也宜于表现辽阔壮大的场面。总共十四个字，其中十一个阳声韵九个浊声母，声势极壮，仔细吟咏体会，似乎一切根深蒂固的东西都将被连根拔起。这与诗句要表达的意思密切相合。

(4) 昵昵儿女语，恩怨相尔汝。划然变轩昂，猛士赴敌场。浮云柳絮无根蒂，天地阔远随飞扬。喧啾百鸟群，忽见孤凤凰。跻攀分寸不可上，失势一落千丈强。（韩愈《听颖师弹琴》）

一、二句声母多是鼻音、闪音，发音时声带颤动，具有乐音的性质。这里没有一个爆裂音，没有一个送气音，除"恩"之外，没有洪音。读起来圆滑柔细，恰切地表达了儿女私语亲昵之情。三、四句变得慷慨激昂。用一入声"划"字领头，突兀斩截，传达出由温柔到刚猛的转变。韵脚转为鼻音结尾的平声字，与"猛士赴敌场"的豪情胜概相称。五、六句由五字句延伸为七字句。"浮"、"云"、"柳"、"絮"、"无"、"远"、"随"、"飞"、"扬"属拂音、轹音或揉音，读来幽忽广远，浮泛轻盈，正如浮云柳絮飞向远方，飘飘荡荡，无边无际。七、八句描写音乐中不同凡响的地方，用了十分之七的合口音。如果按中古音读，可以想见，连那十分之三也会受到合口的影响，而变得略带合口的味道了。合口就是唇呈圆形。圆唇时口腔的形状也会作少许有利于共鸣的改变，发出来的音比相应的开口音宏大一些，动听一些。表现琴声的不同凡响，基本上用合口呼的字，这就可以得到合理解释了。九、十句写琴声抑扬顿挫，旋律上行，上行到最高处，突然跌落，变为下行。第十句的字音巧妙地表现了这样的音乐线条。"失势一落"三个入声。势虽是去声，但后面要接读"一"的声母〔ʔ〕，也就与入声相差无几了。"失势一落"连读，短促艰涩，难乎为继。下面的"千丈强"就大为不同，主要元音洪大，嘹亮流畅，与前面四字的艰难拗口恰成对比。

这就和所描写的音乐旋律取得了完全的一致。

声音与意义相称与否，主要看声母的发音部位和方法，韵母的性质，它的开合洪细，还有声调、句中音节的数目、节奏以及所有这些因素的综合。我们这里只举了一些比较简单、比较好懂的例子，用的又都是一般人所熟悉的唐诗。但要指出：上面说某音表现某种情意，都是就某个语境而言，并不是一成不变的模式。譬如作曲，一首高亢的曲子，也许多用高音，但未必不用低音。反过来，一首低沉的曲子，也许多用低音，但未必不用高音。同是高音，可以表现热烈昂扬，也可以表现悲痛欲绝；同是低音，可以表现低沉怠惰，也可以表现雄浑奋发。关键在于怎样利用音高形成怎样的旋律，使音义相称。

第二节　和其音韵

押韵、运用双声叠韵、隔一定距离重出相同的词语，可以使音韵和协，达到加强表达效果的目的。

一、押韵

等距离出现韵部相同相近的字，叫做押韵。押韵使音调回环，收到类似音乐的效果。我们读到后面押韵的地方，很自然会联想到前面押韵的地方，前后紧密衔接，文意贯通，成为一体。且好念好记，易于流传。

押韵的方式多种多样。有押句首韵的，有押句中韵的，但通常是押句末韵。如：

(1) 硕鼠硕鼠，无食我黍！三岁贯女，莫我肯顾。逝将去女，适彼乐土。乐土乐土，爰得我所。(《诗经·硕鼠》)

(2) 斜阳照墟落，穷巷牛羊归。野老念牧童，倚杖候荆扉。雉雊麦苗秀，蚕眠桑叶稀。田夫荷锄至，相见语依依。即此羡闲逸，怅然吟式微。(王维《渭川田家》)

(3) 三岁为妇，靡室劳矣。夙兴夜寐，靡有朝矣。言既遂矣，至于暴矣。兄弟不知，咥其笑矣。静言思之，躬自悼矣。(《诗经·七月》)

例（1）每句句末都押韵，例（2）隔句押韵，例（3）也是隔句押，但押韵字在句末虚词“矣”之前。还有首句即入韵，以下偶句用韵的；有一、三句相押、二、四句相押的；有一、四句相押的，有二、三句相押的。近体诗要求一韵到底。一般诗歌可以一韵到底，也可以换韵。如：

青青河边草，绵绵思远道。远道不可思，宿昔梦见之。梦见在我旁，忽觉在他乡。他乡各异县，展转不相见。枯桑知天风，海水知天寒。入门各自媚，谁肯相为言。客从远方来，遗我双鲤鱼，呼儿烹鲤鱼，中有尺素书。长跪读素书，书中意何如？上言加餐食，下言长相忆。(古诗《饮马长城窟行》)

二十句诗用了七个韵。一、二句起韵，三、四句换韵，五、六句再换，七、八句三换，九到十二句四换，十三到十八句五换，最后两句六换。换韵也可以成为修辞手段。就如这首歌行，换韵频繁而不规则。前半逐句用韵，两句一换，节奏急促。“枯桑知天风”两句用对偶句兴起，语气趋向缓和。下面四句、六句才换韵，而且是隔句用韵。末尾又用入声急收。节奏的疾徐相间与诗意的婉转缠绵正相配合。换韵也有与画面的转换紧密相关的。如：

北风卷地白草折，胡天八月即飞雪。忽如一夜春风来，千树万树梨花开。散入珠帘湿罗幕，狐裘不暖锦衾薄。将军角弓不得控，都护铁衣冷犹着。瀚海阑干百丈冰，愁云惨淡万里凝。军中置酒饮归客，胡琴琵琶与羌笛。纷纷暮雪下辕门，风掣红旗冻不翻。轮台东门送君去，去时雪满天山路。山回路转不见君，雪上空留马行处。(岑参《白雪歌送武判官归京》)

起韵风卷雪，是动；换韵专写雪，是静。这四句描绘原野风光。以下四句写内景：罗幕、角弓、衣着。三换韵时又描绘外景，百丈寒冰，万里愁云，由近而远。接下去第四次换韵，转到辕门之内，别宴之上。五换韵则是辕门外的画面：暮雪、红旗。最后一韵送别：

雪盖的山、雪铺的路和积雪上的马蹄痕。

以上都是说诗歌中用韵，散文中也有用韵的情况。如：

> 积土成山，风雨兴焉。积水成渊，蛟龙生焉。积善成德，而神明自得，圣心备焉。（《荀子·劝学》）

“山”与“渊”相押，“兴”与“生”相押，“德”、“得”、“备”相押。又如：

> 远者数世，近者及身，其血肉之崩溃，在其子孙矣。……是故明乎为君之职分，则唐虞之世，人人能让，许由、务光非绝尘也。不明乎为君之职分，则市井之间，人人可欲，许由、务光所以旷后世而不闻也。（黄宗羲《原君》）

“身”、“孙”、“分”、“尘”、“闻”押韵。散文押韵与韵文押韵作用大致相同。一则它赋予作品以节律性，再则把用同一韵的一段文字联成一个整体，并划分出鲜明的层次。

用什么韵部的字押韵，这里也有讲究。王骥德《曲律·杂论》说：

> 凡曲之调声各不同，已备载前十七宫调下。至各韵为声亦各不同。如东、钟之洪，江、阳、皆、来、萧、豪之响，歌、戈、家、麻之和，韵之最美听者。寒、山、桓、欢、先、天之雅，庚、耕之清，尤、侯之幽，次之。齐、微之弱，鱼、模之混，真、文之缓，车、遮之用杂入声，又次之。支、思之萎而不振，听之令人不爽。至侵、寻、监、咸、廉、纤，开之则非其字，闭之则不宜口吻，勿多用可也。

王骥德是明代人，他这里所说的东、钟、江、阳等是以《中原音韵》十九部为标准的。他认为“韵之最美听者”是开口元音和用后鼻音结尾的韵。虽然是后鼻音韵，但主要元音舌位高的，仍然算是次等，同属次等的，还有开口的前元音充当主要元音，而以前鼻音结尾的韵，较高的后元音及其复合音也属于这一类。依王氏看来，最不堪听的是舌尖元音和收 m 的闭口韵。《曲律》的观点，实质上是说低元音优于高元音，后元音优于前元音；带鼻音尾的韵，舌根优于舌尖，舌尖优于双唇。如果单从音响的角度分析，这里的议论基本上是对的，不能说是无稽之谈。但如从表现的角度分析，各韵有各韵最适宜表现的方面，不可排定优劣次序。即如被视为下乘的支思与闭口韵，文学史上都有不少名篇佳作，如：

竹外桃花三两枝，春江水暖鸭先知。蒌蒿满地芦芽短，正是河豚欲上时。（苏轼《惠崇春江晓景》）

这首诗没有丝毫的萎靡情绪，相反，它是生气勃勃的。又如。

缀冰痕数点胭脂，莫猜做人间繁杏枯枝！天竺丹成，山茶茜染，照映参差。共倚竹佳人看时，索饶他风韵些儿。脉脉奇姿，应解痴翁，鉴赏妍媸。（卢挚《红梅》）

长醉后方何碍？不醒时有甚思？糟腌两个功名字，醅渰千古兴亡事，曲埋万丈虹霓志。不达时皆笑屈原非，但知音尽说陶潜是。[白朴《仙吕寄生草（饮）》]

用我们现在的观点分析，这两支曲子思想上有些不健康，但也没有“令人不爽”的地方。

江南好，风景旧曾谙。日出江花红胜火，春来江水绿如蓝。能不忆江南？（白居易《江南好》）

信音沉，秋雨铃声阁道深。人到愁来无会处，不关情处也伤心。（虞挚《乐府合欢曲》）

白词为人所称道，虞曲也有它的成功之处，并不因用了闭口韵而减低价值。

总之，王骥德注意韵部的选择，粗略地分析了韵部的特点，这是可取的。但分出韵部的优劣等次来，则不可尽信。用音韵学和音乐理论做指导，从纷纭复杂的诗文用韵现象中进行归纳，得出某个韵部大致上适合表达某种情境的结论来，是一个很有意义的研究课题。已有人在这方面作了一些尝试，例如：

嗷嗷鸣雁鸣且飞，穷秋南去春北归。天长地阔栖息稀，风霜酸苦稻粱微。毛羽摧落身不肥，徘徊反顾群侣违，哀鸣欲下州渚非。

江南水阔朝云多，草长沙软无网罗。闲飞静集鸣相和，违忧怀惠性非他，凌风一举君谓何？（韩愈《鸣雁》）

唐钺说："前用微灰等韵，音深微而悲；后用歌戈韵，音开朗而豪。"（见《国故新探》卷一）这里所用的方法是根据韵部的音响特点，考察诗句所表达的情意，再就换韵情况进行比较。唐氏所说，大家认为有一定的道理。值得注意的是，我们不能说某韵只能表现某种内容，而只能说某韵多用来表现或比较合适表现某种内容。作诗的人非一时一地，文化亦有高有低，或用此韵，或用彼韵，并没有一成不变的标准。

二、双声叠韵

双声，指接连出现的两个同声母的字；叠韵，指接连出现的两个同韵部的字。双声词如蟋蟀、蜘蛛、鸳鸯、邂逅、踊跃、匍匐、仿佛、憔悴、玲珑；叠韵词如仓庚、蜉蝣、菡萏、逍遥、绸缪、婆娑、窈窕、猗傩、朦胧等，多数各自构成一词。

散文中用双声、叠韵词的情况并不罕见。例如：

吾不忍其觳觫，若无罪而就死地。（《孟子·梁惠王上》）

南声函胡，北音清越。（苏轼《石钟山记》）

"觳觫"叠韵，"函胡"双声。但用得较多的是韵文，特别是诗歌，而且往往是上下句配合着用。如：

(1) 竞将明媚色，偷眼艳阳天。（杜甫《数陪章梓州泛江有女乐在诸舫，戏为艳阳曲》）

(2) 水光潋滟晴方好，山色空蒙雨亦奇。（苏轼《饮湖上初晴后雨》）

(3) 石麟埋没随春草，铜雀荒凉对暮云。（温庭筠《过陈琳墓》）

例（1）"明媚"双声，"艳阳"双声。例（2）"潋滟"叠韵，"空蒙"叠韵。例（3）"埋没"双声，"荒凉"叠韵。

运用双声叠韵，读起来和谐悦耳，使语言具有更强的表现力，便于人们接受。如：

(4) 暮雨潇潇江上村，绿林豪客夜知闻。他时不用逃名姓，世上如今半是君。（李涉《井栏沙宿遇夜客》）

据《唐才子传》载：李涉旅途中碰到了夜客（晚上出来劫掠的强人），夜客听说李是诗人，不要他的东西，只要他作诗一首，李便作了这首诗。此诗反映了人世的不平，抨击了当时的罪恶现实，为夜客说了公道话。诗章用了双声词“绿林”，叠韵词“暮雨”、“名姓”，还有叠音词“潇潇”，“世上”、“江上”也可看成双声和叠韵。音调铿锵自然，好懂好念，成功地表现了主题思想。据说夜客得诗“大喜，因以牛酒厚遗，再拜送之”。

双声叠韵词通常是名词、动词、形容词。这样的名词往往能给人以立体感；这样的形容词比一般形容词更带感情性质，程度更高；这样的动词和普通动词相比，具有较强的力度、较宽的幅度和较高的频率。前面说过，这类词是同声或同韵的接连出现，恰当地重复，能给人造成强烈的印象和深刻的感受。例如：

（5）却顾所来径，苍苍横翠微。（李白《下终南山过斛斯山人宿置酒》）

（6）田园寥落干戈后，骨肉流离道路中。（白居易《望月有感》）

（7）烟波淡荡摇空碧，楼殿参差倚夕阳。（白居易《西湖晚归回望孤山寺赠诸客》）

（8）瀚海阑干百丈冰，愁云惨淡万里凝。（岑参《白雪歌送武判官归京》）

（9）蔷薇花落秋风起，荆棘满亭君自知。（贾岛《题兴化寺园亭》）

（10）山川萧条极边土，胡骑凭陵杂风雨。（高适《燕歌行》）

（11）懊恼人心不如石，少时东去复西来。（刘禹锡《竹枝词》之六）

例（5）翠微、例（6）干戈、例（9）荆棘，都是名词。反复诵读这些诗句，仿佛看到了飘浮翻动的青翠的山气，听到了干戈等兵器的撞击声，几乎能触到带刺和不带刺的丛丛灌木。例（6）寥落，例（7）淡荡、参差，例（8）阑干、惨淡、例（10）萧条，都是形容词。“寥落”是说一片荒凉，“淡荡”意思是轻柔地、缓慢地荡漾，“参差”极言高低不齐，“阑干”形容满眼纵横交错，“惨淡”指昏暗不明，毫无光彩，“萧条”在这里的含义是寂寞凋零，死气沉沉。汉语形容词没有级别，实际上双声、叠韵形容词起着最高级的作用，“寥落”就等于极其荒凉，“淡荡”就等于极轻缓地荡漾。当然，它们并不就是最高级形容词，它前边有时还可加程度副词修饰。例（2）流离，例（10）凭陵，例（11）懊恼，都是动词。“流离”，表示分散得宽，流落得远，“凭陵”，又作冯陵，表示以强大的力量相侵扰，“懊恼”，表示一种持续的、强烈的憎恨，都有程度上的修饰。

双声、叠韵还有别的情况，与我们上面已经说过的不完全一样。如：

一去紫台连朔漠，独留青冢向黄昏。（杜甫《咏怀古迹》之三）

萧索清秋珠泪坠，枕簟微凉，展转浑无寐。（冯延己《蝶恋花》）

“朔漠”虽不同韵，但它们的音色（音的特质）极其相近，也可看成是叠韵。“黄昏”虽不完全同声，但它们都是舌根擦音，也可看成双声。与一般情形相区别，可叫做准双声、准叠韵，“清秋”双声，但不是一个双音词，“泪坠”叠韵，也不是一个词。准双声叠韵和不是一个词的双声叠韵，它们的表现作用与双声叠韵词相近相同。还有第三种情况，就是“展转”这样的词，既是双声，又是叠韵，它有一般双声、叠韵词同样的用处。

比既是双声又是叠韵的词更进一步的是叠字，如：

彼黍离离，彼稷之苗。行迈靡靡，中心摇摇。知我者谓我心忧，不知我者谓我何求。悠悠苍天，此何人哉！（《诗经·黍离》）

“离离”、“靡靡”、“摇摇”、“悠悠”，都是叠字。叠字多半是由单音词重叠而成的，如家家、人人、青青、深深、去去、沉沉。重叠的形式用得久了，有的就变成了一个不可分割的词，如悠悠、萋萋、郁郁、霏霏等。并列两个同义的单音词，然后又重叠起来，如酸酸楚楚、闪闪摇摇，可称高一级的叠字形式。有一种叠字与这种形式相似，但又自成一类，如颤巍巍、乱纷纷，叠字具体描绘前面那个动词或形容词，前面的词与它后面的叠字共同起修饰作用或陈述作用。叠字中还有相当一部分是摹写声音的，如“萧萧”、“喈喈”等，这在本章第一节中已经讨论过了。

如果把我们上面所说的分成等级，那就会是这样：

准双声、叠韵：如朔漠、黄昏。

双声、叠韵：如埋没、荒凉。

双声叠韵：如展转。

叠字：如离离。

同义并列的叠字：如闪闪摇摇。

我们分析过一、二两级有强调作用。四、五两级的基本作用与一、二级同，但程度更高，更富于表现力。例如：

> 漠漠水田飞白鹭，阴阴夏木啭黄鹂。（王维《积雨辋川庄作》）

这两句诗有人删去句首叠字，成为“水田飞白鹭，夏木啭黄鹂”。诗评家对此已有定论，认为原句远非删句可比。原句两用叠字，画出了白鹭飞、黄鹂啭的背景：水田广布，苍苍茫茫，夏木幽深，阴阴森森。删句只说水田上白鹭飞，夏天林子里黄鹂叫，没有创造出诗的意境。创造出诗的意境，就全靠两处叠字。又假如我们不用叠字，而用与它们意思相仿佛的词来替代，譬如说，用“广阔”代“漠漠”，“幽深”代“阴阴”，成为“广阔水田飞白鹭，幽深夏木啭黄鹂”，也会觉得缺乏诗味，仍然不如原句。叠字，比起一般用字来，音响上要悦耳些，意思上要具体些。“广阔”只是抽象的概念，而“漠漠”则在读者面前展开了漫无边际的视野；“幽深”虽比“广阔”具体，但与“阴阴”比，还是一个笼统的说法，“阴阴”能立即引起读者的视觉印象，甚至于可以使你仿佛置身于幽暗清凉的浓荫之中。

还举一个大家熟知的例子：

寻寻觅觅，冷冷清清，凄凄惨惨戚戚。（李清照《声声慢》）

这里十四个字，都是并列单音同义词分别复叠，“寻寻觅觅”，寻了又寻，觅了还觅，时间连续不断，动作反复不休，心情孤寂难耐。“冷冷清清”，就程度说是说冷清到了极点，就范围说是说渗透到了一切方面：天气是秋风秋雨，乍暖还寒；环境是他乡异地，陋室孤灯；心境是索居独守，悒郁无欢。“凄凄惨惨戚戚”，凄凉、惨痛、悲戚一齐涌上，牵动心肺的哀愁无休无止。所有这些，反复不断的寻觅，无孔不入的冷清，没完没了的巨大悲痛，用十四个叠字来表达，是文学上罕见的成功，也是汉语艺术能力的确证。

由这两个例子可以看出，叠字使音调谐美，语感具体，它能表现时间的持续、范围的广泛和程度的加深。它的作用还不止这些，再看下面的例子：

（1）燕燕于飞，差池其羽。（《诗经·燕燕》）

（2）青青河畔草，郁郁园中柳。盈盈楼上女，皎皎当窗牖。娥娥红粉妆，纤纤出素手。（《古诗十九首》之一）

例（1）“燕燕”还是“燕”，加上一个“燕”字，使诗句成为四字句。例（2）是五言诗，如果将叠字换成单字，就不成句了。体会这两例的叠字，还伴随着爱怜的倾向。“燕燕”有“可怜的小燕”的意味。“青青”、“郁郁”是说葱绿茂盛，令人眷恋。“盈盈”，丰满；“皎皎”，白皙；“娥娥”，美丽。用这些词形容年轻女子，包含着爱怜之意。“纤纤”即细细，用“纤纤”修饰“素手”，犹言十指尖尖，流露出叹美之情。

（3）梧桐更兼细雨，到黄昏，点点滴滴。（李清照《声声慢》）

（4）红红白白花临水，碧碧黄黄麦际天。（杨万里《过杨村》）

例（3）“点点滴滴”，是说分明可数，都在心头。例（4）“红红白白”、“碧碧黄黄”，言其盛，言其多，言其广，也指错杂相间，叫人眼花缭乱。叠字表现力很强，除了所概括的主要之点外，临到特定的上下文中又附有特定的意味，如例（3）的分明可数、例（4）的错杂相间便是。

(5) 桃之夭夭，灼灼其华。(《诗经·桃夭》)

(6) 昔我往矣，杨柳依依，今我来思，雨雪霏霏。(《诗经·采薇》)

(7) 无边落木萧萧下，不尽长江滚滚来。(杜甫《登高》)

单音动词重叠有的转成为形容词，这样的形容词往往有较强的运动感。例（5）“灼灼”，“灼”就是“烧”，用来形容桃花，是说红得像火一般熊熊燃烧。例（6）“依依”，“依”意为“倚”，柳丝飘垂，像是亲人依依不舍。“霏霏”注解说是“雪盛”，实在是“飞飞”，雪花纷飞，当然是“雪盛”。例（7）“滚滚”，描绘波浪翻滚，滔滔不绝。这里三例，或用动形容静，或用人事的动比喻自然现象的动，或直接描写事物的动态，都使用了具有动感的叠字。

古书中有大量叠字用得好的例子，就是被人谈得最多的那一小部分，也难以尽举，我们这里再举十来个，以见一斑。

(1) 春日迟迟，卉木萋萋，仓庚喈喈，采蘩祁祁。(《诗经·出车》)

(2) 暧暧远人村，依依墟里烟。(陶潜《归田园居》)

(3) 晴川历历汉阳树，芳草萋萋鹦鹉洲。(崔颢《黄鹤楼》)

(4) 穿花蛱蝶深深见，点水蜻蜓款款飞。(杜甫《曲江》三首)

(5) 信宿渔人还泛泛，清秋燕子故飞飞。(杜甫《秋兴》八首)

(6) 青山隐隐水迢迢，秋尽江南草未凋。(杜牧《寄扬州韩绰判官》)

(7) 雁荡经行云漠漠，龙湫宴坐雨蒙蒙。(贯休《诺矩罗赞》)

(8) 念去去千里烟波，暮霭沉沉楚天阔。(柳永《雨霖铃》)

(9) 岸芷汀兰，郁郁青青。(范仲淹《岳阳楼记》)

(10) 两情若是久长时，又岂在朝朝暮暮？(秦观《鹊桥仙》)

成功的实例固然多，不成功的实例也有：

莺莺燕燕春春，花花柳柳真真；事事风风韵韵，娇娇嫩嫩，停停当当人人。(乔吉《天净沙》)

叠字虽然有很强的表现力，但不根据需要滥用，一味堆砌，就必然失败。读一读这首《天净沙》，就会感到它是生拼硬凑，无病呻吟。《白雨斋词话》作者陈廷焯指斥这个曲子是“丑态百出”，认为“娇娇嫩嫩”四字尤所不堪。作家运用语言拙劣到这样的地步，评论家对此表示愤慨，那是不难理解的。

三、复重

再次出现或反复出现同样的实词、短语或句子，叫做复重。与押韵相比，复重必须是同词语、同句子，而不只是同韵。复重的词句通常没有固定的位置，不像押韵，韵位一般总在句末。数量也没有限制，从几个到几十个不等。

复重大致可分为复字、复句、顶真三类。先说复字：

(一) 同句中的复字。如：

偶向东湖更向东，数声鸡犬翠微中。(刘威《游东湖王处士园林》)

深院静，小庭空，断续寒砧断续风。(李煜《捣练子》)

惶恐滩上说惶恐，零丁洋里叹零丁。(文天祥《过零丁洋》)

(二) 上下两句中的复字。如：

鹅儿黄似酒，对酒爱黄鹅。(杜甫《舟前小鹅儿》)

满耳笙歌满眼花，满楼珠翠胜吴娃。(韦庄《陪金陵府相中堂夜宴》)

刘郎已恨蓬山远，更隔蓬山一万重。(李商隐《无题》)

君从容语余曰：“昔欲救皇上既无可救，今欲救先生亦无

可救。吾已无事可办，惟待死期耳。”（梁启超《谭嗣同传》）

（三）数句中的复字。如：

君问归期未有期，巴山夜雨涨秋池。何当共剪西窗烛，却话巴山夜雨时。（李商隐《夜雨寄北》）

知之为知之，不知为不知，是知也。（《论语·为政》）

或燕燕居息，或尽瘁事国。或息偃在床，或不已于行。或不知叫号，或惨惨劬劳。或栖迟偃仰，或王事鞅掌。或湛乐饮酒，或惨惨畏咎。或出入风议，或靡事不为。（《诗经·北山》）

（四）篇中的复字。如：

鸿飞遵渚，公归无所，于女信处。

鸿飞遵陆，公归不复，于女信宿。（《诗经·四罭》）

复句有两种情况：

（一）同章（段）中的复句。如：

颜回曰：“夫子之道至大，故天莫能容。虽然，夫子推而行之，不容何病？不容然后见君子！夫道之不修也，是吾丑也；夫道既已大修而不用，是有国者之丑也。不容何病？不容然后见君子！”（《史记·孔子世家》）

（二）数章中的复句。有在章首的，如：

何彼襛矣，唐棣之华。曷不肃雝，王姬之车。何彼襛矣，华如桃李。平王之孙，齐侯之子。（《诗经·何彼襛矣》）

有在章中的，如：

君子于役，不知其期。曷至哉？鸡栖于埘。日之夕矣，牛羊下来。君子于役，如之何勿思！

君子于役，不日不月。曷其有佸？鸡栖于桀。日之夕矣！羊牛下括。君子于役，苟无饥渴。（《诗经·君子于役》）

有在章末的，如：

芄兰之支，童子佩觿。虽则佩觿，能不我知。容兮遂兮，垂带悸兮！

芄兰之叶，童子佩韘。虽则佩韘，能不我甲。容兮遂兮，

垂带悸兮！(《诗经·芄兰》)

许多民歌往往同时使用复句和复字。数章中用字多数相同，只要更动少数几个字，便可构成新的一章。仍以《诗经》为例：

有狐绥绥，在彼淇梁；心之忧矣，之子无裳。

有狐绥绥，在彼淇厉；心之忧矣，之子无带。

有狐绥绥，在彼淇侧；心之忧矣，之子无服。(《有狐》)

还有一种复重，就是拿上句的结尾作下句的开头，称为顶真。例如：

天地之性人为贵。明于天性，知自贵于物。知自贵于物，然后知仁谊。知仁谊，然后重礼节。重礼节，然后安处若。安处若，然后乐循理。乐循理，然后谓之君子。(《汉书·董仲舒传》)

这样一层一层下来，属于推论一类。用顶真的方式叙事和说理，属于叙说一类。如：

牵衣顿足拦道哭，哭声直上干云霄。道旁过者问行人，行人但云点行频……且如今年冬，未休关西卒。县官急索租，租税从何出？(杜甫《兵车行》)

天下之本在国，国之本在家，家之本在身。(《孟子·离娄上》)

既不属推论，也不属叙事说理，顶真只起一种上下绾合的作用，可以叫做关接一类。如：

两家求合葬，合葬华山旁。(《玉台新咏·古诗为焦仲卿妻作》)

闻君有他心，拉杂摧烧之。摧烧之，当风扬其灰。(《乐府诗集·有所思》)

第三节 谐其音节

谐其音节，是指节奏的合理安排、句式的奇偶相间与声韵调的错落有致。

一、节奏

句子的语音停顿，整理古籍时常用点号把这种停顿标识出来。不用点号隔开的结构或句子，其间也有语音停顿，只是没有用点号的地方停顿那样长就是了。下面诗行中用直线的地方表示句中音顿所在，双直线表示停顿较长一些。

早岁 | 那知 ‖ 世事 | 艰，
中原 ‖ 北望 | 气如 | 山。
楼船 ‖ 夜雪 | 瓜洲 | 渡，
铁马 | 秋风 ‖ 大散 | 关。
塞上 | 长城 ‖ 空自 | 许，
镜中 ‖ 衰鬓 | 已先 | 斑。
出师 ‖ 一表 | 真名 | 世，
千载 | 谁堪 ‖ 伯仲 | 间？（陆游《书愤》）

近体诗大致上是两字一顿，末一字因为与句间停顿相接，一字一顿。音顿之间时值基本上相同，形成了匀称的节奏。稍长的音顿都在平声字之后，给这种匀称的节奏添上一点细微的变化。这种细微的变化本身又有一定规律，有相粘关系的诗句，较长音顿的位置往往相同。

诗句的节奏与词在意义上的组合有时候不相一致。例如：

好雨 | 知时 ‖ 节，
当春 ‖ 乃发 | 生。
随风 ‖ 潜入 | 夜，
润物 | 细无 ‖ 声。
野径 | 云俱 ‖ 黑，
江船 ‖ 火独 | 明。
晓看 ‖ 红湿 | 处，
花重 | 锦官 ‖ 城。（杜甫《春夜喜雨》）

按照意义，“时节”、“发生”、“无声”中间都不能停顿，“云”与

“俱”、“火”与“独”也不可紧接在一起。

散文的节奏与诗歌有类似之处。看下面一段文字：

> 故治国无法则乱，守法而弗变则悖，悖乱不可以持国。世易时移，变法宜矣。譬之若良医，病万变，药亦万变。病变而药不变，向之寿民，今为殇子矣。故凡举事必循法以动，变法者因时而化。是故有天下七十一圣，其法皆不同；非务相反也，时势异也，故曰：良剑期乎断，不期乎莫邪；良马期乎千里，不期乎骥骜。夫成功名者，此先王之千里也。（《吕氏春秋·察今》）

第一，散文中有些音顿也较长，主要是紧缩复句的两个分句之间，或主谓之间。如“治国无法则乱”，“法”字之后，还有“悖乱”、“变法”、“举事”、“变法者”、“其法”、“良剑”等后面，都有较长的停顿。第二，虚词在音顿中有重要作用。它通常轻读。有在句首的，如“故持国”的“故”，有在句末的，如“殇子矣”的“矣”、“相反也”的“也”；有在句中的，如“守法而弗变”的“而”、“不可以”的“以”：都不与重读词组合形成节奏。但当一字一顿的时候，邻近的虚词就会与它连在一起，并且比较地重读一些。如“则悖”、“则乱”、“宜矣”、“譬之”、“药亦”、“而药”、“向之”、“以动”、“而化”、“异也”、“期乎”等。总之，散文句子两字一顿居多。两字已够，虚词就不进入节奏；如果不够，它就加进来，充当那两个字当中的一个。第三，一字一顿，多在句末，这与诗句的情形相同。不在句末时，就有强调的意思。如“病万变”的“病”单独一顿，使与下句的“药”相对待。“不期乎”的“不”自成节奏，在比较中加强对“期乎”的否定。文中“必”、“皆”、“此”三字，读时可以轻轻带过，如要强调这些字的意思，也可重读，拉长时值，各自形成音顿。“譬之若”的“若”也是单独一顿。第四，大多是两字一顿，有时一字一顿的情形下，偶而有三字一顿的，如“有天下”，但“下”字后停顿较长。读这三个字加上后面稍长的停顿，与一般两个音顿的时值约略相当。

再看另一段：

于是入朝见威王，曰：“臣诚知不如徐公美，臣之妻私臣，臣之妾畏臣，臣之客欲有求于臣，皆以美于徐公。今齐地方千里，百二十城，宫妇左右莫不私王，朝廷之臣莫不畏王，四境之内莫不有求于王。由此观之，王之蔽甚矣。”（《战国策·齐策》）

这与我们前面看到的情形基本一致。还可补充几点。因为主谓间有较长停顿，主语如果是单音节构成一个音顿，同样流畅可读，不一定是为了强调什么。两个字一个音顿，中间还可以插进虚词，如“臣之妻”、“臣之妾”、“王之蔽”等。节奏与意义组合的不一致，需要特别加以注意。比如“今齐地方千里”，按意义当是“今齐地方千里”，而不是“地方千里”。

从这两段文字看，一句多是两顿或三顿，也有一顿或四顿的，五顿就罕见了。两顿、三顿是常规，但一篇文章总是两顿或三顿会显得单调。穿插一些长短句，就有助于打破呆板沉闷的格局。

更古的事情难说。那时的文字古拙朴质，大概还没有认真考虑节奏的安排。散文到了春秋战国时代，人们对此已有了明显的注意。越到后世就越加讲究。除了讲究句子的长短参差之外，主要讲究虚词的恰当使用，以调节句子的节奏，合理安排音顿。欧阳修把“仕宦至将相，富贵归故乡”改为“仕宦而至将相，富贵而归故乡”，是历史上一个修改文章的著名实例。揣摩作者一定要加两个“而”字的用意，除了借以表示细微的韵味之外，还有就是用它来起调节作用，使节奏匀称和谐。

由于两字一顿的情况居多，增加了对于双音词的需要。求双的办法主要是并用两个同义的单音词，如：

已而相如出，望见廉颇，相如引车避匿。（《史记·廉颇蔺相如列传》）

率妻子邑人来此绝境，不复出焉，遂与外人间隔。（陶潜《桃花源记》）

避、匿同义，间、隔同义。又如变化、休息、委积、险阻、卓绝、美丽、士卒、丘陵、邪郭、婴儿等，都是两个单音词同义并用。

求双的另一个方法是分音，构成联绵词，如：

伯棼射王，汰辀，及鼓跗，著于丁宁。（《左传·宣公四年》）

“丁宁”就是“钲”，“钲”的声母同于“丁”，韵母同于“宁”，一个“钲”字分析出两个音来，叫做分音。上例极言伯棼射箭强劲有力，飞过车辀，穿透鼓架的脚，钉到铜钲上。这里分别用两字、三字、四字句，就依次增加了力度。

二、奇偶

骈文都用偶句，如：

嗟乎！时运不齐，命途多舛。冯唐易老，李广难封。屈贾谊于长沙，非无圣主；窜梁鸿于海曲，岂乏明时？所赖君子安贫，达人知命。老当益壮，宁知白首之心？穷且益坚，不坠青云之志。酌贪泉而觉爽，处涸辙而相欢。北海虽赊，扶摇可接；东隅已逝，桑榆非晚。孟尝高洁，空余报国之情；阮籍猖狂，岂效穷途之哭？（王勃《滕王阁序》）

除“嗟乎”与“所赖”之外，全是两两相对。

散文多用奇句，但都或多或少地间用偶句，如：

（嗟乎！）

师道之不传也久矣！

欲人之无惑也难矣！

古之圣人，其出人也远矣，（犹且从师而问焉）

今之众人，其下圣人也亦远矣，（而耻学于师。是故）

圣益圣，

愚益愚。

圣人之所以为圣，

愚人之所以为愚，（其皆出于此乎？爱其子，择师而教之，于其身也，则耻师焉，惑矣。彼童子之师，授之书而习其句读者，非吾所谓传其道解其惑者也。）

句读之不知，

惑之不解，

或师焉，

或不焉，（小学而大遗，吾未见其明也。巫医乐师百工之人不耻相师。士大夫之族，曰师曰弟子云者，则群聚而笑之。问之，则曰：“彼与彼）

年相若也，

道相似也，

位卑则足羞，

官盛则近谀。”（呜呼！师道之不复，可知矣。巫医药师百工之人，君子不齿，今其智乃反不能及，其可怪也与！）（韩愈《师说》）

我们这里把偶句排成诗行的形式，奇句用上括弧。看得出来，这段文字是以奇句为主，奇中有偶。韩愈是唐代古文大家，他的文章自然非常讲究句式。但也不是唐代古文才开始这样做，诸子散文也多奇偶相间的句子，如：

天时不如地利，

地利不如人和。

三里之城，

七里之郭，（环而攻之而不胜。夫环而攻之，必有得天时者矣，然而不胜者，是天时不如地利也。）

城非不高也，

池非不深也，

兵革非不坚利也，

米粟非不多也，（委而去之，是地利不如人和也。故曰：）

域民不以封疆之界，

固国不以山溪之险，

威天下不以兵革之利。

得道者多助，

失道者寡助，

寡助之至，亲戚畔之，

多助之至，天下顺之。

以天下之所顺，

攻亲戚之所畔，（故君子有不战，战必胜矣。）（《孟子·公孙丑下》）

故饥岁之春，幼弟不饟，

穰岁之秋，疏客必食。（非疏骨肉爱过客也，多少之实异也。是以）

古之易财，非仁也，财多也；

今之争夺，非鄙也，财寡也。

轻辞天子，非高也，势薄也；

重争土橐，非下也，权重也。（故圣人议多少论厚薄为之政。故）

罚薄不为慈，

诛严不为戾，（称俗而行也。）

故事因于世，

而备适于事。（《韩非子·五蠹》）

上引孟轲、韩非的话，偶句的分量相当重。但统观诸子的全部著述，奇句还是占大多数。我国古籍丰富，多彩多姿，有基本上是奇句的，有以奇句为主而间以偶句的，有奇偶相参的，有全用偶句的。偶句太多，显得呆板单调；如果全无偶句，又往往损害韵律。偶句多少与文体有关。大致说来，文学作品与议论文章偶句较多，历史著作和记事文章偶句较少。偶句可多可少，但一般总是力求做到奇偶相间，以奇御偶，既能曲尽事理，又富于音韵和谐之美。

三、错落

《文心雕龙·声律》说："凡声有飞沉，响有双叠。双声隔字而每舛，叠韵杂句而必睽。沉则响发而断，飞则声飏不还。"声调有平有仄（飞沉），音响有双声，有叠韵。句中有隔字双声或叠韵，会背离和谐的原则。隔字双声如曹植诗："壮哉帝王居，佳丽殊百城。""居"、"佳"双声，"殊"、"城"双声。隔字叠韵如曹植诗：

"皇佐扬天惠。""皇"、"扬"叠韵。陆士衡诗："嘉树生朝阳，凝霜封其条。""阳"、"霜"叠韵。这样的双声叠韵都是文病。一句不可全用仄声，全用仄声发音不便接续（"响发而断"）；也不可全用平声，全用平声就不和谐，归不到正位（"飞飏不还"）。刘勰的这段话，是我国古代论述错落的著名言论。

后来近体诗格律发展了这个关于平仄的意见，限制更为严格。至于隔字双声叠韵，似乎很少有人理会。但据我们统计分析，《声律》篇这几句话的基本精神还是可取的。请看下面的例子：

> 永州之野产异蛇，黑质而白章，触草木，尽死，以啮人，无御之者。然得而腊之以为饵，可以已大风、挛踠、瘘、疠，去死肌，杀三虫。其始，太医以王命聚之，岁赋其二。募有能捕之者，当其租入。永之人争奔走焉。（柳宗元《捕蛇者说》）

文中虚词一般都轻读，不计入隔字双声叠韵之内。这段七十七字的文章，涉嫌犯忌的只有这样几处：野与异，质与章，挛与瘘、疠（同声）；野与蛇（同韵）。同声多于同韵，也就是同韵的禁忌比同声的严一些。这个例子说明，散文也尽量避免隔字双声叠韵，不仅是诗词而已。特别是声韵都相同的字，除非有意造成某种重叠回环，一般不在同一句中重现。

诗词讲究平仄，散文名篇也讲平仄，不过有不同的讲法。下面举出贾谊《过秦论》中的一段，为了便于说明，采用诗行形式排列：

始皇既没，
余威震于殊俗。
然陈涉瓮牖绳枢之子，
甿隶之人，
而迁徙之徒也，

才能不及中人，
非有仲尼墨翟之贤，

陶朱猗顿之富；
蹑足行伍之间，
而倔起阡陌之中，
率疲弊之卒，
将数百之众，
转而攻秦，

斩木为兵，
揭竿为旗，
天下云集响应，
赢粮而景从，
山东豪俊遂并起而亡秦族矣。

这里有两点值得注意：第一，各行内不都用平声，也不都用仄声。第二，在按音韵分出来的小节内，各行末一字的平仄大致错落相间。一小节结尾字“没、俗、子、人、徒（“也”字虚词，轻声不计）”，仄仄仄，平平；二小节结尾字“人、贤、富、间、中、卒、众、秦”，平平仄，平平仄，仄平；三小节结尾字“兵、旗、应、从、族”，平平仄，平仄。

古代平声长，仄声短，平声低，仄声高。平仄错开，也就是长短高低相间，从而抑扬顿挫。不是说所有散文都能如此，但讲究音韵美的文章，总是具有抑扬顿挫的特点，这是没有疑问的。

第二章　词汇修辞

利用词汇手段修辞，包括选用同义词、活用词义、变换词形、丰富词汇。选择同义词，主要使语义精确；活用词义，往往能使文情隽永；变换词形，让语词变得多姿多彩。不同来源的词，个个带有不同的声色情味，兼收并蓄，就能增加词汇总量，从而加强对于这个无限丰富的客观世界的表现能力。

第一节　选用同义词

修辞学中的同义词，指用在句中可以互换、互换后语意仍然基本上相同的那些词。它包括一般同义、模糊同义、单复同义、语法同义。一般同义之外，都是特殊同义。模糊同义之外，其余是精确同义。通常是单音节与单音节同义，双音节与双音节同义，但也有单音节与双音节同义的情形。我们把同义词分成四项来说，实质上是两类，前三项属于词汇范畴，后一项属于语法范畴。

一、一般同义

例如：

(1) 骑士曰："沛公不好儒。"(《史记·郦食其列传》)

(2) 今汉王为天子，而横乃为亡虏，而北面事之，其耻固已甚矣。(《史记·田横列传》)

(3) 岂尝闻外孙敢与大父亢礼哉？(《史记·娄敬列传》)

(4) 人言公之畔，陛下必不信。(《史记·淮阴侯列传》)

例（1）的"好"，例（2）的"耻"，例（3）的"尝"，例

(4)的“畔”，《汉书》分别作“喜”、“愧”、“曾”、“反”。“喜”、“好”同义，“愧”、“耻”同义，“尝”、“曾”同义，“反”、“畔”同义，它们在句中的意义是它们的常用义或常用义之一。这类同义词可称为本然同义词。本然同义词的区别通常在于各自带有一些时代色彩和作者的个性色彩。

(5)吾闻沛公慢而易人，多大略。(《史记·郦食其列传》)

(6)大王以狄伐故，去豳，杖马棰居岐，国人争随之。(《史记·刘敬列传》)

(7)樊哙在营外，闻事急，乃持铁盾入。(《史记·樊哙列传》)

(8)高祖使密领本部兵往黎阳，招集故时将士。(《旧唐书·李密传》)

(9)东都守御尚强，天下救兵益至。(《旧唐书·李密传》)

(10)密曰：“君之所图，仆亦思之久矣。”(《旧唐书·李密传》)

例(5)的“多”，例(6)的“随”，例(7)的“在”，《汉书》分别作“有”、“归”、“居”。“多”必定是“有”，而“有”未必就“多”，但“有”可以是“多”，“多”与“有”这就有了搭界的地方。“随”是跟随，“归”是归附，归附自己迁徙中的首领就是跟着他走，因而“归”、“随”可以同义。“居”与“在”，当它们都表示处于某个位置的时候，词义是相同的。凡这一类的多义词在某一点上重合，可称为交搭同义。例(8)的“往”，例(9)的“至”，例(10)的“思”，《新唐书》分别作“就”、“来”、“怀”。“往”与“就”，“至”与“来”，“思”与“怀”，也是交搭同义。

交搭同义与本然同义不一样，大都可以分析出细微差别，甚至可以估量出好坏来。例如“多”与“有”，我们说意义有相同的地方，但通常“多”对“少”而言，“有”对“无”而言，“大略”

只能讲“有无”，不可论“多少”，故《汉书》为优。再如“随”与“归”，“随”只表明行动跟随，“归”还表示人心归向，似乎用“随”不如用“归”好。但国人拥戴自己的君主用“归”，国有二君，国人拥护其一，也用“归”，别的部落、他国人民前来归附也可以用“归”。比较起来，后二者贴切一些。所以这里还不如用“随”来得精确。例（7）用“在”直截了当，用“居”要转一个弯，方有“在”义。例（8）“往”不如“就”，当时黎阳还在王世充统辖之下，李渊派李密“往”黎阳，实际上到不了黎阳。用“就”，往黎阳方向靠拢，符合当时的情势，用“往”，可理解为到达，有发生歧义的可能。例（9）“至”比“来”好。这里是李密为杨玄感谋划，当时东都洛阳不在杨玄感手中，不好说“来”，因为“来”是向自己的方向移动。例（10）“思”与“怀”，在思念、怀念的意义上重合，但这里是思考、思虑，用“怀”显得勉强。

（11）吕后白上曰：彭王壮士，今徙之蜀，此自遗患。（《史记·彭越列传》）

（12）楚客曰：“叔已杀大兄，今兄又结恨弃叔。……”（《旧唐书·杜如晦传》）

（13）设方阵，四面外向，毁栅而出。（《旧唐书·王世充传》）

（14）至平城，为胡所围。（《史记·灌婴列传》）

（15）大敌一临，死亡无日矣。（《旧唐书·李密传》）

例（11）的“白”，例（14）的“围”，《汉书》分别作“言”、“困”。例（12）的“杀”，例（13）的“设”，例（15）的“日”，《新唐书》分别作“残”、“为”、“时”。一切的说话都叫“言”，其中“告”的意义方叫“白”。凡“围”都是“困”，“困”并不都是“围”。“杀”也是“残”，但“残”不只是“杀”。这里的几对同义词，都是上位概念与下位概念的关系，是种与属的关系，可称作种属同义。“为”与“设”，“时”与“日”也是这样。一般说来，下位概念相对地窄一些，能给人以较为具体的印象，例

（12）至（15），都不必像《汉书》和《新唐书》那样改。但这并不是说上位概念的词就不能用，也不是说下位概念的词总是好些，这要作具体分析，还要根据语言习惯。例如：

（16）使天下之民肝脑涂地，父子暴骨中野，不可胜数。（《史记·刘敬列传》）

《汉书》“骨”作“骸”。“骸”是死者的骨，是下位概念。但这里用“骨”字并不比“骸”字差。骨而暴于中野，自然是骸骨，不必再往下细分，分得太细是会流于烦琐的。

这里讲了本然同义、交搭同义和种属同义。一般汉语著作里都认为前两种是同义，种属同义不是同义。若离开句子，单从词汇角度考虑，种属同义当然不是同义。但进入句子后，它既然能表示相同的意义，我们就有理由把它看成同义了。我们不是静止地观察语言，而是着重怎样运用语言，如果不把它当成同义，那就背离了应有的立场。

二、模糊同义

例如：

（1）李晟与张延赏有隙，谓人曰：“文士难犯，虽修睦乎外，而蓄怨于内。”新史改为“儒者”。“儒者”与“文士”自别，止当从旧。（《滹南遗老集》卷二十三）

“文士”是擅长文学的人，“儒者”是孔丘这个学派的信徒，所以王若虚说“自别”。但到后世，“文士”往往尊崇孔子，“儒者”几乎都懂文学，两者又难以分清。看说话人把表里不一归咎于什么？是归咎于这个人所信奉的学派，还是归咎于他所具有的特长？汉世儒术独尊之后，一般人不大会指责孔教，而指责“文士”就不足为奇，这里的“文士”似乎不当更为“儒者”。但《新唐书》作者宋祁等或者以为，反正就是讲文士、儒者这一类的人，两词混用，亦无不可，改为“儒者”才有出新之意。不求其意义之精确，而只含含糊糊地用不同的词语指同一对象，这就是模糊同义。模糊同义能够存在，是因为无法精确，或不必精确，或者就如例

(1) 那样，是为了在用语上创新。选用同义词本来要求精确，现在反而模糊，是对精确的否定，但模糊中仍然含有精确在内。无法精确只能含糊其词，就是精确。不必精确时硬要精确，在求得这类精确的过程中就有出现差错的可能，而模糊反而大致正确。出新能给人鲜明的印象，有助于形成确切的概念。又如：

(2) 有系狱抵罪，皆枉法出之。(《旧唐书·王世充传》)

“枉法出之”，《新唐书》作“桡法贷减”，“出”与“贷减”相当。“出”，从牢里放出；“贷减”，从宽、减轻。两者本不等同。但从宽处置坐牢的，减轻对他们的刑罚，与释放他们这样的具体处置大致相类，“贷减”在这里的意义，实际上就是“出”。所以它们能互相替换。

模糊同义多数是程度和范围方面的，但也有数量和频率方面的。例如：

(3) 化及弗之悟，大喜，恣其兵食。(《旧唐书·李密传》)

(4) 彦师伏兵山谷，密军半度，横出击，败之，遂斩密。(《旧唐书·李密传》)

(5) 世充兵多楚人，俗信妖言，众皆请战。(《旧唐书·王世充传》)

例(3)的“大喜”，《新唐书》只作“喜”，“喜”和“大喜”没有明确的界线。例(4)的“半度”，《新唐书》只作“度”，“半”，非必全部军队齐头并进，而是乘船刚到河中，有些已接近(或到达)彼岸，有些还离岸不远(或尚未上船)；而“度”则指渡河的全过程，与上述的“半度”也就大致相当。于是“度”与“半度”构成了模糊同义。例(5)的“多”，《新唐书》作“皆”，“皆”不排除个别，“多”在这里指压倒多数，讲的都是王世充部队中，楚籍士兵多，他们能对全军的情绪起决定作用。上述三例，都有一个范围或程度上的问题。

又如：

(6) 籍长八尺余，力能扛鼎。(《史记·项羽本纪》)

(7) 古者殷、周有国，治安皆千余岁。(《史记·文帝本纪》)

(8) 贾生自伤为傅无状，哭泣岁余，亦死。(《史记·文帝本纪》)

例(6)的“八尺余”，《汉书》作“八尺二寸”。“八尺余”是说人高，比我们现在说一米八还多。《汉书》坐实“八尺二寸”，也只当是个子高的意思。如果认定项羽精确的高度是“八尺二寸”，那是不可靠的。例(7)“千余岁”，《汉书》作“且千岁”。从汤至纣五百多年，西周和东周加在一起，也只有所谓“八百年天下”，都不足千岁。说“治安皆千余岁”，只不过说是长治久安。《汉书》以为讲过分了，改为“且千岁”，将近千岁。五百多年离一千这个数字还很远，八百也相差两百来年，“皆且千岁”同样不能坐实。例(8)“哭泣岁余”，《汉书》作“常哭泣后岁余”，以“常哭泣”当《史记》“哭泣”二字，《汉书》作者大概觉得没有哭泣一年多而不间断的事，只能说这一年多时间里，贾谊常常哭泣。其实“哭泣岁余”只是个模糊的说法，司马迁的意思也不是哭了一年多从无间隙。上述三例模糊同义，都有一个数量或频率上的问题。

我们这里讨论同义词选用，应该只讨论到词，但在这一项里，却又涉及“词”和“语”的对应，如“度”与“半度”，“哭泣”与“常哭泣”。把词语顶替归在同义“词”这个范围里谈，实在也是个模糊的说法。不但词与词、词与语，就是句与句也有模糊同义的情形。例如：

(9) 前后百余战，未有胜负。(《旧唐书·王世充传》)

此句《新唐书》作“大小百余战，无大胜负”。一个说“未有胜负”，一个说“无大胜负”，说法不同，所反映的实际却是一样的。“前后”百余战，是就整个过程而言，总的说来，胜负未分。“大小”百余战，是就战斗规模而言，分开来看，不可能每次都打个平手，小的胜负一定有，只不过“无大胜负”而已。如果把“前后”、“大小”易位，《旧唐书》那句成为“大小百余战，未有胜负”，意思是场场打平；《新唐书》那句成为“前后百余战，无大胜负”，意思是一方胜了，但不是大胜，另一方败了，可也不是大败，这样就不能同义了。可见一定要将“大小百余战，无大胜负”作一个整体看，才能与例（9）同义。不过这种同义仍然是模糊的。例（9）还是有被理解为场场打平的可能，“大小百余战，无大胜负”这句话，如果认为它是讲整个战役的也不是讲不过去。无论《新唐书》还是《旧唐书》，它们都是针对双方都没有取得重大胜利这样一个事实说的。

用词精确是常规，含糊其词是特例。如同前文已说过的，“模糊同义”自有其存在的条件，不必一概抹煞。

宋玉称邻女之状曰：增之一分则太长，减之一分则太短；着粉则太白，施朱则太赤。予谓上二太字不可下。夫其红白适中，故着粉太白，施朱太赤。乃若长短，则相形者也，增一分既已太长，则先固长矣。而减一分乃复太短，却是原短，岂不相窒乎？（王若虚《滹南遗老集》卷三十七）

高一点或者矮一点，不见得人人以为不可，“太长”、“太短”就不合适了。增一分嫌高了，减一分嫌矮了，不过是说高矮恰到好处罢了。对这种话不必太认真，可以模糊视之。

三、单双同义

这里主要讲两种情况。一种是双音节词语是单音节词的同义并列，例如：

（1）诸客冠儒冠来者，沛公辄解其冠，溲溺其中。（《史记·郦食其列传》）

（2）王者以民人为天，而民人以食为天。（《史记·郦食其列传》）

（3）陈王先首事，战不利，未闻所在。（《史记·项羽本纪》）

（4）高祖箕踞詈，甚慢易之。（《史记·张耳陈余列传》）

（5）上怒骂刘敬曰：“齐虏以口舌得官，今乃妄言沮吾军！”（《史记·刘敬列传》）

例（1）“溲溺”，《汉书》作“溺”，“溲”也是“溺”，即尿。例（2）“民人”，《汉书》作“民”，“民”、“人”同义。例（3）“先首”，《汉书》作“首”，“先”、“首”现在叫首先，二词同义。例（4）“詈”，《汉书》作“骂詈”，“骂”与“詈”是同义词；“慢易”《汉书》作“慢”，“慢”就是“易”。例（5）“口舌”，《汉书》作“舌”，“口”、“舌”都是说话的器官。例（4）的“詈”，《汉书》改为双音“骂詈”，大概是为了音节偶俪。其余五处，《史记》的双音词，《汉书》都改为单音词，恐怕主要是求其简洁。汉语发展到司马迁所处的那个时代，双音词逐渐增多，《史记》中双音词显著增加，便是这种情况的反映。看来求单或求双都不一定妥帖，这要作具体分析。例（1）“溲溺其中”与“溺其中”，难以定出优劣。从音节和谐的角度看，当取《汉书》。看我们把什么放在首位，是主和谐呢，还是主经济？有人认为在能交流思想的情况下，经济原则是使用语言的最高原则，那就会从《汉书》的说法。也有人在赞成经济原则的同时，又推崇优美，认为“经济”不是唯一的原则，那就会从《史记》的说法。我们倾向于后一种意见。修辞学不单讲简省，也讲艺术，讲表达效果。例（2）本于《管子》。《管子》说：“王者以民为天，民以食为天。”《史记》改“民”为“民人”，在适应语音的发展趋势，音韵也比较地谐调一些。但古文的现成说法，已经听惯用惯，如果不是古奥艰涩，并不是非改不可。例（3）以《汉书》为优，字字管用，读起来也畅达。例（4）从音节上考虑，“詈”不如“骂詈”，“慢”不如“慢易”。“慢”有“傲慢”、“缓慢”二义，联系上文看，则是前一义，“慢”、“易”连在一起，这个意义就更加明确了。例（5）“口”、“舌”连用，特指言语或语言器官，“舌”字单用指代言语，要稍加思考，才能明白，不如用“口舌”来得直截了当。

单音双音同义，我们要讲的另一种情况是一音一字含有二字二音的意义。如：

（6）上竟不能遣长公主，而取家人子名为长公主，妻单于。（《史记·刘敬列传》）

(7) 尝有乡人丧亲，家贫无以葬。(《旧唐书·窦建德传》)

(8) 宜悉兵渡河，攻取怀州、河阳。(《旧唐书·窦建德传》)

例 (6) “名为”，《汉书》只作“为”，在上下文中，“为”有“名为”的意思，但用“名为”显豁些。例 (7)《新唐书》无“家”字，“贫”即“家”，不言自明。例 (8)“攻取”，《新唐书》作“取”，前面说“悉兵渡河”，“取”便当是“攻取”，但单说“取”，不排除受降的可能性，恐怕还是用“攻取”为好。

也有不依靠上下文，一字本有二字的意义。如：

(9) 唯韩无后，故立韩诸公子横阳君成为韩王。(《史记·韩王信列传》)

(10) 若以主之无道，何为仍仕其世？(《旧唐书·杜如晦传》)

例 (9)“无”，《汉书》作“无有”，“无有”就是“无”。例 (10)“何为”，《新唐书》只作“何”，“何”有“何为”的意思。例 (9) 用“无”好，音节偶俪，意义明白，又能省减一字。例 (10) 单音和双音都可用，难分高下。

以上各例，双音词语包含有与之同义的单音词。下面两例中的单双同义，所用字全然不同：

(11) 乃脱印绶，推予张耳。(《史记·张耳陈余列传》)

(12) 由此人争为用，功最居多。(《旧唐书·王世充传》)

例 (11)“推予”，《汉书》作“与”，例 (12)“由此”，《新唐书》作“故”，却都同义。

还有一些不太常见的情形，例如：

(13) 书足以记姓名而已。(《史记·项羽本纪》)

(14) 项氏世世为楚将，封于项，故姓项氏。(《史记·项羽本纪》)

例 (13) “足以”，“以”是虚化了的介词，紧紧地粘附在“足”字之后，《汉书》删去“以”字，作“书足记姓名而已”。

例（14）“世世”，《汉书》只作“世”，不重叠。

四、语法同义

语法同义，指的是词形不同，所表达的意义相同，或者不同的词，在句中充当不同的成分，却能表达相同的语义。例如：

（1）贯高独怒，骂曰：谁令公为之？（《史记·张耳陈余列传》）

（2）乃求楚怀王孙心（民间为人牧羊），立以为楚怀王，从民所望也。（《史记·项羽本纪》）

例（1）“公”，《汉书》作“公等”。“公等”包括赵午在内的十余人，是多数。古汉语名词不分单复，“公”也可表示复数，所以“公”与“公等”能构成同义。像这种地方，在本是复数可能误解成单数的时候，还是用可以表复数的词语为好。例（2）“所望”，动词“望”前加“所”构成名词性词组，相当于现代汉语中的愿望。《汉书》不用“所”，作“从民望也”，“望”活用如名词，与“所望”意义相同。这里不加“所”不会产生歧义，当以《汉书》为长。

（3）然而慈父孝子莫敢倳刃公之腹中者，畏秦法耳。（《史记·张耳陈余列传》）

（4）请问于服兮：予去何之？（《史记·贾生列传》）

（5）如欲相抗，无假多言。（《旧唐书·王世充传》）

（6）今当如一州刺史，每事亲览。（《旧唐书·王世充传》）

例（3）“莫”，《汉书·蒯通传》作“不”。在主语相同的情况下，用无指代词“莫”作主谓结构的主语，和用副词“不”作状语，两者同义。这类格式中，用“不”是一般说法，用“莫”有强调主语的意味。例（4）“请问于服”，用副词“请”表敬，《汉书》作“问于子服”，用尊称代词“子”，得到与《史记》同样的表达效果。细微的区别在于：“请”修饰“问”，重在恭敬地询问这一行为；“子”与“服”同位，重在对服鸟并非一时的尊重。例（5）“相抗”，《新唐书》作“拒我”，“抗”与“拒”相当，用具有称代意义的副词“相”作状语与用代词“我”作宾语，表达的意思一样。当时李世民与王世充两军对阵，李世民“先礼后兵”，说出一番话来，所引便是其中两句。这类话讲究措辞，具有一定的礼貌性质。像《新唐书》那样，把“如欲相抗”改成“必拒我”，就有“老子天下无敌”的味道了。征洛阳时的李世民，还不能有这种口气。例（6）“每事亲览”，《新唐书》作“事皆亲览”，用逐指代词“每”修饰主语，与用表全体范围副词“皆”作状语同义。不过“每事亲览”，是说“事无大小”，都亲自处理；而“事皆亲览”，是说“毫无例外”，事情都是一手包办。

虚词与实词也有同义的：

（7）贯高至，对狱，曰：“独吾属为之，王实不知。”（《史记·张耳陈余列传》）

（8）更以为列侯。（《史记·韩王信传》）

（9）齐侯以诸侯之师侵蔡。（《左传·僖公四年》）

（10）立子玄应为皇太子，封子玄恕为汉王。（《旧唐书·王世充传》）

例（7）“王实不知”，《汉书》作“王不知也”，语气副词“实”用作状语与表判断的句末语气助词“也”，都表达肯定无疑的语气，但“实”在这里又有辩白的意味，贯高此时当为张敖辩护，用“实”为优。例（8）的“以”，《汉书》作“封”，例（9）的“以”，《史记·齐世家》作“率”。例（10）《新唐书》作“以子玄应为太子，玄恕为汉王”。句中作介词用的“以”与“封”、“率”、“立”等相当。“封”、“率”、“立”，还有“领”、“使”、“拜”等，在这类兼语式句子中作第一个动词用的时候，能用“以”替换。一般说来，把原来实实在在的动词替换成笼统的虚词，没有这个必要，把原来笼统的虚词替换成实在的动词，却是可取的。

第二节 活用词义

活用是语法里的现成说法。词的性质本来是确定的，但在具体上下文中可有所改变，体现了词的归类的灵活性。还有，词的搭配关系和词的意义本来也是确定的，但在具体上下文中临时有了变化，这同样是灵活性的表现。从修辞的角度看，这些都是活用。下面分为六项说明。

一、转类

通常属于此类的词，在文中却属于彼类，这叫转类。例如：

(1-1) 与大夫觞饮，无忘国常。(《国语·越语》)

(1-2) 严遂乃具酒；自觞聂政母前。(《战国策·韩策》)

(2-1) 卫庄公……又娶于陈，曰厉妫，生孝伯，早死。其娣戴妫生桓公，庄姜以为己子。(《左传·隐公三年》)

(2-2) 陈女女弟亦幸于庄公，而生子完，完母死，庄公令夫人齐女子之。(《史记·卫康叔世家》)

(3-1) 墨子之节用也，则使天下乱。(《荀子·富国》)

(3-2) 恶乡原，恐其乱德也。(《孟子·尽心下》)

例(1-2)的"觞"是名词，用如动词，相当于(1-1)的"觞饮"。例(2-2)"子之"的"子"，名词用如动词，意动用法，"子之"大致相当于(2-1)的"以为己子"。例(3-2)的"乱"形容词用如动词，使动用法，与(3-1)的"使……乱"意思相同。

转类能使语言简洁明快，结构紧凑。如：

(4) 齐景公问政于孔子。孔子对曰："君君，臣臣，父父，子子。"(《论语·颜渊》)

(5) 古之欲明明德于天下者，先治其国；欲治其国者，先齐其家，欲齐其家者，先修其身；欲修其身者，先正其心，欲

正其心者，先诚其意；欲诚其意者，先致其知；致知在格物。（《礼记·大学》）

“君君，臣臣，父父，子子”，后一个“君”、“臣”、“父”“子”，名词用如动词。这个复句译成现代汉语是：君主按君主的标准说话办事，臣子按臣子的标准说话办事，父亲按父亲的标准说话办事，儿子按儿子的标准说话办事。孔子的话，即使换成道地的动词作谓语，还加上恰当的修饰语，那也无法做到比这八个字更为简洁的了。例（5）前一“明”字和“治”、“齐”、“修”、“正”、“诚”、“致”、“格”这些形容词或动词都是使动用法，要是都改为“古之欲使明德明于天下者，先使其国治；欲使其国治者，先使其家齐……”读起来就会感到拖沓，远不如原文那样明快，一气呵成。

恰当利用转类，可以使语言整齐，音节匀称。例如：

（6-1）宋有富人，天雨墙坏。其子曰：“不筑，必将有盗。”其邻人之父亦云。暮而果大亡其财。其家甚智其子，而疑邻人之父。（《韩非子·说难》）

（6-2）郑人有一子将宦。谓其家曰：“必筑坏墙。是不善，人将窃。”其巷人亦云。不时筑，而人果窃之。以其子为智，以巷人告者为盗。（《韩非子·说林下》）

（7）齐庄公朝，指殖绰、郭最曰：“是寡人之雄也。”州绰曰：“君以为雄，谁敢不雄？”（《左传·襄公二十一年》）

例（6-1）“智其子”与“疑邻人之父”结构相同，如果把“智其子”改为“以其子为智”，是兼语式，与动宾式排列在一起，就显得结构错杂。例（6-2）“以其子为智”，不好用“智其子”代替，“智其子”是动宾式，与后面的兼语式搭配，也就不整齐了。例（7）州绰的话可说成：“君雄，谁敢不雄？”也可说成：“君以为雄，谁敢不以为雄？”但都不如原文用两个四字句音节匀称。

应用转类，还往往有增加语言具体性和形象性的效果。例如：

（8）范增数目项王，举所佩玉玦以示之者三。（《史记·项羽本纪》）

(9) 此管仲之所以纪纲齐国裨补先君而成霸者也。(《国语·晋语》)

例(8)“目项王”，意思与“用目光向项目示意”相当，但前者把名词“目”作动词用，突出了眼睛的形象，不难揣想，从那双眼睛里，可以明显地看出范增的焦灼心情。例(9)“纪纲齐国”，纪是散丝的头绪，纲是提网的总绳，名词用如动词，只说治理好齐国，还不知好到什么程度，说“纪纲齐国”，是说把齐国治理得井井有条，恰如理出乱丝的头绪，抓住网罟的总绳，这样就给人以比较具体生动的印象。

二、异义

文中接连出现同一个字(词)，而前后意义不完全相同，这叫做异义。

(1) 世有伯乐，然后有千里马。千里马常有，而伯乐不常有。(韩愈《杂说》)

(2) 灭六国者，六国也，非秦也。族秦者，秦也，非天下也。……秦人不暇自哀而后人哀之。后人哀之而不鉴之，亦使后人而复哀后人也。(杜牧《阿房宫赋》)

有伯乐才会有千里马，那么，有千里马就必有伯乐，怎么又说“千里马常有，而伯乐不常有”呢?原来例(1)“有千里马”的“有”，是指人们主观认识上的存在，其余三个“有”字，是指在客观世界范围内的存在，词虽然相同，意义却有差别。(有人以为这里意义上有差别的词是“千里马”，前一个是说千里马的名，后一个是说千里马的实。)例(2)四个“后人”，第一个“后人”指秦亡至杜牧那个时代一千多年间所有的人，第二和第四个“后人”指当时唐统治者，第三个“后人”指杜牧以后的人。对于秦来说，他们都是后人。例(1)“有”的两种意义，例(2)“后人”的三种意义，是它们本来可以具有的，但这些意义不能在词典里加以规定，只有在进入具体的言语作品后，才能呈现出来。这里是同词接连出现而意义不完全相同的一种情况。

“灭六国者，六国也”，前一个“六国”，指韩、赵、魏这些国家，后一个“六国”指这些国家的统治者，他们荒淫侈靡，对人民进行锱铢取尽的剽掠。这句意思说，造成六国灭亡的是六国骄奢淫逸不顾人民死活的统治者。“族秦者，秦也”，同样，前一个“秦”指秦朝，后一个“秦”指秦王朝统治集团，他们纷奢骄固，使天下人敢怒而不敢言，这是嬴氏政权垮台的根本原因。“六国”和“秦”的后一意义，为文章的作者所特别赋予，而由作者的整篇文章显示出来。这属于异义的另一种情况。

(3) 无使滋蔓！蔓，难图也。蔓草犹不可除，况君之宠弟乎？(《左传·隐公元年》)

(4) 既而太叔命西鄙北鄙贰于己。公子吕曰：“国不堪贰，君将若之何?”(《左传·隐公元年》)

(5) 子路有闻，未之能行，唯恐有闻。(《论语·公冶长》)

(6) 吾不能以春风风人，吾不能以夏雨雨人，吾穷必矣。(《说苑·贵德》)

例(3)三个“蔓”字，第一个意思是延引，第三个是草名(《说文》：“蔓，葛属。”)。第二个“蔓”，说它当释为“延”，则与后“蔓”字异义；说它当释为“葛”，则与前“蔓”字异义。例(4)“贰于己”的“贰”，当如《说文》所释：“副益也。”而“不堪贰”的“贰”，意为“携贰”，即分离，分裂。例(5)两“有”字，后“有”字和“又”的意义相同。例(6)后“风”字意思是“吹拂”，后“雨”字意思是滋润，与名词“风”、“雨”不同义。“蔓”、“贰”、“有”、“风”、“雨”的两个意义在词典里都能找到根据。四个例子代表四种情况：“蔓延”的“蔓”与“葛蔓”的“蔓”，两字同源；“携贰”是“副贰”的引申义；“有”作“又”是音近假借；“风”、“雨”成为动词，起初是名词“风”、“雨”的转类。“贰”的两个意义属于一词多义，其余四字各有二义，实际上是同字异词。除“蔓”之外，“有”、“风”、“雨”均可两读，“唯恐有闻”的“有”读“又”，作动词用的“风”、

“雨”都念去声。

例（1）、例（2）是同字“异义”的第一类，这一类要在上下文中才能获得异义。这样的“异义”能给人以精警、邃远的感觉，发人深省。我们把例（3）至例（6）看成“异义”的第二类，这一类本就存在着异义。这样的“异义”给人以睿智、含蕴的感觉，意味深长。

三、双关

字面指的是一个意义，字里却是指的另一种含义，这种含义才是说话人真要表达的意思，这叫双关。

一类是字词的双关，包括谐音和借义两种。谐音如：

（1）今夕已欢别，合会在何时？明灯照空局，悠然未有期。（《乐府诗集·子夜歌》）

（2）樵彼桑薪，卬烘于煁。（《诗经·白华》）

例（1）表面上是说棋盘上没有棋子，实际上却是说后会无期，“棋”与“期”谐音。《白华》诗当是周幽王王后申后所作，“桑薪”与“丧新”谐音，申后诅咒褒姒为“丧新”，即该死的新人（此说本曾运乾待刊稿《毛诗说》）。

借义如：

（3）一夕就郎宿，通夜语不息。黄蘖万里路，道苦真无极。（《乐府诗集·读曲歌》）

“道”是道路，黄蘖是一种植物，皮可入药，味极苦，所以说“黄蘖万里路，道苦真无极”。“道”又可以是道说，“道苦真无极”，是诉说悲苦，真是没完没了的意思。这正是诗歌作者所要表达的内在含义。这个意思显然不是承“黄蘖万里路”而来，而是跳过这一句，与“……通夜语不息”相接。民歌运用双关手法时，许多都取这种形式。

另一类是语句双关，通常只有借义一种。例如：

（4）文帝尝令东阿王七步中作诗，不成者行大法。应声便为诗曰：“煮豆持作羹，漉豉以为汁。萁在釜下燃，豆在釜中

泣。本是同根生，相煎何太急?”帝深有惭色。（刘义庆《世说新语·文学》）

相传是东阿王曹植作的这首七步诗，末两句语带双关。一方面是仿在釜中蒸煮的豆粒对在釜下燃烧的豆梗说话，一方面是曹植对哥哥文帝曹丕求情：本是同父共母所生，加害于我为什么要过分急迫啊?

(5) 酒酣，章进歌舞。已而曰：“请为太后言耕田。”高后儿子畜之，笑曰：“顾乃父知田耳。若生而为王子，安知田乎?”章曰：“臣知之。”太后曰：“试为我言田意。”章曰：“深耕概种，立苗欲疏。非其种者，锄而去之。”太后默然。(《汉书·高五王传》)

“非其种者，锄而去之”两句，刘章表面上是讲耕田，要锄去杂草，实际上是说，凡不姓刘的（指诸吕）都要铲除掉。

谐谑、讽刺和曲说常常要用到双关。

(6) 太仓一富人宴客，王元美与焉。馔有臭鳖、生梨子。元美曰：“世上万般愁苦事，无过死鳖与生梨。”座客大噱。(冯梦龙《古今谭概》第二十七)

(7) 李至刚尝以罪褫冠服，平巾入史馆供职，阍人：“谁，何之?”李不敢举其衔，又非徒役，乃自称修史人。李至刚直操乡音，于是馆中皆称之曰：“羞死人李至刚。”（焦竑《玉堂丛语》卷八）

本来就有这样的现成话：“世上万般愁苦事，无过死别与生离。”王元美就眼前情景，说成“死鳖与生梨”，音同而义别。例(7)李至刚乡音“修史人”与“羞死人”谐音，称之为“羞死人”，既嘲笑他的方言，又奚落他受到处罚。

(8) 喇叭、唢呐，官儿小，腔儿大。[王磐《朝天子（咏喇叭）》]

(9) 朝议以国计不足，暂借民间房租一年。于是怨声沸京城，呼“崇祯”为“重征”，犹海刚峰疏内呼“嘉靖”为“家净”，谓家家俱净也。(李清《三垣笔记》卷一)

例（8）“官”与“管”谐音，“官儿小”是说唢呐管子细，同时又指官小，“腔儿大”，是说唢呐音腔宏大，同时又指官架子十足。例（9）的记载，反映了人民对嘉靖与崇祯统治的强烈不满，所用的方式正是双关。

（10）无端隔水抛莲子，遥被人知半日羞。（皇甫嵩《采莲子》）

（11）思量同你好得场骇，弗用媒人弗用财，丝网捉鱼尽在眼上起，千丈绫罗梭里来。（冯梦龙辑《山歌·睃》）

例（10）字面上说“莲子”，真意是“怜子”，即爱你，表达爱情不便启齿，但又非表达不可，于是就语带双关。例（11）作者倒是大胆率直，并不隐瞒要与对方“好”的感情，但“好”的媒介是什么？未直截了当地说出，意思无非是说要靠眉眼反复传递情意，但口里却只讲鱼网全仗网“眼”，绫罗都由“梭”织成。眼，借义双关；梭，谐音双关。恋人大多希望能给对方以智慧的印象，也都希望对方聪明伶俐，他们往往不把话说尽，让他（她）自己去细心领会。

表达男女爱情用双关，有时政治斗争也会出现不便明说的情形，亦用双关来暗指。如：

（12）相君之面，不过封侯，又危不安。相君之背，贵乃不可言。（《史记·淮阴侯列传》）

（13）刘沆尝使契丹。契丹与之宴。契丹曰：“有酒如渑，系行人而不住。”刘应声曰：“在北曰狄，吹出塞以何妨？”（王观国《学林》卷九）

例（12）是蒯通试探着劝说韩信背叛刘邦的话，“面”指对刘邦北面称臣，“背”指背叛汉。蒯通说：拥刘不过封侯，还有危险；反刘则可称帝，贵有天下。韩信是刘邦部下的一名统帅，不好明言，便托辞于看相，说是看您的脸如何，看您的背又如何。例（11）契丹君主说：酒多得像“渑”（音绳，水名），可这“绳子”系不住你这个使者。刘沆马上接过来说：在北方的外族叫“狄”，而这“笛”吹奏一下出塞曲又有什么关系？契丹的话分明有挑逗刘沆与他们相通的意思，刘沆则明确划分出当时的华夷界线，态度严正，同时又表示宽容：你那样说说也无妨。在这样的外交场合，若直来直去地表达上述意思是不恰当的，于是双方都选择了双关的手法。用双关手法对君主进行讽刺，也属这一类。如：

(14) 景帝后二年，诸王来朝。有诏更前歌舞，定王但张袖小举手，左右笑其拙，上怪问之。对曰："臣国小地狭，不足回旋。"帝乃以武陵、零陵、桂阳益焉。(《汉书·景十三王传》注引应劭)

定王回答地方狭窄，跳舞转身不得。其本意则是国土狭小，不足以容身，希望他的父亲景帝给他加封一点土地。定王话双关两层意思。

双关用得好，能加强语言的表现力，这不是"谐谑"、"讽刺"、"曲说"几项所能包括无遗的。例如：

(15) 春蚕到死丝方尽，蜡炬成灰泪始干。(李商隐《无题》)

(16) 杨柳青青江水平，闻郎江上唱歌声。东边日出西边雨，道是无晴却有晴。(刘禹锡《竹枝词》)

例 (15) 比喻爱情执着，愁思不尽。"丝"与"思"谐音，提示这里所比喻的只能是情思缠绵，加强了比喻的效果。例 (16) 无晴而有晴，原可看作听郎唱歌时的实景，但又却是听郎唱歌时的实感：似有情，似无情。语无虚设，意有双重，实情实景，亦情亦景，语句少而容量大。这首《竹枝词》确为这类民歌体作品中的上乘。

四、连及

本说甲，连带说乙，就是连及。《书·禹贡》："江、汉朝宗于海。""伊、洛、瀍、涧，既入于河。"阎若璩《古文尚书疏证》卷六说："古人文多连类而及之，因其一并及其一。汉入江，江方入海，因江入海，汉亦同之。伊、瀍、涧悉入洛，洛方入河。因洛入河，并及伊、涧，皆连类之文也。"

连及可分为类连和反连两类。乙与甲同类是类连，乙与甲意义相反是反连。类连多名词，反连多形容词和动词，但也有名词。

(1) 宋人有沽酒者，升概甚平，遇客甚谨，为酒甚美，悬帜甚高。(《韩非子·外储说右上》)

(2) 又尝同席读书，有乘轩冕过门者，宁读如故，歆废书出观。(刘义庆《世说新语·德行》)

例（1）“升”，容器，“升概甚平”，是说容器装满了，没有亏缺。“概”是刮平斗斛的器具，说“升”连带说到“概”。例（2）“乘轩冕过门”，乘坐高头大车打门口过。因说轩（车），连带说到冕（礼帽）。这两例是类连。

(3) 昼夜勤作息，伶俜萦苦辛。(《古诗为焦仲卿妻作》)

(4) 坦公亮于幽险，流子爱于百姓，然后可以经夷险而不忧。(《晋书·范汪传》)

例（3）讲诗的女主人公昼夜辛勤劳动，当是“昼夜勤作”，因用“作”连带用到“息”。例（4）本是说“经险而不忧”，现在说成“经夷险而不忧”，“夷”与“险”相对，意思是平坦，说“险”时把“夷”带出，而且还在前面。这两例是反连。

仔细分析起来，所连的词语并不全是羡余成分。其所以看起来有连带部分，有的是因为简省了有关成分，有的是为了说得周全些，有的实际上是病辞。还有一些，主要是属于类连的，可以看成是一种类似于集合名词的单位，或者看成是一种复合词，它的意义与组成它的两个并列词素有密切关系。如：

(5) 大夫不得造车马。(《礼记·玉藻》)

(6) 鼓之以雷霆，润之以风雨。(《易·系辞》)

例（5）“造车”，连带说到“马”。这里的实际意思是说，不得新置车马。例（6）“润之以风雨”，实际意思是以和风吹拂之，以细雨滋润之。

(7) 世之有饥穰，天之行也，禹汤被之矣。(贾谊《论积贮疏》)

(8) 但求速死，不复顾利害。(文天祥《指南录后序》)

例（7）本是说世上有荒年，这是自然界常有的现象。似乎只说“世有饥（荒年）”就可以了，不必说到“穰”（丰年），但兼及丰年周全些，因为“饥”、“穰”都是常有的事，只说“饥”，倒好像“穰”是希罕事一样。不过侧重点是在“饥”。例（8）本意是讲不再顾及害处，死也不怕，连带讲不复顾“利”，拼着一死，有利无利，也就顾不得了。文天祥所不复顾的，既有利，也有害，而侧重在害。

（9）先帝尝与太后不快，几至成败。（《后汉书·何进传》）

（10）陟罚臧否，不宜异同。（诸葛亮《出师表》）

例（9）“成败”只当作“败”解释，例（10）“异同”也只有“异”的意思。这或者是当时通语，或者是袭用前人成言。不管是哪种情形，这两例终究有点语病。

（11）禹、稷躬稼而有天下。（《论语·宪问》）

（12）便可白公姥，及时相遣归。（《古诗为焦仲卿妻作》）

亲自耕种的是稷，连带说到禹。例（11）的“禹、稷”可以看成是禹、稷这一类的人物，不止是说禹和稷两个人。禹虽无躬稼的记载，但他平治水土，“身执耒臿以为民先，股无胈，胫不生毛”，与耕种同其辛苦。《古诗为焦仲卿妻作》中只出现刘兰芝的婆婆，例（12）“白公姥”当是向婆婆禀告。说“姥”连带说到“公”，“公姥”已不再是指公公与婆婆，连起来用有家长的意思。

五、参互

前后参互理解才能表示出完备意义的，叫参互。一种情况是：前面结构某个词语的意义推及于后面的结构，而后面结构相应的词语兼顾到前面的结构。它可出现在句中，如：

（1）秦时明月汉时关，万里长征人未还。（王昌龄《出塞》）

（2）烟笼寒水月笼沙，夜泊秦淮近酒家。（杜牧《泊秦淮》）

(3) 主人下马客在船，举酒欲饮无管弦。(白居易《琵琶行》)

例 (1) 说秦汉时的明月秦汉时的关隘，前面的“秦”要加后面的“汉”来理解，后面的“汉”要加前面的“秦”来理解。例 (2) 首句是说烟（水上雾气）月笼罩着寒水，烟月笼罩着寒沙。例 (3) 主人下了马，客人也下了马，客人在船上，主人也到了船上。

它可出现在对句中，如：

(4) 迢迢牵牛星，皎皎河汉女。(《古诗十九首》)

(5) 当窗理云鬓，对镜贴花黄。(《木兰诗》)

(6) 燕赵之收藏，韩魏之经营，齐楚之精英，几世几年，剽掠其人，倚叠如山。(杜牧《阿房宫赋》)

例 (4) 意思是遥远的、明亮的牵牛星和织女星。例 (5) 是当窗对镜理云鬓、贴花黄。例 (6) 前三句是参互，指燕、赵、韩、魏、齐、楚经营所得的和所收藏的精英。

它可出现在上下文中，如：

(7) 夏，季孙宿如晋，拜莒田也。晋侯享之，有加笾。武子退，使行人告曰：“小国之事大国也，苟免于讨，不敢求贶。得贶不过三献。今豆有加，下臣弗堪，无乃戾也？”(《左传·昭公六年》)

(8) 楚子使然丹简上国之兵于宗丘，且抚其民，分贫振穷……使屈罢简东国之兵于召陵，亦如之。(《左传·昭公十四年》)

例 (7) 孔《疏》说：“上言加笾，此言豆者，笾豆并加，互举其一也。”例 (8) 杜《注》说：“上国在国都之西，西方居上流，故谓之上国。”孔《疏》说：“以水皆东流，西方居上流，故谓之上国。西为上则东为下，下言东则此是西，互相见也。”使然丹简“上国”之兵，知屈罢所简为下国。使屈罢简“东国”之兵，则知然丹所简为西国。在对举或并举的上下文中，上言此，下虽不言彼，亦知其为彼，倒过来也是一样。这也是参互。如果例 (1)

至（7）所说的参互叫做A型的话，那么，例（8）就叫B型参互。B型参互不仅有词语，也有句子，如：

（9）西南得朋，乃与类行；东北丧朋，乃终有庆。（《易·坤象传》）

（10）花径不曾缘客扫，蓬门今始为君开。（杜甫《客至》）

例（9）前半说“乃与类行”，后半就当“不与类行”，后半说“乃终有庆”，前半就当是“无庆”。参互理解，其意义是：西南得朋，乃与类行，至终无庆；东北丧朋，不与类行，乃终有庆。例（10）应当理解为：花径不曾缘客扫，今始为君扫，蓬门不曾向客开，今始为君开。

参互主要是为了精简，一个词能顶两个词用。诗歌韵文受了句中字数的限制，使用参互的机会就比较地多些。用了参互的文句，往往语意含蕴丰富，并且能避免重复，使行文错落有致。

六、曲解

词有同音词，有多义词。由于同音和多义，有意无意地把词语的意义弄得和本义不符，叫做曲解。音同曲解，如：

（1）（李）可及褒衣博带，摄齐以升座，自称三教论衡。偶坐者问曰：“既然博通三教，释迦如来是何人？”对曰：“妇人。”问者惊曰：“何也？”曰：“《金刚经》云：‘敷座而座。’或非妇人，何烦夫坐然后儿坐也？”上为之启齿。又问曰：“太上老君何人？”曰：“亦妇人也。”问者益所不谕。乃曰：“《道德经》云：‘吾有大患，为吾有身。及吾无身，吾有何患？’倘非妇人，何患于有娠乎？”上大悦。又问曰：“文宣王何人也？”曰：“亦妇人也。”问者曰：“何以知之？”曰：“《论语》云：‘沽之哉！沽之哉！吾待贾者也。’向非妇人，待嫁奚为？”上意极欢宠，锡赉颇厚。（孙光宪《北梦琐言》）

本是“敷座而座”，铺设座位坐下，说成是“夫坐儿坐”，丈夫坐了然后儿子坐；本是有“身”躯，而说成有妊“娠”；本是等待高“贾”（价），说成是等待出“嫁”。均收到了滑稽可笑的效果。

(2) 谈笑有鸿儒，往来无白丁。（刘禹锡《陋室铭》）

(3) 水舂云母碓，风扫石楠花。（李白《送内庐山寻女道士李腾空》）

“鸿儒”对“白丁”，“云母碓”对“石楠花”。“鸿”、“红”同音，“红”对“白”才工稳，借“鸿”为“红”。“楠”、“男”同音，借“楠”为“男”，与“母”相对。这叫借对。借对实际上属于音同曲解一类。

多义曲解，如：

(4) 有人将虞永兴手写《尚书》典钱。李尚书选曰：“经书那可典？”其人曰：“前已是尧典舜典。”（朱揆《谐噱录》）

(5)《诗》曰：“嗟尔君子，无恒安息。靖共尔位，好是正直。神之听之，介尔景福。”神莫大于化道，福莫长于无祸。（《荀子·劝学》）

例(4)“典”有典当的意思，又有经典的意思，“那可典”的“典”是前一义，“其人”所说的“典”是后一义，“尧典”、“舜典”是《尚书》的篇章名。例(5)“神”在《诗·小明》篇中指神灵，荀子所说的“神”，意指最高的精神境界。“神莫大于化道”，最高的精神境界没有比为道所化更高的了。荀况曲解“神之听之”的“神”，以证明他的看法正确，这就有点诡辩的味道了。

“曲解”的另一目的是取笑，例(1)就是这样。又如：

(6) 绍兴末，朝士多饶州人。时人语曰：“诸公皆不是痴汉。”时传以为笑。（陆游《老学庵笔记》卷一）

俗语：“饶人不是痴汉，痴汉不会饶人。”“饶人”是动宾词组，即饶恕别人。例(6)曲解为“饶州人”，成为偏正词组，“饶”作“饶州”之“饶”。“时人”的话，说来饶有风趣。

(7) 光绪甲戌会试，题为“君子坦荡荡”。场后，戏园例行讲题之举。诸伶中公推刘赶三。是时十三旦艳名甫噪，堂会非伊不欢。赶三为释之曰：君子者，京官老爷之称。拆坦字为十一旦，两荡字中各藏一旦字，合之坦字为十三旦。君子坦荡荡，乃谓京官老爷以昵十三旦之故，至于罄其资，而典质及衣物耳。盖荡、当同音也。（柴萼《梵天庐丛录》）

释“君子”为“京官老爷”，多义曲解；以“荡”为“典当”的“当”，同音曲解。拆“坦荡荡”为“十三旦”，是拆字，下节将要讲到。

第三节　变换词形

方块汉字在大多数情况下，一个字就是一个词。字有形，有音。字形与字音都可以拆开，可以合并。汉字有时又可以临时替代，或用同义，或借同音。词是多音节的时候，有时中间能插进什么，有时却会有所简省。像这一类的词形变化，都是修辞的重要手段。

一、形的拆并

把字形拆成几个部分，是拆字；把两个字合成一个字叫并字。例如：

（1）到门不敢题凡鸟，看竹何须问主人。（王维《春日与裴迪访吕逸人不遇》）

“不敢题凡鸟”，即不敢题“鳯”（凤）字。语本《世说新语·简傲》。吕安来看嵇康，嵇康不在家，他的儿子嵇喜出来接待客人，吕安不进门，在门上题一个“鳯”字就回去了。嵇喜看了“鳯”字很高兴，以为父亲的朋友赞扬自己。其实吕安的意思是说嵇喜是个“凡鸟”，普普通通的鸟，是个庸才。“鳯”从鸟，凡声，由“凡”“鸟”二字合成。吕安以“鳯”为“凡鸟”，是并字。王维以“凡鸟”为“鳯”，是拆字。

（2）述梦有人语之曰：“八厶子系，十二为期。”觉谓其妻曰：“虽贵，而祚短若何？”妻对曰：“朝闻道夕死尚可，况

十二乎?”(《后汉书·公孙述传》)

(3)太宗即位……景文……领吏部、扬州刺史……时太子及诸皇子并小，上稍为身后之计。诸将帅吴喜、寿寂之之徒，虑其不能奉幼主，并杀之。而景文外戚贵盛，张永累经军旅，又疑其将来难信，乃自为谣言曰：“一士不可亲，弓长射杀人。”(《宋书·王景文传》)

(4)唐裴炎为中书令。时徐敬业欲反，令骆宾王画计，取裴炎同起事。宾王足踏壁静思，食顷，乃为谣曰：“一片火，两片火，绯衣小儿当殿坐。”(《太平广记》卷二百八十八引《朝野佥载》)

(5)赵明诚幼时，其父将为择妇。明诚昼寝，梦诵一书，觉来惟忆三句：“言与司合，安上冠脱，芝芙草拔。”以告其父。其父为解曰：“汝待得能文词妇也。‘言与司合’是‘词’字，‘安上冠脱’是‘女’字，‘芝芙草拔’是‘之夫’二字，非谓汝为词女之夫乎?”后李翁以女女之，即易安也，果有文章。(《分类字锦》卷十二引《琅琊记》)

例(2)、例(5)是把心事假托成梦，用以表达本来就有的愿望。八厶拆“公”字，子系拆“孙”字，“八厶子系，十二为期”，是说他公孙述可以做十二年皇帝。从例(5)可以看出赵明诚想要一个有文化的女子为妻，不便直说，就用了一个拆字之法。例(3)、例(4)都是造别人的“谣”，这种流传开来的“谣”，在那时带有一种预言性质，是一种政治斗争的手段。例(3)“一士”拆“王”字，指王景文，“弓长”拆“张”字，指张永。例(4)一火又一火，拆炎字，“绯”“非”同音，“非衣”拆“裴”字，全句是说裴炎会当皇帝。骆宾王的用意是，使当权的武后听了，怀疑裴炎会阴谋篡位，使裴炎听了，产生推翻武氏政权的想法。后来裴炎被杀，可能与这“谣”有些关系。

不止是托梦、造谣，诗歌中也有用拆字法的，如：

(6)海动山倾古月摧(李白《永王东巡歌》)

古月拆“胡”字，“古月摧”等于说胡人被击破。

二、音的分合

或者是为了音节匀称，或者是为了避免浅露无味，古书中常用分音和合音。分音是把一个音节分成两个音节，合音是把两个音节合成一个音节。

(1) 世人语音，有以切脚而称者，亦间见之子书史中。如以蓬为勃龙，槃为勃阑，铎为突落，叵为不可，团为突栾，钲为丁宁，顶为滴顸，角为矻落，蒲为勃卢，精为即零，螳为突郎，诸为之乎，旁为步廊，茨为蒺藜，圈为屈挛，锢为骨露，窠为窟驼是也。(洪迈《容斋三笔》卷十六)

这里所说的“切脚”，就是我们所说的分音和合音。其中“叵”、“诸”、“茨”是合二音为一音，其余都是分一音为二音。合音取前一字的声与后一字的韵。分音取本字的声为前一字的声，取本字的韵为后一字的韵。

(2) 废承天之至言，角无用之虚文，欲末杀灾异，满谰诬天，是故皇大勃然发怒。(《汉书·谷永传》)

(3) 三军皆哗钔以振旅，其声动天地。(《国语·吴语》)

(4) 予其惩，而毖后患，莫予荓蜂。(《诗·小毖》)

例(2)“满谰”是“谩”的分音。《说文》:“谩，欺也。”“满谰诬天”是说欺诬上天。例(3)“哗钔”是“吼”的分音，指发出吼声，踊跃自奋。例(4)“荓蜂”是“并”的分音。《说文》:“并，相从也。”“莫予荓蜂”，不要使我相从，即不要把我牵连进去。

(5) 六卿三族降听政，因大尹以达。(《左传·哀公二十六年》)

(6) 那作商人妇，愁水又愁风。(李白《长干行》)

例(5)的“降”，杜预注:“和同也。”“降”是“和同”二字的合音。“降”，上古音属匣纽、冬部，“和”也是匣纽，与“降”同声。“同”在东部，东部与冬部音近相通，如洚水即洪水，洚、洪二字也是一在冬部，一在东部。例(6)“那”是“奈何”

的合音。《左传·宣公二年》："牛则有皮，犀兕尚多，弃甲则那？""那"也是奈何的合音。古音"那"、"何"同在歌部。

还有用两个字合成两个音的。如梁武帝建同泰寺，开大通门对同泰寺南门。"大通"与"同泰"相协。取"同"字的声与"泰"字的韵合为"大"，取"泰"字的声与"同"字的韵合为"通"。从魏晋开始，通行反切，反切或叫切，或叫反，取上字的声与下字的韵合成一个新的音节，基本原理就是合音。现在又取下字的声与上字的韵合成第二个音节，这种情况就叫双反。双反的例又如：

(7) 唐郝象贤，侍中处俊之孙，顿丘令南容之子也，弱冠，诸友生为之字曰"宠之"。每于父前称字，父绐之曰："汝朋友极贤，吾为汝设馔，可命之也。"翊日，象贤因邀致十数人。南容引坐与之饮，谓曰："谚云：'三公后，出死狗。'小儿诚愚，劳诸君制字，损南容之身尚可，岂可波及侍中也？"因泣涕。众惭而退。"宠之"者，反语为痴种也。(《太平广记》卷二百五十八引《朝野佥载》)

(8) 先是童谣曰："诸葛恪，芦苇单衣篾钩落。于何相求？成子阁。"成子阁者，反语石子冈也。建业南有长陵，名曰石子冈，葬者依焉。(《三国志·吴志·诸葛恪传》)

例(7)"宠之"合音为"痴"，"之宠"合音为"种"。"宠之"双反为"痴种"。这是用来嘲笑、挖苦人家，而又不让他本人一下子就弄明白。例(8)童谣后两句是说到哪里去找诸葛恪？到乱葬岗去找。反映了造"谣"者对诸葛恪的嫉恨。但由于诸葛恪正当权，只能含糊其辞，不说"石子冈"，而说"成子阁"。"成""阁"合音为"石"，"阁""成"合音为"冈"。

三、字的替代

替代是不用本来当用的字，而用别的字来代替。有用同音字替代的，有用字的训释来替代的。前者称为借音替代，后者称为衍义替代。如：

(1) 安帝义熙初，童谣曰："官家养芦化成荻，芦生不止自成积。”其时官养卢龙，宠以金紫，奉以名州，养之极也。而龙不能怀我好音，举兵内伐，遂成仇敌也。“芦生不止自成积”，及卢龙之败，斩伐其党，犹如草木以成积也。（《晋书·五行志中》）

（2）聘人以珪，问士以璧，召人以瑗，绝人以玦，反绝以环。（《荀子·大略》）

（3）牛僧孺乃与杨虞卿兄弟驱驾轻薄。又恶裴度之功，曾进曹马传以谋陷害。虞卿又结李宗闵之门人，尽驱之牛门。此外有不附者，潜被疮痏。遭之者谓之阴毒伤害。京师语曰：“太牢笔，少牢口，东西南北何处走！”太牢，僧孺；少牢，虞卿。（刘轲《牛羊日历》）

（4）太祖潜耀日，尝与一道士游于关河，无定姓名……能引其喉于杳冥之间作清微之声，时或一二句，随天风飘下，惟祖宗闻之。曰：金猴虎头四，真龙得其位。……至膺图受禅之日，乃庚申正月初四也。（张淏《云谷杂记》）

例（1）借“芦”为“卢”，借“荻”为“敌”，说是官家养了卢元龙，卢元龙却恩将仇报，变成了敌人。这与谐音双关有相似的地方，但双关必须是语关两端，借音则只表一事。例（1）如果照字面理解，就说不过去，因为“芦”不可以“养”，也没有因而化成“荻”的可能。这里只能看成借音，不好说成有两个意思。例（2）“玦”、“绝”同音，“环”、“还”同音，用“玦”表示“绝”，用“环”表示“还”，也是借音。例（3）太牢指牛僧孺，古时祭祀牛曰太牢；少牢指杨虞卿，古时祭祀羊曰少牢，“羊”、“杨”谐音。例（4）道士的预言，当然是事后编出来的，我们只看它怎样表达时间。按五行的说法，西方金，庚辛配西方，按十二生肖的归属，申属猴，寅属虎，而夏历正月正是寅月，所以金猴虎头四，就是庚申正月初四。例（3）、例（4）都是衍义替代。

借音、衍义、双关、拆字，这几样常常配合着使用。总的是为了使语言带有预言性、趣味性、曲折性，含而不露，却思之即得。这种互相配合的例子如：

(5) 周将军韦孝宽忌光英勇，乃作谣言："百升飞上天，明月照长安。"又曰："高山不推自崩，槲树不扶自竖。"(《北齐书·斛律光传》)

(6) 韩(侂胄)用事日久，人不能平，又所引用，率多非类，天下大计，不复白之上。有市井小人用片纸摹印乌贼，出没于潮，一钱一本，以售儿童。且诵言云："满潮都是贼，满潮都是贼。"京尹廉而杖之。又有卖浆者敲其盏以唤人曰："冷的吃一盏，冷的吃一盏。"冷谓韩，盏谓斩也。亦遭杖。(叶绍翁《四朝闻见录》戊集)

例(5)韦孝宽造"谣"陷害斛律光，不说"斛"，而说"百升"，百升为斛，是衍义。斛律光字明月，"明月照长安"是借义双关。"槲"与"斛"同音，是谐音双关。例(6)"满潮都是贼"，配合着漫画，似乎是说乌贼在海潮里出没，但乌贼不好简称为贼，"潮"通常也不说满或不满。所以这里的意思只有一个，就是"满朝都是贼"，整个朝廷里都是害人的家伙。以"潮"代"朝"，借音替代。"冷的吃一盏"，是说姓韩的挨一刀，要服斩刑。"韩"、"寒"同音，"寒"又衍义为"冷"。"盏""斩"同音，谐音双关。

四、词的节缩

《礼记·射义》："又使公罔之裘序点扬觯而语。"公罔裘，人名，中间加进一个"之"字，仍然是指同一个人。这种在固定词语中加进一点什么而意义不变的情况，古书中也不是没有，但经常碰到的却是词的节缩。单字词不存在节缩的问题，节缩必须是多音词，或者是几个词，节缩以后意义仍然和节缩前相同。多音词单独节缩，有节取前一字的，有节取后一字的，有节取中间一字的，有节取前后两字的。如：

(1) 张衡研京以十年，左思练都以一纪。(刘勰《文心雕龙·神思》)

(2) 其载书云：王若曰："晋重、鲁申，卫武、蔡甲午、郑捷、齐潘、宋王臣、莒期……"(《左传·定公四年》)

(3) 杨意不逢，抚《凌云》而自惜，钟期既遇，奏流水以何惭？(王勃《滕王阁序》)

例(1)“京”是《两京赋》的节缩，“都”是《三都赋》的节缩。例(2)“晋重”指晋国重耳，“卫武”指卫国叔武。例(3)“杨意”是杨得意，“钟期”是钟子期。

有时几个连续使用的词可同时节缩。一类是并列的词，如：

(4) 杜预将之镇，复荐之于帝，宜补黄散。(《晋书·陈寿传》)

(5) 汉上繁华，江南人物，尚遗宣政风流。(徐君宝妻《满庭芳》)

(6) 出爵不待廉茂，庆赐不须显功。(《汉书·梅福传》)

(7) 今将军累世台辅，任齐伊公。(《后汉书·崔琦传》)

(8) 二王当国，羊公无德。(《晋书·羊祜传》)

(9) 虽古五帝三王五霸，明主贤君，常欲坐而致之。(《战国策·秦策》)

例(4)“黄散”，黄门侍郎、散骑常侍。例(5)“宣政”，政和宣和，宋徽宗年号。这两例节取并列的词之第一字。也有都节取第二字的，例从略。例(6)“廉茂”，孝廉茂才。例(7)“伊公”，伊尹、周公，上下字错举。例(8)“二王”，王衍、王戎。例(9)“五帝”，黄帝，颛顼，帝喾、尧、舜；“三王”，夏禹、商汤、周文王武王；“五霸”，齐桓公、晋文公、秦穆公、宋襄公、楚庄王。这两例用数词总称，可以叫做统括。

几个词同时节缩，还有非并列的一类，如：

(10) 重以尸素，抱罪枕席。(《晋书·纪瞻传》)

(11) 四海望中兴之美，群生怀来苏之望。(刘琨《劝进表》)

(12) 君非从流，臣进逆耳。(萧统《文选序》)

例(10)“尸素”，来源于《汉书·朱云传》：“尸位素餐。”例(11)“来苏”来源于《书·仲虺之诰》：“徯我后，后来其苏。”例(12)“从流”来源于《左传·成公八年》：“从善如流。”

这三例的节缩，格式无定。

节缩主要是为了简便，如例（9）“三王”、“五帝”、“五霸”六个字的意思，如果不用统括的方法，就得用三十二个字来表达。节短也为了音节的匀称，如例（5）、例（6）、例（7）就达到了这个目的。

节缩不当，会带来晦涩难懂的毛病。如例（7）将“伊尹周公”节短为“伊公”就不好理解。他如称司马迁为“马迁”、蔺相如为“蔺相”，节“骚动”为“骚”、“盍各言尔志”为“盍各”，也是不妥当的。

第四节 丰富词汇

古汉语作品一般都使用周秦以来的书面语词汇，同时又不拒绝引进方言、口语，乃至外来语。古人还不断创新，或改造旧词，或易置求新，或临时仿拟。这样一来，临文可用的词汇量就极大地增加了。引进和创新就是增加可用词汇量的基本方法。

一、引进

首先是引进方言。如：

（1）筑台于郎，何以书？讥。何讥尔？临民之所漱浣也。（《公羊传·桓公二年》）

何休注：“无垢加功曰漱，去垢曰浣，齐人语也。”没有污垢，洗得更干净叫漱；有污垢，把它洗干净叫浣。齐国的方言如此。《诗经》、《论语》、《孟子》这些古书都杂有方言，其中以《公羊传》的方言色彩较为浓厚。我们现在要使用普通话，滥用方言会妨碍交际和交流思想。而保存方言较多的古代作品，在汉语发展史上却有着特殊的重要性。就修辞角度考察，这样的作品独具一格，是古代文献百花园中一支瑰异的花。这方面最显著的例子，莫如《楚辞》了。《楚辞》咏楚物、陈楚事、言楚地、用楚语，构成了文学史上独一无二的伟大作品。楚语之所以为楚语，除了语音上的差异已不为后人所通晓之外，一是语法上的不同，一是词汇上的不同。我们这里只说词汇。下面举《离骚》中的例子：

(2) 扈江离与辟芷兮，纫秋兰以为佩。(王逸注："扈，被也。楚人名被为扈。"洪兴祖补注："《方言》：续，楚谓之纫。") 汩余若将不及兮，恐年岁之不吾与。(补注："汩，《方言》云：疾行也，南楚谓之汩。") 朝搴阰之木兰兮，夕揽洲之宿莽。(补注："《说文》：搴，拔取也，南楚语。引'朝搴阰之木兰'。"注："草冬生不死者，楚人名曰宿莽。")

根据注释，《离骚》这六句诗用了五个楚方言词。较多地运用方言词语，是《楚辞》的特色之一。

恰当地使用方言词，有助于表现人物性格。如：

(3) 高祖奉玉卮，起为太上皇寿，曰："始大人常以臣无赖，不能治产业，不如仲力。今某产业所就，孰与仲多？"(《史记·高祖本纪》)

(4) 式既为郎，布衣草跻而牧羊。(《汉书·卜式传》)

(5) 赵相贯高赵午等，年六十余，故张耳客也。生平为气，乃怒曰："吾王，孱王也。"(《史记·张耳陈余列传》)

例 (3)"无赖"，《集解》引晋灼："江湖之间谓小儿多诈狡猾为无赖。"父亲说儿子不治产业，骂他"无赖"，儿子不服，发愤要多挣家当，以洗去"无赖"的恶名，结果达到了目的，到时候就翻出旧话来回敬父亲。这是一个典型的情节。在叙说这个情节时如果不用"无赖"这个方言词，刘邦本身这种无赖的性格也就难于这样鲜明地展现在后人面前。例 (4)"跻"，颜师古注："即今草屦也，南方谓之跻。"卜式是河南人，做了郎官，仍然"布衣草跻"，保持了他作为一个勤劳致富的实业家俭朴的本色。改"跻"为"屦"虽然也可以，但总不如"跻"来得贴切。例 (5)"孱"，《集解》引孟康："冀州人谓懦弱为孱。"说"吾王，孱王也"这话的人大概就是冀州人，愤怒的时候，方言冲口而出。

(6) 于是羽遂引东，欲渡乌江。乌江亭长舣船待。(《汉

书·项羽传》)

(7) 民得卖爵赘子，以接衣食。(《汉书·严助传》)

例(6)“舣”，如淳曰：“南方人谓整船向岸曰舣。”例(7)“赘子”，如淳曰：“淮南俗：卖子与人作奴婢，名为赘子，三年不能赎，遂为奴婢。”这两例方言词，有助于表现地方风情。项羽自刎乌江的故事，是人所熟知的。从“舣”船以待，我们可想见江南舟子划船靠岸的情景。例(7)是淮南王上皇帝书中的话，用淮南通行的词行文，能反映当地的风俗特色。

其次是引进口头语。前人为我们留下的一些古代白话著作，还有元曲这一类的作品，基本上是用当时口语写的，或者是口语占了优势。我们这里所说的，是指以先秦书面语为基础的那些作品中的口头语。如：

(8) 荆人鬼，越人机。(《淮南子·人间训》)

(9) 始皇闻之，乃大怒曰：“吾前收天下书，不中用者尽去之……”(《史记·秦始皇本纪》)

(10) 上令周昌选赵壮士可令将者，白见四人。(《汉书·高帝纪》)

(11) 妻先下，抚其子，回骂晔曰：“君不为百岁，阿家不感天子恩遇，身死固不足塞罪，奈何枉杀子孙!”晔干笑云：“罪至而已。”(《宋书·范晔传》)

例(8)“鬼”为机伶聪慧的意思。《广雅》：“鬼，慧也。”例(9)“不中用”，不切实用。例(10)“白”，禀告。例(11)“干笑”，不由衷的勉强的笑。这些都是当时口语，被采入著述之中。这类口头语清新活泼，通俗好懂，使读者感到亲切。

诗人将口语词熔铸成诗歌中用语，使寻常词语艺术化。如：

(12) 夜来风雨声，花落知多少?(孟浩然《春眠》)

(13) 不知杨伯起，早晚向关西?(李白《口号赠杨征君》)

(14) 爷娘妻子走相送，尘埃不见咸阳桥。(杜甫《兵车行》)

(15) 尽日逍遥避繁暑，再三珍重主人翁。(刘禹锡《刘驸马水亭避暑》)

(16) 家池动作经旬别，松竹琴鱼好在无？(白居易《履道池上》)

(17) 莫笑吟诗淡生活，当今阿买为君书。(苏轼《游庐山次韵章传道》)

(18) 等闲识得东风面，万紫千红总是春。(朱熹《春日》)

例（12）“夜来”，意为昨夜。例（13）“早晚”，意为何日。例（14）“爷娘妻子”，现在口头上还这么说。例（15）“珍重”，相当于多谢。例（16）“好在无”，意思是过得好吗。例（17）“淡”，与无聊乏味的意思相近。例（18）“等闲”，就是随便。以上各例，口语词都已获得艺术性质，成了诗句的有机成分。诗歌带点口语，比纯用文言词语更易感人，能为更多的读者所喜爱。

(19) 生来笼统君休笑，腹内能容数百人。(郑安晚《冬瓜诗》)

(20) 今日到湖南，又成闲话靶。(罗大经《鹤林玉露》载安子文《自赞》)

“笼统”、“话靶”都是口头语，就带有滑稽取笑的味道了。

也有非用口语词不可的时候。下面引王若虚《滹南遗老集》中的一番话来作说明：

(21) 武后问狄仁杰曰：朕要一“好汉”任使，有乎？仁杰乃荐张柬之。《通鉴》改“好汉”为“佳士”，新史复作“奇士”。“好汉”字诚为涉俗，然佳士不足以当之，矧曰“奇”乎？宁存本语可也。

第三是引进外来语。汉族是一个古老的民族，在与他族的长期交往中，吸收了一批外来语词。古代作品中用到外来词，会带上一些修辞色彩。先看例子：

(22) 摄提贞于孟陬兮，惟庚寅吾以降。(屈原《离骚》)

(23) 其还赎，以助伊蒲塞、桑门之盛馔。(《后汉书·楚

王英传》）

（24）片石孤峰窥色相，清池皓月照禅心。（李颀《题璿公山池》）

例（22）“摄提”，即“摄提格”。《尔雅·释天》：“……寅曰摄提格，卯曰单阏，辰曰执徐，巳曰大荒落……”像摄提格、单阏这类没有法子进一步解释的词，有人以为就是音译词，并坐实原是希腊语或撒马利亚语。例（23）“伊蒲塞”（信士）和“桑门”（出家人）是梵语的译音。例（24）“色相”，指一切事物的形状外貌，是佛经用词的意译。“禅心”，清静寂定的心境，禅是梵语词的音译。这三例的外来词，属于天文、佛经用语。用上这类词语，就带有玄奥睿哲的色彩。

（25）薄伐猃狁，至于太原。（《诗经·六月》）

（26）东胡使使谓冒顿曰：匈奴所与我界瓯脱外弃地，匈奴非能至也，吾欲有之。（《史记·匈奴列传》）

（27）昨夜见军帖，可汗大点兵。（《木兰辞》）

“猃狁”、“匈奴”、“瓯脱”、“冒顿”、“可汗”这些都是译音词，多用这类词的作品，往往带有一种异乡情调。

古代从外域传进汉族聚居地区的动物、植物和器物，多为汉族人民所稀有，用上反映这些物品的名词时，往往含有珍奇贵重的意味。如：

（28）麒麟之于走兽，凤凰之于飞鸟，太山之于丘垤，河海之于行潦，类也。（《孟子·公孙丑上》）

（29）葡萄美酒夜光杯，欲饮琵琶马上催。（王翰《凉州词》）

（30）满头皆带（戴）贾（假），无处不瑠璃。（俞德邻《佩韦斋辑闻》卷三）

有人考证麒麟就是“其拉夫”，是从阿拉伯带进中国的。葡萄本产于西域，琵琶出于胡中。瑠璃由大秦国（罗马）传来（据颜师古《汉书》注引《魏略》）。

二、创新

创新可分三类。一是改造，将旧有词语压缩改造为新词，与原义相类，但又不同。如：

(1) 方今英雄并起，各矫命专制，唯曹兖州乃心王室。(《王国志·魏书·钟繇传》)

(2) 灵运罪衅累仍，诚合尽法。但谢玄勋参微管，宜宥及后嗣，可降死一等。(《宋书·谢灵运传》)

(3) 是知孝治所被，爰及无心，锡类所及，匪徒教义。(任昉《启萧太傅固辞夺礼》)

(4) 以彼行媒，同之抱布。(沈约《奏弹王源》)

例 (1) “乃心”，出自《尚书·康王之诰》：“虽尔身在外，乃心罔不在王室。”你的身虽然在外，你的心却无时无刻不在王室。“乃心”本是你的心，这里改造为“对……尽忠心”的意思。例(2)“微管”，出自《论语·宪问》：“微管仲，吾其被发左衽矣。”“被发左衽”是夷狄的装束。意思是说，如果没有管仲，中原恐怕已被夷狄占领，我们都要从夷狄的风俗了。“微管”本义是没有管仲，这里却与“管仲那样的功勋”相当。例 (3) “锡类”，出自《诗·既醉》：“孝子不匮，永锡尔类。”孝子的孝是无穷的，可以长远地给你们同类人以激励。“锡类”本是赐予同类，这里却是“孝”的意思。例 (4) “抱布”，出自《诗经·氓》：“氓之蚩蚩，抱布贸丝。”一个外乡人笑嘻嘻，带着货币来买丝。“抱布”本是怀里藏着货币，这里的意思是贸易。沈约指责王源用嫁女所得财礼纳妾，就像商人做买卖一样。

改造不同于词语的节短，节短以后意义不变，改造以后意义却有变化。改造必有一个对象，这对象必在经传名著之中。不熟悉名著，就不懂得它的含义，这是缺点。在熟悉名著的条件下，或经人解说，改造的词语就有含义丰富的优点。如例 (1) “乃心”，除尽忠心之意外，还有一些别的意思：一是端庄古雅，比于先贤；一是身在外，心在王室；一是无时无刻不思尽忠。后两者是对“尽忠心”这个概括意义的具体补充。

第二类是易置，主要是为了避熟而更易旧文或习常用语。如：

(5-1) 画地为牢，势不可入；削木为吏，议不可对。(司马迁《报任少卿书》)

(5-2) 画地为狱议不入，刻木为吏期不对。(《汉书·路温舒传》)

(6-1) 常思奋不顾身，以徇国家之急。(司马迁《报任少卿书》)

(6-2) 观古忠臣义士，出一朝之命，以殉国家之难。(曹植《求自试表》)

(7-1) 一饭之德必偿，睚眦之怨必报。(《史记·范雎列传》)

(7-2) 睚眦之怨必雠，一餐之惠必报。(《后汉书·孔融传》)

例(5-2)易“牢”为“狱”，易“削”为“刻”(此外还改动了两处，省略了两个字)，这显然是《汉书》作者为了求新而故意改动的。例(6-2)易“急”为“难”曹植用“殉国家之难”，所要表达的意思，与“徇国家之急”并没有区别，“殉”、“徇”通用。例(7-2)易“报”为“雠”，易“饭”为“餐”，易“偿”为“报”，改动原来的用词，并且颠倒了两句的次序，意思仍然完全未变。

易置虽包含着创新，但用得不好就成为生造。古人对于生造词语的做法有过严厉的批评。本书后面“修辞学简史”一章，有王若虚批评宋祁《新唐书》改“疾雷不及掩耳”为“震霆不及塞耳”一例，现再举两例如下：

(8)《王焘传》云：“母有疾，经年不废带。”古今但言不解带耳，“废”字何义也？(王若虚《滹南遗老集》卷二十二)

(9)《汉书》称儿宽以儒术饰吏事。而《新唐》谓员半千不颛任吏事，常以文雅粉泽。汉武称何武所居，无赫赫之名，去后常见思。而《新唐》谓薛戎居官时，无灼灼可惊者，已罢

则怀之。子京于文字，其实处不及古人，而专以易置字语为新，徒劳甚矣！（同上）

这些对于宋祁（子京）的批评意见，不为无理。颠三倒四只有几句现话固然不可，但已有现成说法的话，完全不必刻意求新，以致劳而无功，“欲益反弊”。

还有一类是仿拟，仿照文中已有的词语，拟出一个新的词语来，例如：

(10) 石曼卿隐于酒，谪仙之才也。然善谑。尝游报宁寺，驭者失控，曼卿坠马。从吏遽扶掖升鞍。市人聚观，意其必大诟怒，曼卿徐著鞭，谓驭者曰：赖我是石学士，若瓦学士，岂不破乎？（邢居实《拊掌录》）

(11) 当史丞相弥远用事，选人改官，多出其门。制阃大宴，有优为衣冠者数辈，皆称孔门弟子。相与言：吾侪皆选人。遂各言其姓名曰：“吾为常从事。”“吾为于从政。”“吾为吾将仕。”“吾为路文学。”别有二人出，曰：“吾宰予也。夫子曰：于予与改（《论语》原文‘改’后有‘是’字，此故意删去）。可谓侥幸！”其一曰：“吾颜回也。夫子曰：回也不改（《论语》原文‘改’后有‘其乐’二字，也是故意删去）。吾为四科之首而不改，汝何为独改？”曰：“吾钻，故改。汝何不钻？”曰：“吾非不钻，而钻弥坚耳（《论语》原文：仰之弥高，钻之弥坚）。”曰：“汝之不改宜也，何不钻弥远乎？”（周密《齐东野语》十三）

例（10）仿“石”学士拟出一个“瓦”学士。例（11）仿“弥坚”拟出一个“弥远”，以与人名“弥远”谐音。此例还用到多义双关。“改”，《论语》原意为改易，这里是改官，即任职。“钻”，《论语》原意是钻研，这里是钻营。这类仿拟有幽默讽刺作用。石曼卿从马鞍上跌下来，说自己好在是“石”学士，非常结实，倘是“瓦”学士，身体脆弱，岂不跌坏了？一则自我解嘲，一则微露对驭者的责备之意。例（11）讽刺“选人”到史弥远门下钻营，讽刺史弥远揽权营私，滑稽中寓有正意。

第三章 语法修辞

本章基本上用同义材料阐述。能表达同一意义的不同形式，没有绝对的好坏，只有在具体语境中，才可或多或少看出一点优劣来，但在许多情况下难分高下。我们不想勉为其难来简单地裁定何者为胜，何者不当，而着重在表明汉语语法形式的多样性，表达方式的丰富性。用语必须简明，修辞就是要讲究这个“简明”，遵循时下所说的“经济原则”，这本来不单是语法方面的事。本章主要从词类的角度和句子成分的角度来加以讨论。本章的另外两个内容是同义结构与同义句型，这两项毫无疑问属于语法范畴。语言事实无数，而我们搜集的文献语言材料有限，这里只是举例性质，而不是包罗无遗。

第一节 权衡繁简

一、词的删简

名词、代词、动词、副词在一定条件下可用可不用。

这类可用也可以不用的词，在名词中包括某些时间词、方位词、表处所的词以及受专用名词修饰的通名词。

(1－1) 昔如晦与公同心辅朕，今日所赐，唯独见公。(《旧唐书·杜如晦传》)

(1－2) 如晦与公同辅朕，今独见公。(《新唐书》)

(2) 故论人必先以所亲，而后及所疏，必先以所重，而后及所轻。(《吕氏春秋·孝行》)

(3-1) 故徙前将军广，广时知之。(《史记·李将军列传》)

(3-2) 故徙广，广知之。(《汉书·李广传》)

(4) 吾尚食监高祛数为言赵将李齐之贤，战于巨鹿下。今吾每饭，意未尝不在巨鹿也。(《史记·冯唐列传》)

(5) 张廷尉由此天下称之。后文帝崩，景帝立，释之恐，称病，欲免去。(《史记·张释之列传》)

例 (1) "今""昔"并提，形成对比。行文时"昔"在前，"今"在后，删去"昔"字，意思同样明确无误，只是对比作用就没有那样鲜明了。如果把当今的事说在前，以往的事说在后，那就只能删"今"，不能删"昔"。例 (2) 魏征《群书治要》(以下简称《治要》) 引无两"先"字。依次讲"先""后"，有了"后"字，"先"的意思自然明白。例 (3) 用"时"字，是说当时就知道了，《汉书》删去它，大概以为接着说下来，应该就是当时的事，不必特意点出。例 (4) "今吾每饭"，《汉书》作"吾每饮食"，说的正是现在的事，似乎这个"今"字简掉也无妨。但《史记》的"今"是对高祛说故事的时候而言，打从那时起，他（文帝）就每饭不忘巨鹿了，并非虚设。例 (5)《汉书》无"后"字。顺叙史实，先后的意思已包含在次序当中。

(6) 元王号令于国中。(《治要》引《吕氏春秋》)

(7-1) 东都守御尚强，天下救兵益至。(《旧唐书·李密传》)

(7-2) 东都尚强，救兵踵来。(《新唐书》)

(8-1) 时建德方耕于田中，闻而叹息。(《旧唐书·窦建德传》)

(8-2) 建德方耕，闻之太息。(《新唐书》)

(9-1) 孝文时，以治刑名言事太子。(《史记·张欧列传》)

(9-2) 欧孝文时以治刑名侍太子。(《汉书·张欧传》)

例 (6)《吕氏春秋·君守》无"中"字。倒 (7) "救兵"前用“天下”是说救兵的来源，删去它，并不排斥这个信息，但保存“天下”一词，意思明显些，并且含有大规模的意味。例（8）“耕”自然在“田中”，似乎不用并未损伤原意。例（9）“刑名”与“刑名言”，所表达的意思相同。班固大概认为“简”比“明”重要，所以把通名删去了。

代词删简，常见的有己身称代词、他称代词“其”（作定语或词组中的主语）、“之”（作宾语）和近指代词“此”。例如：

（10）汉方不利，宁能禁信之王乎？（《史记·淮阴侯列传》）

（11－1）密身虽愧无功，诸君必保富贵。（《旧唐书·李密传》）

（11－2）密虽无功，诸君必富贵。（《新唐书》）

（12－1）朕冀闻己过，公乃妄相谀悦。（《旧唐书·长孙无忌传》）

（12－2）朕冀闻过，公等乃相谀悦。（《新唐书》）

（13）虽有亲父，安知其不为虎？虽有亲兄，安知其不为狼？（《史记·韩长孺列传》）

（14－1）文静尝与其弟通直散骑常侍文起酣宴。（《旧唐书·刘文静传》）

（14－2）常与弟散骑常侍文起饮酣。（《新唐书》）

例（10）《汉书·韩信传》下句作“宁能禁信之自王乎？”用“自”字，突出韩信的专擅。例（11）“身”与“诸君”对言，显得“诸君”也曾与李密同其命运。删去“身”字，就少了后一层意思。例（12）“闻过”即可，古书有“闻过则喜”的话，本就是闻己过，不是喜欢听讲别人的过错。例（13）《汉书·韩安国传》没有“其”字。谁为虎狼？是父兄还是子弟？“其”字就近相代，知为父兄。例（14）不同，省去“其”同样明了。

（15）丘窃为将军耻，不取焉。（《庄子·盗跖》）

（16－1）今削之亦反，不削之亦反。削之，其反亟，祸小；不削，反迟，祸大。（《史记·吴王濞列传》）

(16-2) 今削之亦反，不削亦反。削之，其反亟，祸小；不削之，其反迟，祸大。(《汉书》)

(17-1) 此时沛公亦起沛，往焉。(《史记·项羽本纪》)

(17-2) 时沛公亦从沛往。(《汉书》)

(18-1) 颋曰：“此老生之常谈耳。”(《旧唐书·魏征传》)

(18-2) 颋曰：“老儒常语耳。”(《新唐书》)

例(15)《太平御览》卷三百六十五(以下简称《御览》)引“耻”下有“之”字。例(16)《汉书》前一句省“之”，为了经济；后一句不省“之”，为了明白。例(17-1)“此时”，(17-2)简作“时”。用得久了，“时”也就有了“此时”或“当时”的意思。例(18)说明作判断句主语的近指代词，往往可以不用。作介词宾语的近指代词也常常省简。如《史记·项羽本纪》：“阴以兵法部勒宾客及子弟，以是知其能。”《汉书·项籍传》无“是”字。

一部分表示存在居处、进行作为、位置移动、感知心理、言说和使令的动词，有时候可以删简。例如：

(19) 不肖者敢援而废之。(《荀子·性恶》)

(20-1) 尝有乡人丧亲，家贫无以葬。(《旧唐书·窦建德传》)

(20-2) 乡人丧亲，贫无以葬。(《新唐书》)

(21-1) 帝曰：“忠良有异乎?”(《旧唐书·魏征传》)

(21-2) 帝曰：“忠良异乎?”(《新唐书》)

(22-1) 时文静有爱妾失宠。(《旧唐书·刘文静传》)

(22-2) 文静妾失爱。(《新唐书》)

(23-1) 万石君名奋，其父赵人也。姓石氏，赵亡，徙居温。(《史记·万石君列传》)

(23-2) 万石君石奋，其父赵人也。赵亡，徙温。(《汉书》)

例(19)《御览》卷四百三十七引“不肖”前多“有”字。今本《荀子》意思是不肖者在位，敢于把他们拉下来。《御览》所引《荀子》是说如果有不肖者在位的话，敢于把他们拉下来。这样说对当权者客气一些。荀况处在战国时期，君权还没有推崇到后来那样可怕的地步，在谈到统治者的时候，可以不必过分客气。这个多出来的“有”字为《御览》编者所加，也说不定。例（20－1）“尝”“有”配合着使用，意味着曾经发生过这么一回事，用的是追叙前事的口气。例（20－2）只是一般说法。例（21－1）承认忠与良基本上相同相通，只问有没有不同的地方。（21－2）没有承认这一点，问的范围是忠良的全体。魏征希望唐太宗要他做良臣，不要他做忠臣，唐太宗就提出这个问题向魏征发问。照理应当像《旧唐书》那样问才是。例（22－2）把“失宠”换成“失爱”，“爱妾”的“爱”就不好重出。又删去“有”字、“时”字，成为“文静妾失爱”，与原意不尽相合。例（22－1）主语是“文静”，讲他当时有什么事，如果删去“有”字，主语便是“爱妾”，全句变为“爱妾”怎么样，这句话前文叙述文静心怀怨望，后文载这个“爱妾”通过她的哥哥揭发刘文静的阴私，中间这一句由刘文静过渡到讲他的“爱妾”，“时”字、“有”字都以保存为好。例（23－2）“徙温”虽没有排除定居下来的可能，但插进一个“居”字，像《史记》那样，定居才无疑义。

（24－1）作结绳而为网罟，以佃以渔。（《易·系辞下》）

（24－2）结绳为网罟，以田以鱼。（应劭《风俗通义·皇霸》）

（25－1）自为得师者王，得友者霸。（《荀子·尧问》）

（25－2）能自取师者王，能自取友者霸。（《韩诗外传》卷六）

（26－1）公召吏而使两赐之。晏子不为夺人之功，占梦者不蔽人之能。（应劭《风俗通义·怪神》）

（26－2）公两赐之，曰：“以晏子不夺人之功，以占梦者不蔽人之能。”（《晏子春秋·内篇·杂下》）

（27）臣恐卒逢雾露，病死，陛下为有杀弟之名，奈何?（《史记·淮南厉王传》）

(28) 汉家火行，盛于午，故以午祖也。(应劭《风俗通义·祀典》)

(29-1) 每吴中有大繇役及丧，项梁尝为主办。(《史记·项羽本纪》)

(29-2) 每有大繇役及丧，梁常主办。(《汉书·项籍传》)

例(24)、例(25)中的“作”、“为”相当于现在的“进行”或“行”，使后面的动词或动宾词组的动态得以加强。例(26)、例(27)的“为”起联系判断作用。汉语发展到后来，“为”的这种用法已不常见，例(28)《汉书·淮南厉王传》就已删去这个“为”字，但在判断的前后两项都是名词或名词性词组的格式里，或用“为”，或不用“为”，两种情形仍然同时并存。如《管子·小匡》：“故万人一军。”《通典·兵一》引作“故万人为一军”。例(28)《后汉书·陈咸传》注引“故以午祖也”作“故以午为祖也”。用“为”，“祖”是名词作宾语；不用，“祖”活用为动词，是谓语。例(29)情形与此相同。《史记》的“主办”相当于主办人，作宾语；《汉书》删去“为”字，“主办”便成了谓语。后两例用“为”有强调主语的主动性的意味。还有一种情况，不用“为”是纯粹省略，理解起来仍要加“为”。如：

(30) 庆自沛守为太子太傅，七岁，迁为御史大夫。元鼎五年秋……封为牧邱侯。(《史记·万石君列传》)

《汉书》省去后面两个“为”字。这类省略有一定条件的限制，不可任意而为。王若虚就批评了《新唐书》滥省“为”字：

“席豫出郑州刺史”，“李杰出衢州刺史”，“于郡出杭州刺史”，“李朝隐出通州都督”，“沈传师出江西观察使”，此等甚多，得无欠“为”字乎？盖“出、入”字不同“迁、擢、贬、降”例也。(《滹南遗老集》卷二十三)

出、入、往、来等表示移位的动词，如果与其他动词配合着用，有时也可以删去。例如：

(31-1) 盎得夜出，步亡去，走梁军，遂归报。(《史

记·吴王濞列传》)

(31－2) 盎得夜亡走梁，遂归报。(《汉书》)

(32) 赴千仞之壑，入而不疑，既似勇者。① (《春秋繁露·山川颂》)

(33) 独闻济南伏生，故秦博士，治《尚书》，年九十余，老不可征，乃诏太常使人往受之。(《史记·晁错列传》)

(34) 三年冬，楚王朝。(《史记·吴王濞列传》)

(35－1) 张耳数使人召前陈余。(《史记·张耳陈余列传》)

(35－2) 耳数使人召余。(《汉书》)

(36) 涕沾襟。(《晏子春秋·外篇·不合经术者》)

(37－1) 世充每日击之，阳不利，走还入栅。(《旧唐书·王世充传》)

(37－2) 世充数战，阳不利，走壁。(《新唐书》)

例(32)《古文苑》卷六载无“入”字。例(33)《汉书》无“往”字。例(34)“楚王朝”，《汉书》作“楚王来朝”。例(36)《御览》卷五百四十九引作“涕下沾襟”。这七例中表示位移的动词其所以能够简省，是因为上下文或者就是句子本身已经表明了位置的移动。例(31－2)简掉“出”、“去”二字(“步”也删了，但它在这里不表示位移，只是表示方式)，直说逃到梁营，干净明了。例(34)实不需加“来”字，史家措词，并非定要站在京城方面说话。例(36)如果不从音节成双考虑，“下”字也可以不用。(32)、(33)、(35)三例的简省还有可以商酌的地方。“赴”是朝某个方向行动，不一定包括进“入”。先说“老不可征”，后说“往受之”，连成一气。没有“往”字，就欠缺照应。“召余”，叫陈余(带部队)来，而“召前陈余”是叫他(带部队)往前靠拢。例(37－2)“走壁”费解，“还”、“入”二字必须保留其中一

① 此据抱经堂校本。苏舆《春秋繁露义证》谓明天启本“入”作“石”，今所不取。

个，才得通达。

言说类动词简省，常见的有三种情形：答话简，与别的动词连用而简，改掉委婉说法而简。如：

(38－1) 汉十二年秋，黥布反，上自将击之，数使使问相国何为。相国为上在军，乃拊循勉力百姓，悉以所有佐军，如陈豨时。(《史记·萧相国世家》)

(38－2) 其秋，黥布反，上自将击之，数使使问相国何为。曰："为上在军，拊循勉百姓，悉所有佐军，如陈豨时。"(《汉书》)

(39－1) 从儒生弟子百余人，然通无所言进。(《史记·叔孙通列传》)

(39－2) 从弟子百余人，然无所进。(《汉书》)

(40－1) 必天命有改，亦何论于禅让？(《旧唐书·王世充传》)

(40－2) 必天命遂改，尚何禅？(《新唐书》)

例(38)两则对比，知前例"相国"前已简去"曰"字。《滹南遗老集》卷十九："《屈原传》：秦昭王欲与怀王会。怀王稚子子兰劝王行：'奈何绝秦欢？'少'曰'字。"王若虚看到"奈何"一句是子兰的话，认为前面该加"曰"字。这与例(38)前例情形相同，也是简省。《汉书》用"曰"，读起来比较舒畅。例(39)"进"是荐进、推荐，推荐自然要"言"说，简掉同样明白。但"言"不限于推荐，人品才学、身世年龄等都可能"言"及。例(40－1)不直接说禅让，而说谈"论"禅让，委婉一些。(40－2)去掉"论"字，说到行为本身，直截了当些。

用表示感知心理的动词作述语，后面跟上动词或动词词组作宾语，像这样的情况，有时可以简去述语，而让原来的宾语升为谓语。如：

(41－1) 既见未下洛阳，安肯相随西入？(《旧唐书·李密传》)

(41－2) 今未下洛，安肯与我偕西？(《新唐书》)

(42) 务除其灾，思致其福。(《吕氏春秋·适威》)

(43-1) 而其士卒亦佚乐，咸乐为之死。(《史记·李将军列传》)

(43-2) 而其士亦佚乐，为之死。(《汉书·李广传》)

(44) 吴与胶西，知名诸侯也，一时见察，恐不得安肆矣。(《史记·吴王濞列传》)

例 (41-2) 简“见”字。例 (42)《治要》与《御览》卷六百二十引无“思”字。例 (43-2) 简“乐”字（并简“咸”字)。例 (44)《汉书》无“恐”字。大抵保存感知心理类动词时，较为精细周密，有利于文学因素的增长；删去后则重在事实，较为质直。

(45-1) 奈何令后世子孙乘宗庙道上行哉？(《史记·叔孙通列传》)

(45-2) 子孙奈何乘宗庙道上行哉？(《汉书》)

(46-1) 良臣使身获美名，君受显号，子孙传世，福禄无疆。(《旧唐书·魏征传》)

(46-2) 良臣身荷美名，君都显号，子孙传承，流祚无疆。(《新唐书》)

(47) 赵简子疾，五日不知人，大夫皆惧，医扁鹊视之。(《史记·赵世家》)

例 (47)《风俗通义·皇霸·六国》“医扁鹊”前有“呼”字，这个“呼”字与现在“叫”的意义相当。这些有“使”、“令”一类动词的句子，比较强调动因；没有，则比较看重实际。

副词往往加以删简。其中表时间、表频率、表范围的副词比较常见。如：

(48) 天久不雨，发将焦，身将热，彼独不欲雨乎？(《晏子春秋·内篇·谏上》)

(49-1) 壹引其纪，万目皆起；壹引其纲，万目皆张。(《吕氏春秋·用民》)

(49-2) 引其纪，万目起；引其纲，万目张。(《意林》)

(50) 蚕事毕，后妃献茧。(《礼记·月令》)

例（48）《初学记》引无两“将”字。“天久”的“久”，可以是个很长的过程。这个过程之初，也许是“发将焦，身将热”。到了这个过程的中期，那就应当是“发焦身热”，无须再用“将”字了。句子并没有说“久”到了哪个阶段，用“将”不用“将”都行。如果要表现天欲雨的迫切性，《初学记》所引就更能表情达意。例（49）“壹”就是“一”，表动作行为刚开始的那一霎那。把它用在复句里前一分句中，表示下一句的行为必定紧跟上一句而来，非常灵验，极其迅速。删去它，上下句的关系就一般化了。例(50)《吕氏春秋·孟夏纪》中“毕”作“既毕”，已经完“毕”，下面另有事情要办，而单独一个“毕”字，便没有包含这一层意思。

(51-1) 起为雅州刺史，以公事免。(《旧唐书·令狐德棻传》)

(51-2) 召拜雅州刺史，又坐事免。(《新唐书》)

(52-1) 善骑射，好书史，复善伺太祖之旨。(《旧五代史·寇彦卿传》)

(52-2) 工骑射，好书史，善伺太祖意。(《新五代史》)

例（51-2）的“又”，与前文令狐德棻因承乾被废，随例除名的事相呼应，暗含他那时仕途并不平坦的意思。《旧唐书》这里没有用“又”字，就看不出作者与前面照应的意图。例（52-1）用“复”字，是说寇彦卿除已有提到的长处之外，还有这样的本领，具备了取得显贵的重要条件。《新五代史》在这里不用“复”字，写法平平。

(53) 于是竭池而求之，无得，鱼死焉。(《吕氏春秋·必己》)

(54) 天子乃与公卿大夫共饬国典，论时令。(《礼记·月令》)

(55) 错所更定三十章，诸侯皆喧哗。(《史记·晁错列传》)

例（53）《艺文类聚》卷八十四（以下简称《类聚》）引“鱼”下有“尽”字，例（54）《吕氏春秋·季冬纪》无“共”字，例（55）《汉书》无“皆”字。“尽”、“共”、“皆”看起来不用也可，但仔细体会起来，这类词自有其存在的理由。“鱼尽死焉”是说池鱼遭到巨大的灾祸，“共饬国典”是说君臣们相处和谐，“诸侯皆喧哗”是说他们反应强烈。去掉这些副词，这类附加意义也就一同去掉了。

数词“一”也有省简的。如：

又有一罴来，我又射之，中罴，罴死。（《史记·赵世家》）

有罴来，我又射之，中，罴死。（应劭《风俗通义·皇霸·六国》）

二、成分的省略

最常见的是主语的省略：

（1）今握枣与错金以示婴儿，必取枣而不取金也。（《春秋繁露·身之养重于义》）

（2）于是公输般设攻宋之械，墨子设守宋之备，九攻之，墨子九却之，不能入。（《吕氏春秋·爱类》）

（3）县中从者得二万人。少年欲立婴便为王，异军苍头特起。（《史记·陈涉世家》）

例（1）《事类赋·果部》卷八十四注引叠“婴儿”两字作下一句的主语。这首先是为了明确，不至于误会成：枣与金两样，如果拿给婴儿看（玩），一定先取枣子。虽然一般不至于有这样的误会，但在理解过程中，或许也要这样考虑一番。如果要考虑一番才能得出正确理解，就不如在后句补上主语，一目了然。重出“婴儿”作主语，又有强调它的意思，是“婴儿”才取枣不取金，成人则不然，他会取金不取枣的。今本《春秋繁露》下一句省略主语，信息并没有减少，如前所说，一般也不会误解，能完成交际任务。下句用上句结尾的词开头，除非是连环套式的顶真修辞法，后人为了避复，往往加以省改。如《史记·项羽本纪》：“乃进兵击秦嘉，秦嘉军败走，追之至胡陵。”《汉书·项籍传》省改作：“乃引兵击秦嘉，败走，追至胡陵。”《繁露》“婴儿”不叠用，想必出于同样的理由。讲起来各有所长，而照我们的意见，这里首先要求明确，理解起来少费事就好，例（1）以补出主语为略胜。例（2）《御览》卷三百二十引“九攻之”前有“公输般”。一个双部句，有主语，有谓语，都重要，但谓语给出信息，尤不可缺，而主语在可以省略的时候，不妨省略，以求到语言经济。前文说“公输般设攻宋之械”，后面又说“墨子九却之”，中间“九攻之”的主语自然是“公输般”无疑。一定要加上“公输般”的唯一理由是对称，就不如《吕氏春秋》省略主语好。

例（1）、例（2）都是承前省略，它必须以所省明确无误为条件。例（3）《汉书》作“县中从之者得二万人，欲立婴为王，异军苍头特起”，谁“欲立婴为王”？好像是那二万从者。而据《史记》则是“少年”。如果《汉书》并未改动《史记》原意，这里也是承前省略。所引句子之前，有“东阳少年杀其令，相聚数千人，欲立长，无适用，乃请陈婴，婴谢不能，遂强立之”等语，“欲立婴为王”承“东阳少年杀其令”而来。这种可能造成误解的省略，要引以为戒。

（4-1）向使高丽违失臣节，陛下诛之可也；侵扰百姓，而陛下灭之可也；久长能为中国患，陛下除之可也。（《旧唐书·房玄龄传》）

（4-2）使高丽违失臣节，诛之可也；侵扰百姓，灭之可也；能为后世患；夷之可也。（《新唐书》）

（5）桂可食，故伐之；漆可用，故割之。（《庄子·人间世》）

（6-1）牵牛以蹊人之田而夺之牛，牵牛以蹊者，信有罪矣，而夺之牛，罚已重矣。（《左传·宣公十一年》）

（6-2）牵牛径人田，田主夺其牛，径者则不直矣，取之牛，不亦甚乎？（《史记·楚世家》）

例（4）是房玄龄面谏唐太宗出征高丽的话。后则省略了三个“陛下”，信息并没有减少，也不会出现含混的地方。揣摩《旧唐书》不省“陛下”的原因，很可能是模拟房玄龄这个谨慎的宰相之原意。对话时总用敬称称呼对方，有助于表示说话人的谦敬，并且表示这位“陛下”权力之大无边，爵位之尊无比。《新唐书》删去三个“陛下”，只是追求简赅，对于我们上边所分析到的意思，恐怕就略而未计了。语法书讲省略，一般总要讲到承前省、蒙后省、对话省这样几项。除此之外，也还有别的情况。例（5）《御览》卷七百六十六引“故”后有“人”字，泛指任何人。今本《庄子》无“人”字，就是因泛指而省略的。在这个例子中，省略与否，没有大的区别。我们再看例（6）就看出问题来了。谁“夺之牛”？夺牛者夺，属于泛指，但也不是指任何人，大致上有个范围。后文说牵牛以蹊者有“罪”，那该是触犯了法律；“夺之牛”为重“罚”，那该是官府对犯法者的惩处。可知“夺之牛”的是执行处罚的官吏、隶卒之类。而司马迁以为夺牛的是“田主”，下面也就只好把“有罪”改成“不直”，罚太重改成“不亦甚乎”了。理解会有分歧，讨论起来也颇费事，不能不说这是泛指省略的局限性。

语法书中谈述语和谓语（为了称说方便，在谈省略时以下合称谓语）省略的例子不多，而且大都限于几个特定的格式。这是可以理解的。谓语陈述所说的对象，没有谓语，便没有关于这个主语的信息，句子便难以成立。事实不完全如此，省略谓语的情形并不少见。一种是文艺作品中的某些句子。如：

（7）戍卒叫，函谷举，楚人一炬，可怜焦土。（杜牧《阿房宫赋》）

后两句本意是楚人一炬焚之，可怜化为焦土。为了突出一把火的凶猛气势，和一片焦土的可悲结局，故意省去谓语不说，而“焚之”与“化为”的意思仍然看得出来：从“一炬”到“焦土”，自然要经过焚毁变化的过程。作者还有意在这里部署短促的句式，也不得不有所省略。这种情形不限于文艺作品，非文艺作品中带有若干艺术性的句子也可能出现。如：

(8) 故九州不可顷亩也，八极不可道里也；太山不可丈尺也，江海不可斗斛也。(《淮南子·泰族训》)

四句都省略了作谓语用的“计”、“量”之类的词。如果不认为是省略，就要认为“顷亩”、“道里”等活用如动词。

其次是承前面已出现的谓语而省略。如：

(9) 迟任有言曰：人惟求旧，器非求旧，惟新。(《书·盘庚》)

(10) 始以汝为可教，今不可也。(《庄子·寓言》)

例 (9)“新”前省略谓语“求”，避免老是求呀求的，给人厌烦的感觉，并突出“器”须求“新”，反衬人须求“旧”。例 (10)《列子·黄帝》“不可”下有“教”字，省与不省两种格式并存。没有“教”字，“不可”的意思更为强烈。

(11-1) 小大之狱，虽不能察，必以情。(《左传·庄公十年》)

(11-2) 余听狱虽不能察，必以情断之。(《国语·鲁语》)

(12-1) 征平生俭素，今以一品礼葬，羽仪甚盛，非亡者之志。(《旧唐书·魏征传》)

(12-2) 征素俭约，今假一品礼，仪物褒大，非征志。(《新唐书》)

(13-1) 吾骑此马五岁，所当无敌，尝一日行千里，不忍杀之。(《史记·项羽本纪》)

(13-2) 吾骑此马五岁，所当亡敌，尝一日千里，吾不忍杀之。(《汉书·项籍传》)

(14-1) 三崤之道，千里馈粮，以此出师，未见其可。(《旧唐书·王世充传》)

(14-2) 越三崤，馈粮千里，勤师远出，将何求？(《新唐书》)

(15-1) 鸡三足。(《庄子·天下》)

(15－2) 鸡有三足。(《庄子》古卷子本)

例(11)、例(12)是一种情形，根据介宾状语(或实际上起状语作用的动宾词组)可以判断出谓语是什么，省略了谓语，就强调了状语。鲁庄公施政堪以自慰的就是这个“以情”断狱，魏征妻子要辞谢的正是这个“以一品礼”埋葬她的丈夫。例(13)、例(14)的省略又是一种情形，不出现谓语“行”、“越”，只出现宾语“道”、“里”，借以更加显出道路之艰险、里程之遥远。最后，例(15)所省略的是表示拥有的动词，而使后面带数量词的结构给人以更为深刻的印象，让它们直接充当谓语。

《滹南遗老集》卷十九说：

《张敖传》云：“赵相贯高等欲杀高祖，壁人柏人。上过欲宿，心动，问县名为何？曰：柏人。柏人者迫于人也，不宿而去。”予谓迫人之意本出高祖，非县名本有此理，又非史氏所当言，则宜加“上以”二字。

这里是省略了“上以”二字。谓语是感知类动词，宾语又可以单独成句，原主语、谓语有时可以省略。又如：

(16－1) 袁盎进曰：“陛下以丞相何如人?”(《史记·袁盎列传》)

(16－2) 盎进曰：“丞相何如人也?”(《汉书·爰盎传》)

就这个例子而论，不省略显得说话人谦恭些。就王若虚所举《史记·张耳陈余列传》中的例子而论，省略显得急切些，有助于表现刘邦当时的心理。

他称代词、近指代词作宾语和介词宾语的省略，前面已经提过。不是代词充当的宾语省略，如：

(17－1) 乃悉草具其事仪法，色尚黄，数用五，为官名，悉更秦之法。(《史记·屈原贾生列传》)

(17－2) 乃草具其仪法，色上黄，数用五，为官名，悉更，奏之。(《汉书·贾谊传》)

(18) 今相国多受贾竖金而为民请吾苑。(《史记·萧相国世家》)

(19－1) 陛下导之使言，臣所以敢谏；若陛下不受臣谏，岂敢数犯龙鳞？(《旧唐书·魏征传》)

(19－2) 陛下导臣使言，所以敢然；若不受，臣敢数批逆鳞哉？(《新唐书》)

例 (17)，班固以为所更的是沿用的秦法，不言自明，但后人读古书，还是以不省“秦之法”便于体会。例 (18)《汉书·萧何传》省略“民”字，为谁请苑呢？就当是为“贾竖”。萧何谏阻刘邦扩大皇家苑囿，刘邦以为他的相国受了商人的贿赂帮商人说话，于是就这么说。《汉书》的记载符合事理，但《史记》用“民”字并不是粗率，它是为了如实描写刘邦的尖刻性格：你相国受了贾竖的钱，而以民的名义，代他们请吾苑囿。更显白一点说，你宰相受钱，请我皇帝的园林；本为商人说话，却打着人民的招牌。这就是刘邦所要说的。例 (19－2) 既省主语“陛下”，又省宾语“臣谏”，要在读完“臣敢数批逆鳞哉”之后，才能大致体会出来。这个主语省略好说，宾语省略了什么，则不太明了。如果前面说“陛下受臣谏，所以敢言”，接着说“若不受，岂敢数犯逆鳞乎”，所省词语就能一眼看出。现在前面是“陛下导臣使言”，后面来一个“若不受”，如此省略就值得商酌。

兼语、定语、状语、同位语的省略，下面各举一例：

(20) 此必有故，愿察之也。(《吕氏春秋·至忠》)

(21－1) 太宗谓晋王曰：“汝舅许汝，宜拜谢。”(《旧唐书·长孙无忌传》)

(21－2) 帝顾王曰：“舅许汝矣，宜即谢。”(《新唐书》)

(22－1) 时文静有爱妾失宠，以状告其兄，妾兄上变，高祖以之属吏。(《旧唐书·刘文静传》)

(22－2) 文静妾失爱，告其兄上变，遂下吏。(《新唐书》)

(23－1) 梁乃召故所知豪吏，谕以所为举大事。(《史记·项羽本纪》)

(23－2) 梁乃召故人所知豪吏，谕以所为。(《汉书·项

籍传》)

例(20)《御览》卷四百一十七引“愿”下有“王”字,不省兼语。省“王”,有亲近意味;不省,有尊敬意味。例(21-2)“舅”前省定语“汝”,更为亲昵。例(22-1)状语“以之”不省,含有处置的意思。例(23)“所为”与“举大事”同位。“举大事”对“所为”作出明确解释,省略这个解释,“所为”的意思还是能从上文看出。

古人行文,力求洁净,讲究言简意赅,“意则期多,字惟求少”。删简与省略,是达到文辞洁净的一种手段。我们这里所举的简省例子,都达到了精简字数的目的,大都有可取的地方。但简省不是一律都好。金人王若虚说:

> 《湘山野录》云:“谢希深、尹师鲁、欧阳永叔各为钱思公作《河南驿记》。希深仅七百字,欧公五百字,师鲁止三百八十余字。欧公不伏在师鲁之下,别撰一记,更减十二字,尤完粹有师法。师鲁曰:欧九真一日千里也。”予谓此特少年豪俊一时争胜而然耳。若以文章正理论之,亦惟适其宜而已。岂专以是为贵哉?盖简而不已,其弊将至于俭陋而不足观也已。(《滹南遗老集》卷三十六)

王若虚讲的简,包括文章作法、提炼和简略。他说得有理。但必须指出:他并没有说简不好,只是不同意“专以是为贵”,反对“简而不已”。我们赞成合理的简省,赞成在不损害文义有利于交际的条件下简省。简省有它的修辞作用,这些作用在各个具体语境中显示出来。在我国古书中,最早注意到省略作用的,要算《公羊传》了,其《隐公元年》说:

> 九月及宋人盟于宿。孰及之?内之微者也。

谁与宋人盟?文中未见,省略了主语。照公羊的解释,其所以没有记载与盟者的名字,是因为他是国内名位不高的人,因此省了主语。

有时省略会产生歧义,妨碍交流思想。古人也早就注意到了,《韩非子·说林上》:

有献不死之药于荆王者，谒者操之以入。中射之士问曰："可食乎?"曰："可。"因夺而食之。王大怒，使人杀中射之士。中射之士使人说王曰："臣问谒者曰可食，臣故食之。是臣无罪，而罪在谒者也……"

中射之士把责任推到谒者身上，因为他问过："(我)可食(此药)乎?"谒者回答："可。"假如把谒者逮起来，他也会声称无罪，因为中射之士问："(此药)可食乎?"是问药的性质，他当然应该如实回答："可。"并无允许中射之士吃的意思。"可食乎?"按中射之士的理解，省了主语"我"与宾语"此药"。按谒者的理解，只省略了主语"此药"。于是产生了歧义。

因省略而出现毛病的例子，下面再举几个：

(24-1) 连称有从妹在公宫，无宠，使间公，曰："捷，吾以女为夫人。"(《左传·庄公十年》)

(24-2) 连称有从妹在公宫，无宠，使之间襄公，曰："事成，以女为无知夫人。"(《史记·齐太公世家》)

(25-1) 玄感不从，遂围之，三日不拔，方引而西。至于阌乡，追兵遂及，玄感败。(《旧唐书·李密传》)

(25-2) 玄感不听，留攻三日，不能拔，引去，至阌乡，追及而败。(《新唐书》)

例(24)从《左传》看，似乎连称许诺娶他的从妹做自己的夫人，从《史记》看，才知道是做公子无知的夫人，《左传》省略了定语"无知"。

例(25-2)难以辨明谁"追及"谁，谁"败"谁，参看《旧唐书》，才确知是追兵追及杨玄感，杨玄感被打败了。

三、词语的繁复

这里说繁复，是该简而不简，该省而不省。这样的繁复有没有必要?造成繁复的原因有哪些?

一种情况是故意繁复，或者叫同义相重。如：

(1-1) 苟使我入获国，服冕乘轩，三死无与。(《左传·

哀公十五年》)

(1-2) 苟能入我国，报子以乘轩，免子三死，无所与。(《史记·卫康叔世家》)

(2-1) 我其尝杀不辜、诛无罪邪?(《晏子春秋·内篇·杂下》)

(2-2) 我其尝杀无罪与?(《御览》卷三百九十九引)

(3-1) 家自为怒，人自为斗，各报其怨，而攻其仇。(《史记·张耳陈余列传》)

(3-2) 家自为怒，各报其怨。(《汉书》)

例(1-1)“三死无与”就是“免”其三死。(1-2)既用“免”，又用“无所与”。例(2-1)“杀不辜”与“诛无罪”意思相重，(2-2)去掉了重复字面。例(3-1)“家自为怒”与“人自为斗”义近，“报其怨”与“攻其仇”义近。两组义近的词语，《汉书》各删去一句。同义重复是想把话说得透彻一些，加深读者(听众)的印象，以达到预期的效果。例(1)是卫国蒯聩的话，他谋求回到卫国做国君，要浑良夫帮他达到目的。浑良夫是个“小人”，怕日后犯法被问罪，所以蒯聩就许诺他“三死无与”。《左传》的记叙已经讲得明白，而《史记》还要说成“免子三死，无所与”，重复“免”的意思，一是表现蒯聩的急切心情，要当国君，不惜代价，一是反映浑良夫的精神状态，只有这一点才最能打动他的心灵。这一例的同义反复是司马迁的艺术加工，有助于表现人物的内心。例(2)，齐景公坐着打盹，梦见“有五丈夫来”声言无罪，景公怕是杀错的几个冤鬼来找他，醒时便问晏婴，在“杀不辜”之后又说“诛无罪”，反映了说话人对刑杀失度的担心和恐惧。引者(还有后来的一些校者)却以为不应当有似乎是多余的话，就削去了意义相重的地方。例(3-1)四句描绘了广大群众对秦王朝压迫的愤怒反抗和猛烈攻击；例(3-2)减去两句，同时也减弱了气势和力量。

“古人自有复语”，不必见同义重复就认为是多余。但也确有同义重复成为累赘显得不干净利索的。如：

(4) 有如万分之一，假令愚民取长陵一抔土，陛下何以加其法乎?(《史记·张释之列传》)

表示假设的词，这里过于繁重。“有如”、“万一”、“假令”，三个词语用其中一个就可以了。

故意繁复不止是同义相重，音韵修辞一章讲复字、复句，也是有意为之，不过一从意义的角度说，一从音韵的角度说罢了。

有的字面上繁复，是叙说内容的客观需要，非繁不可。例如：

(5) 河从河内北至黎阳，为石堤，激使东抵东郡平刚；又为石堤，使西北至黎阳观下；又为石堤，使东北抵东郡津北；又为石堤，使西北抵魏郡昭阳；又为石堤，激使东北：百余里间，河再西三东。(《汉书·沟洫志》)

(6) 于是沛公乃夜引军从他道还……围宛城三帀。南阳守欲自刭，其舍人陈恢曰：“死未晚也。”乃逾城见沛公曰：“臣闻足下约，先入咸阳者王之。今足下留守宛，宛郡县连城数十，其吏民自以为降必死，故皆坚守乘城。今足下尽日止攻，士死伤者必多。引兵去宛，宛必随足下。足下前则失咸阳之约，后有强宛之患。为足下计，莫若约降。封其守，因使止守。引其甲卒与之西。诸城未下者，闻声争开门而待足下，足下通行无所累。”(《汉书·高祖纪》)

例(5)五用“为石堤”字，不能减少，也不可改换。例(6)，有人说：“陈恢说沛公之辞不过百余字，凡称足下者八。其七皆不可去，惟足下留守宛，可以削之。”这是经过推敲以后说的话。

另一种情况，虽则客观内容需要繁复，但可以设法避免。用词不能总是老一套，要变换着说，有了避复的自觉性，办法总是找得到的。如：

(7) 石骀仲卒，无适子，有庶子六人，卜所以为后者，曰：沐浴佩玉则兆。五人者皆沐浴佩玉。石祁子曰：孰有执亲之丧而沐浴佩玉者乎?不沐浴佩玉。(《礼记·檀弓下》)

(8) 季布母弟丁公为楚将。丁公为项羽逐窘高祖彭城西。

短兵接，高祖急顾丁公曰："两贤岂相厄哉？"于是丁公引兵而还。汉王遂解去。及项王灭，丁公谒见高祖，高祖以丁公徇军中。丁公为项王臣不忠，使项羽失天下者，乃丁公也。遂斩丁公，曰："使后世为人臣者，无效丁公。"（《史记·季布列传》）

例（7）依次叙来，似乎实需四个"沐浴佩玉"，通常说话，可以如此，但为文究竟不全等于说话，《容斋随笔》载有对此例的修改"稿"："……沐浴佩玉则兆。五人者如之。祁子独不可曰：孰有执亲之丧而若此者乎？"洪迈认为"似亦足以尽其事，然古意衰矣！"揣摩洪迈所说的"古意"，可能是不事修饰照样直说之意。我们以为这样的"古意"未必就好，修改"稿"还是可取。但祁子的话有意避复的痕迹过分明显，如要保存原话风貌，就不如仍然说："孰有执亲之丧而沐浴佩玉者乎？"其余照改。例（8）短短一段文字里，出现了十个"丁公"，难怪王若虚要在《滹南遗老集》（卷十四）里发问道："安用许多'丁公'？"如果注意了行文避复，至少有三个地方可以改动：删去"丁公为项羽"，省去"以丁公徇"中的"丁公"，用"遂斩之"代替"遂斩丁公"。

（9）司马相如病甚，可往从悉取其书。若不然，后失之矣。使所忠往，而相如已死，家无书。问其妻，对曰："长卿固未尝有书也。时时著书，人又取去，即空居。长卿未死时，为一卷书，曰：'有使者来求书，奏之。'无他书。"其遗札书，言封禅事，奏所忠。忠奏其书，天子异之，其书曰……（《史记·司马相如列传》）

例（9）十个"书"字，嫌于繁复。《滹南遗老集》卷十五改为"……相如已死，其妻曰：'长卿固未尝有书，时有所著，人又取去。且死，独遗一卷，曰：有使者来，即奏之。'其书乃言封禅事也。既奏，天子异焉，其辞云云。"这就简快多了。

上三例的避复法，除改换表达方式以外，主要是省略，亦可用代词替代。省略的例子又如：

（10）魏闻秦且东伐韩魏，魏使须贾于秦。（《史记·范雎

列传》)

(11-1) 吴王由此稍失藩臣之礼，称病不朝。京师知其以子故，称病不朝。(《史记·吴王濞列传》)

(11-2) 吴王由是怨望，稍失藩臣礼，称病不朝，京师知其以子故。(《汉书》)

例(10)两句主语都是“魏”，后魏字如承前省略，两句前因后果，关系密切，时间紧接。像现在这样，关系就松懈多了。例(11)按《史记》写法，“称病不朝”重出，京师所知的只是“称病不朝”。按《汉书》写法，避免了重复，京师所知的可能还有“怨望”与“稍失藩臣礼”。

可使用代词避免繁复的例子又如：

(12) 石奢为楚相行县，道有杀人者，追之，乃其父也。纵其父，还而自系焉。但云“纵之”可也。(《滹南遗老集》卷十五)

“其父”虽然只出现两次，王若虚还是嫌它重复了，主张用“之”代后面那个“其父”。

避复还有一法就是概括。如：

(13) 曹沫为鲁将，与齐战三败北。鲁庄公惧，乃献遂邑之地以和。柯之盟，沫劫齐桓公，乃许尽归鲁之侵地。既而桓公欲倍其约，管仲曰：“不可。”于是桓公乃遂割鲁侵地曹沫三战所亡地尽复于鲁。但云“桓公乃从”可矣，何必重叠如此？(《滹南遗老集》卷十五)

(14-1) 季孙行父秃，晋郤克眇，卫孙良夫跛，曹公子手偻，同时而聘于齐。齐使秃者御秃者，使眇者御眇者，使跛者御跛者，使偻者御偻者。(《谷梁传·成公元年》)

(14-2) 郤克偻而鲁使蹇，卫使眇，故齐亦令人如之以导客。(《史记·晋世家》)

例(13)王若虚批评《史记·刺客列传》行文繁复，意见中肯。例(14-2)用一句话概括《谷梁传》里的四句，但这话可能产生误解，以为是叫人假装成跛子、瞎子等。刘知几《史通·叙事》则想用“各以其类逆”来替代，也不如《谷梁传》明白。所以说，概括与否，亦应随具体语言环境而定。

繁复有时是需要的、难以避免的，即使可以避免，也不一定就绝对不能繁复。但繁复常常成为累赘，并且容易产生语病。或者反过来说，语言上的毛病往往出现在繁复上面。举几个实例：

(15) 春申君大然之，乃出李园女弟谨舍，而言之楚王。楚王召入幸之，遂生子男，立为太子，以李园女弟为王后。楚王贵李园，园用事。李园既入其女弟为王后，子为太子，恐春申君语泄而益骄，阴养死士，欲杀春申君以灭口。(《史记·春申君列传》)

(16) 上迁拜为司直，数岁，坐太子事。时左丞相自将兵，令司直田仁主闭守城门，坐纵太子，下令诛死。仁发兵，长陵令车千秋上变仁，仁族死。(《史记·田叔列传》)

(17) 余疾夫今之说曰，以煦煦而默、徐徐而俯者，善之徒；翘翘而厉、炳炳而白者，暴之徒。(柳宗元《鹘说》)

例(15)“李园既入……”两句宜削。如果保留，就好像前文根本没有提到其女弟为王后、所生子为太子一样，这是不承接上文以致繁复。例(16)田仁因放卫太子出城而得罪被诛死，连讲三次，这是剪裁安排不当以致繁复。例(17)引别人的说法，用“曰”是直接引，用“以”是间接引。要就用“曰”删“以”，要就用“以”删“曰”，这是直接、间接引用杂糅以致繁复。至于因偶然疏忽或没有来得及斟酌而造成的繁复，其毛病比较容易察觉，请看下面的例子：

(18) 且无用待我，待我去，令洛阳豪居其间，乃听之。(《史记·游侠列传》)

(19) 鲁人俗俭啬，而曹邴氏尤甚，以铁冶起，富至巨万。……邹鲁以其故，多去文学而趋利者，以曹邴氏也。(《史记·货殖列传》)

例(18)《索隐》：“《汉书》作‘无庸’。苏林曰：‘且无便用吾言，待我去，令洛阳豪居其间也。’”故知“无用”是不用“吾言”，不是不用“待我”，当删去此二字。例（19）“以其故”与“以曹邴氏”相重。如着重讲曹邴氏的影响，删去“以曹邴氏也”；如着重解释邹鲁多去文趋利的缘故，就删去“以其故”。两者不好并用。

第二节　比量同义结构

所用之词大致相同或相当，所表达的意思又基本上一致，只是组合这些词的语法形式不同，属于结构（词组、短语）这一级的叫同义结构，属于句子这一级的叫同义句型。同义的语法形式愈多，表达的手段也就愈丰富。修辞的任务之一就是要归纳出各种同义形式，并分析它们之间的细微区别，从而看出在具体语境中有哪些结构与句型可供选择，如果可能的话，就进一步确定哪些是最佳的语法形式。

一、成分的不同位置同义

主语和谓语，通常主语在前，如果谓语在前，就可能招来批评意见。例如：

(1)《鲁仲连传》云：“……仲连谓新垣衍曰：‘吾将使秦王烹醢梁王。’新垣衍曰：‘噫嘻！亦太甚矣，先生之言也！’”多“先生言”字，必欲存之，当在“太甚”字上。(《滹南遗老集》卷十五)

王若虚以为《史记》的说法不合常规，提出了两个修改方案：一是省略主语，一是恢复主语、谓语的顺序。如果省了“先生之言”，这句话就很重，你鲁仲连也太过分了；有了就较轻，太过分的只限于“先生之言”。把谓语放在前面，表现出说话人急不可耐的强烈的反感，补出主语来，又看得出新垣衍强自镇定，不失对待名士的礼貌，保持他作为大国高级外交使节的身份。如果改成“先生之言也，亦太甚矣！”虽然基本意思能表达出来，但也就平淡无奇，不足称道了。王说有所不当。

谓语在主语前，古书中不乏其例。如《论语》：“甚矣吾衰也！久矣吾不复梦见周公！”就连用两个谓语主语句。这类句式多用于表示感叹，但并不都是。如：

(2) 亡国戮民，非无乐也，不乐其乐。(《吕氏春秋·大乐》)

《治要》、《御览》卷五百六十九引作“其乐不乐”，他们的音乐不欢乐。《吕氏春秋》“不乐”在前，主语在后，这里感叹意味不浓，只是对谓语加以强调。

述语和宾语，常见宾语在后，宾语居前多是否定句中的代词宾语和疑问代词充当的宾语。但这类情况仍然是两种序列并存，述语和介词也可位于前面。如：

(3) 厥也爱我，铎也不爱我。厥之谏我也，必于无人之所；铎之谏我也，喜质我于人中。(《吕氏春秋·召类》)

(4) 若受吾币不假之道，将奈何？(《韩非子·十过》)

(5-1) (虽有长枪大剑，)若无毛锥子，赡军财赋自何而集？(《旧五代史·史弘肇传》)

(5-2) 无毛锥子，军赋何从而集？(《新五代史》)

例(3)《治要》引“铎也不爱我”作“铎也不我爱也”。前面讲“不爱我”，后面讲“不我爱”，是为了句法错综。如果尹铎不“我”爱，而爱他人，也说得过去，但据前后文，没有这样的意思。例(4)“不假之道”，《吕氏春秋·权勋》作“而不吾假道”，近宾语代词前置，与“受吾币”的“吾”相呼应，借以表现君臣们悉心谋划孜孜以求晋国的私利。例(5)“自”与“从”相当，宾语“何”一在后，一在前，在前的语气重些。

介词宾语提前，亦不限于疑问代词，如：

(6-1) 谚所谓“室于怒，市于色”者，楚之谓矣。(《左传·昭公十九年》)

(6-2) 语曰：“怒于室者色于市。”(《战国策·韩策二》)

(7-1) 故文公之臣皆牂羊之裘，韦以带剑。(《墨子·兼

爱中》）

(7-2) 臣下皆衣牂羊之裘，以韦带剑。(《御览》卷四百三十一引）

例（6）“室于”就是“于室”，“市于”就是“于市”。在家里惹恼了，却跑到大街上去给人脸色看，《左传》把“室”、“市”都提到前面来，引起特别注意，以充分表述所要说的意思。例（7-1）上句省略述语“衣”，只出现宾语“牂羊之裘”，下句又前置介词宾语“韦”，配合着表现服用的节俭。《御览》补出谓语，并将介词结构理顺，便于了解。

不在否定句中的一般代词宾语，也有提前的可能。就是非代词宾语，也并不是只能放在述语后边。如：

(8) 无财谓之贫。(《庄子·让王》)

(9) 先生施教，弟子是则。(《管子·弟子职》)

(10) 此人亲惊吾马。吾马赖柔和，令他马，固不败伤我乎？(《史记·张释之列传》)

例（8）《新序·节士》作“无财之谓贫”。例（9）马总《意林》引《风俗通义》“是则”作“则之”。例（10）“吾马赖”即“赖吾马”，多亏我的马好。宾语“吾马”前置，有肯定、称赞和爱抚的意思。

下面说定语、状语的不同位置。

(11) 五六月累丸二而不坠。(《庄子·达生》)

(12-1) 晋朝有十万口横磨剑，翁若要战则早来。(《旧五代史·景延广传》)

(12-2) 且晋有横磨大剑十万口，翁要战，则来。(《新五代史》)

(13-1) 问父绛侯故客邓都尉曰：“策安出？”(《史记·吴王濞列传》)

(13-2) 问故父绛侯客邓都尉曰：“策安出？”(《汉书》)

例（11）“累丸二”不仅是“累丸”，而且是累二丸。《类聚》卷九十七引“丸二”作“二丸”，就没有进一层的意思了。例

（12）“十万口横磨剑”，要人特别重视的是这种剑之多，而“横磨大剑十万口”，是要人特别注意这类剑的锐利。例（13），“故”这个定语放在什么地方最合适？“父绛侯故客”，父亲绛侯以前的门客。可以是：

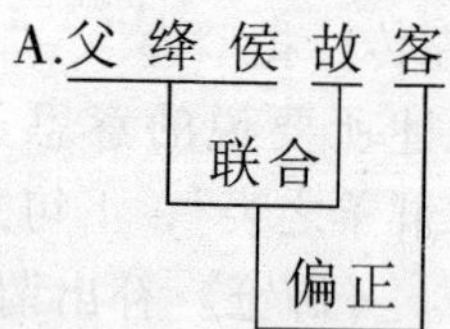

也可以是：

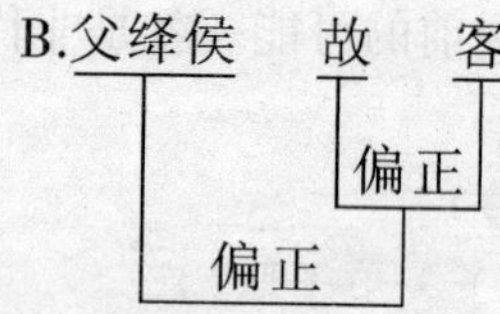

“故父绛侯客”，以前的父亲绛侯的门客。可以是：

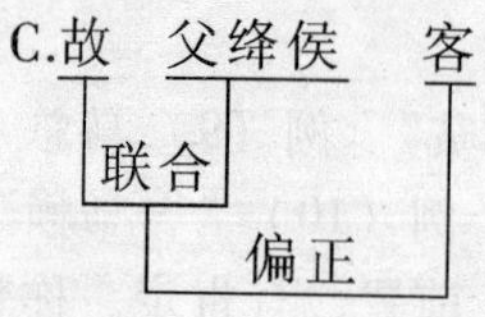

也可以是：

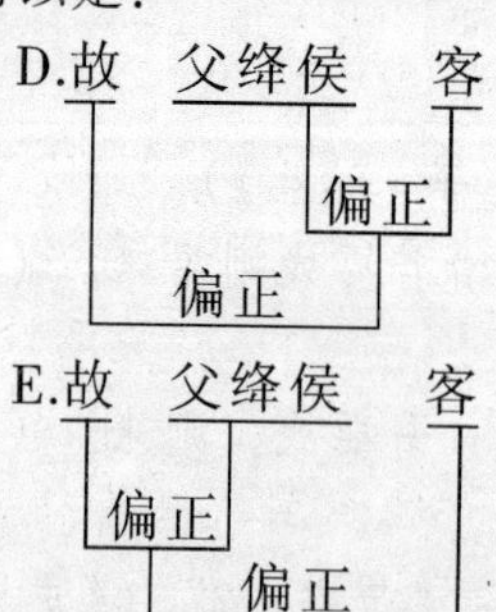

据上下文和义理排除 B、D、E 三种理解，A、C 两种以 A 为长。“父绛侯”联成一体，单音节词“故”、“客”连用，节奏顺畅，把它们分开，像《汉书》那样，读起来拗口。而且就语法关系论，A 比 B 少一种可能出现的理解，排除歧义较为容易。

(14－1) 魏其贵久矣，天下士素归之。(《史记·魏其武安侯列传》)

(14－2) 魏其贵久矣，素天下士归之。(《汉书》)

(15－1) 乃令骑皆下马步行，持短兵接战，独籍所杀汉军数百人。(《史记·项羽本纪》)

(15－2) 令骑皆去马，步，持短兵接战，羽独所杀汉军数百人。(《汉书》)

(16－1) 建为郎中令，事有可言，屏人恣言极切。至廷见，如不能言者，是以上乃亲尊礼之。(《史记·万石君列传》)

(16－2) 建奏事于上前，即有可言，屏人乃言极切。至廷见，如不能言者。上以是亲而礼之。(《汉书》)

(17－1) 比者丈夫冠、妇人髻竟为高大，何也？(《旧唐书·令狐德棻传》)

(17－2) 丈夫冠、妇人髻，比高大，何邪？(《新唐书》)

这四个例子，各包含一个主语前和谓语前两处位置的状语。例(14－1)“素”在谓语前，“天下士”主动“归之”，由来已久。例(14－2)“素”在主语前，是说向来如此，不是一朝一夕的事。例(15－1)从观察整个战场的角度，观察到项籍，“独”在主语前面。例(15－2)只把眼光放在项羽身上，“独”在主语后面。例(16)“是以”、“以是”同义。例(16－1)“是以”居句前，“上乃亲尊礼之”从属于上文，借以反映石建品德的积极作用。例(16－2)“以是”在主语后，所在的句子对上文的从属关系较弱，解释“上”亲礼万石君的原因，这层意思则较为明显。例(17)《旧唐书》“比者”居句首，问何以这个时候冠髻“竟为高大”？《新唐书》“比”在句中，着重在问何以“高大”，“比”的意思无关紧要。如果这些分析成立，那么，例(14－1)、例(15－2)、例(16－1)和例(17－1)更切合语境。

(18－1) 民道庶行上书，言相国贱强买民田宅数千万。(《史记·萧相国世家》)

(18－2) 民道庶行上书，言相国强贱买民田宅数千人。(《汉书》)

(19－1) 一年不可有二君。(《白虎通义·爵》)

(19－2) 不可一年二君。(《礼记·曲礼下》疏引)

(20－1) 台成，又欲为钟。(《晏子春秋·内篇·杂下》)

(20－2) 台成，欲复作钟。(《意林》引)

(21－1) 乃稍分人南方抄掠，留兵才足以围栅。(《旧唐书·王世充传》)

(21－2) 稍分其下南掠，裁留兵足围栅。(《新唐书》)

例(18)“强贱买”，又作“贱强买”，有两个状语。强迫实行的是以贱价购买，不只是买。“强贱买”符合事理。“贱强买”，以贱价强行购买，虽也可通，推敲起来，仍有不安。萧何所以能够强买，所凭借、所使用的应当是权势，而不是贱价。例(19－2)可看成简省“有”字。《白虎通义》说：“逾年称公者，缘民之心，不可一日无君也；缘终始之义，一年不可有二君也。”前面说“不可一日无君”，后面说“不可一年二君”，本是对称的句子，把“一年”提到“不可”之前，也许是为了错综的缘故。如果离开上下文来看，“一年不可有二君”是说一年之中不可以怎么样，而“不可一年二君”，是讲的通义，不是讲一年之中如何。例(20)“又”、“复”相当，其位置是在能愿动词之前，还是在能愿动词之后？按照事理，这里所重复的不是“欲”，而是“作”、“为”，当用下句。但实际上上句所表达的意思与下句全同，使用的频率甚至更大。例(21)有两个谓语，状语“才(裁)”紧靠第一个谓语，还是第二个谓语？像旧史那样，只是说留兵数量不多，才够围栅；像新史那样，就还指出了留少数兵的自觉性。

古人对状语位置研究不多，只《公羊传》有所涉及。如：

(22) 二月，公会纪侯、郑伯，己巳，及齐侯、宋、公、卫侯、燕人战，齐师、宋师、卫师、燕师败绩。曷为后日？恃外也。其恃外奈何？得纪侯、郑伯，然后能为日也。(《公羊传·桓公十四年》)

这里解释“己巳”一词为什么要放在现在这个位置上，而不放在“二月”后面。《公羊传》以为鲁国依靠外力才能选择日子与齐宋等国作战，作战的日子“己巳”就不能位于“公会纪侯、郑伯”之前。这个解释未必正确，但它能注意到状语的不同位置，还是可贵的。照我们的理解，桓公会纪侯、郑伯，当在己巳之前，或失记，或以为不必记，只把作战日期记了下来即可。

并列名词词组在大多数情况下，其中某个名词无需计较哪个在前，哪个在后，但有时却仍然有一个词序问题。几个连续的谓语，如果不是联合性质的，其顺序通常不可改易，但却也不尽然。例如：

(23) 春王正月，戊申，宋督弑其君与夷，及其大夫孔父。(《春秋·桓公二年》)

(24-1) 且吾军人每与密战，杀其父兄子弟，前后已多。(《旧唐书·王世充传》)

(24-2) 且我军与贼战，多杀者父子兄弟。(《新唐书》)

(25-1) 角者触也。物触地而出，戴芒角也。(《风俗通义·声音·角》)

(25-2) 角者触也。物触地戴芒角而生也。(《意林》引)

(26-1) 相国年老，素恭谨，入，徒跣谢。(《史记·萧相国世家》)

(26-2) 何年老，素恭谨，徒跣入谢。(《汉书》)

例(23)，《谷梁传》说：“孔父先死，其曰‘及’何也？书尊及卑，《春秋》之义也。”本是先杀孔父，后杀与夷，现在并列起来，还把与夷排在前面，是根据史书的通义，由尊及卑。例(24)“父兄子弟”与“父子兄弟”所讲的对象相同。但前者着重长幼关系，一辈一辈；后者着重亲属关系，一家一家。例(25)“出”与“生”相当，上句“戴芒角”在“出”后，说明物生出后的形状；下句“戴芒角”在“生”前，描绘物生出时的状态。两种说法都对。例(26-1)进去才打赤脚；(26-2)打了赤脚才进去。前一种情况不大合乎事理，除非“入”只是说进了皇宫的范围，还没有到达皇帝面前。

二、句子的不同成分同义

所用的实词基本上相同或相当，但在句子中充当的成分不同，在一定条件下，这些成分可以表达相同的意义，如果有差别，也只是大同小异。

（一）宾补同义。例如：

（1-1）多言数穷，不如守中。（《老子·五章》）

（1-2）多闻数穷，不若守于中。（帛书《老子》）

（2-1）杀之无名，故忍而就于此。（《史记·淮阴侯列传》）

（2-2）死之无名，故忍而就此。（《汉书》）

（3）《循吏传序》云："网漏于吞舟之鱼。"多却"于"字。（《滹南遗老集》卷十九）

用宾语还是用补语，要作具体分析。大抵宾语与述语的关系较为直接，补语则较为舒缓，各有各的用场。例（1-1）"中"是宾语，（1-2）"于中"是补语。《老子》是用诗的形式写的哲学著作，它的语句大致匀称整齐，精练，含蓄，整齐中时有不齐，富于咏叹意味。现将五章全文引在下面：

天地不仁，
以万物为刍狗；
圣人不仁，
以百姓为刍狗。
天地之间，
其犹橐籥与？
虚而不淈，
动而愈出。
多言数穷，
不如守中。

基本上是四字句。虽然二句、四句各有六字，但一、二句与三、四句形成对称，仍不失整齐感。第六句五字，多一助词“与”，现出整齐中的错综。第十句如作“不若守于中”，才不至于接连出现四个四字句，造成机械划一的局面，而与全诗基本整齐，时有错综的风格协调。此处当从帛书写定。例（2），韩信微时曾受过胯下之辱，功成名遂为楚王后，要把那个迫他从胯下爬过去的少年召来做官，当着部下回忆自己这段历史，说话当然不会急骤，用“就于此”比“就此”更能表现人物的心情。所谓“此”，指代他所成就的功业与王位，这是他的光荣与骄傲，说起来不会轻轻带过，用作为补语的标志介词“于”过渡一下，是很自然的。例（3），王若虚说得对，应当让“吞舟之鱼”直接作“漏”的宾语，没有必要转一个弯子，变为“漏”的补语。

（4-1）君子比之玉。（《春秋繁露·执贽》）

（4-2）君子比之于玉。（《类聚》卷八十二引）

这一例是远宾语与补语相当，上句简捷些，下句从容些。

（5-1）夫山居而谷汲者，膢腊而相遗以水。（《韩非子·五蠹》）

（5-2）山居谷汲者，膢腊而遗水。（《风俗通义·祀典·膢》）

（6-1）属女德而弗忘，与女正而弗衰。（《吕氏春秋·慎人》）

（6-2）属以妇德而不忘，付之以正而不衰。（《北堂书抄》卷二十四，以下简称《书抄》）

这两例宾语是“水”、“女德”、“女正”，与其相应的补语都用“以”领头。用上介词“以”，就含有主语着意作用于这些对象的意味。如“遗水”，只是一般说法，“相遗以水”就显出“山居谷汲者”对水的选择和支配。

（二）状补同义。例如：

（1-1）出于五鹿，乞食于野人。（《左传·僖公二十三年》）

（1-2）过五鹿，饥而从野人乞食。（《史记·晋世家》）

(2) 启乃淫溢康乐，野于饮食。……湛浊于酒，渝食于野。(《墨子·非命上》)

(3-1) 今大王使大将军高士兴于易水抗御罗艺，兵才至，士兴即降，大王之意复为可不？(《旧唐书·窦建德传》)

(3-2) 王之大将高士兴抗罗艺于易南，兵未交，士兴即降，王以为可乎？(《新唐书》)

例(1)介词“于”与“从”相当，“于野人”，补语，“从野人”，状语。重耳一行人流亡在外，饿得甚至向野人讨吃。“从野人”在“乞食”前，表现这些人讨乞不择对象，十分狼狈。用状语比用补语略胜。例(2)俞樾《诸子平议》说：“‘野于饮食’即下文所谓‘渝食于野’也。”“野于”，介宾结构宾语前置作状语，这一句强调启饮食不得其处。“于野”，补语；“渝”，即输；“渝食于野”，把酒食运送到郊野去吃喝，强调启不惜民力，纵情宴乐。例(3)于何处抗御罗艺并不重要。上句出现处所，使“兵才至”有个着落；下句用“兵未交”，不必要一个“至”的地方，出现处所只是为了假设的逼真。两相比较，以用补语为长。

上面三例是介词结构作状语或补语，下面各例是数量词、副词、形容词、动词作状语或补语。

(4-1) 礼乐所由起，积德百年而后可兴也。(《史记·叔孙通传》)

(4-2) 礼乐所由起，百年积德而后可兴也。(《汉书》)

(5) 寡人意气衰，身病甚。(《晏子春秋·内篇·问上》)

(6-1) 每倾心接物，与士卒均执勤苦，由是能致人之死力。(《旧唐书·窦建德传》)

(6-2) 然倾心接物，其执苦与士卒均，由是能致人死力。(《新唐书》)

(7-1) 其伏兵发，乘高而下驰，压密营。(《旧唐书·王世充传》)

(7-2) 伏兵上北原，乘高驰下，压其营。(《新唐书》)

例(4-1)“百年”作补语，(4-2)“百年”作状语，所表达的意思相同，但有不同的附加意义：上句强调时间延续之久，透露成就事业之难，又含有功到自然成的意味；下句也说久，通过久强调难，又含有按预想行事的意味。例（5）“病甚”，《治要》引作“甚病”。“甚”在“病”后作补语，是说病“到了”厉害的程度，身不由己。“甚”在“病”前作状语，只是说病得厉害。例（6）形容词短语“与士卒均”，在上句作状语，在下句作补语。“与士卒均执勤苦”，描述窦建德的为人；“其执苦与士卒均”，着重描述他执苦的程度。描述他的执苦当然也是描述他的为人，意思自然是相通的。例（7）“下驰”与“驰下”同义。作状语，主要是说“驰”的方向；作补语，主要是说“驰”的结果。

（三）宾状同义。例如：

(1-1) 仍将《汉书》一帙挂于角上。（《旧唐书·李密传》）

(1-2) 挂《汉书》一帙角上。(《新唐书》)

(2-1) 夜来就枕未瞑，已见李崧在旁，生人与死人相接，无吉事也。(《旧五代史·苏逢吉传》)

(2-2) 昨夕未瞑，已见李崧在侧，生人接死者，无吉事也。(《新五代史》)

(3-1) 安国坐法失官，居家。(《史记·韩长孺列传》)

(3-2) 安国坐法失官，家居。(《汉书》)

《汉书》在例（1-1）中是状语，在（1-2）中是宾语。用“将”字把宾语提前作状语，使主语对它的作用直接一些，并含有对它进行处置的意思。例（2）“死人”与“死者”相当，状语与宾语同义。上句“生人”的主动性较差，下句主动性就较强。梦中看见死人，谈不上主动不主动，旧史切合事理些。例（3）“家”在上句是宾语，在下句是状语，“家”对“朝”言，“家居”，着重在家，不是在朝；“居家”，着重闲居为民，不是起而为官。

(4-1) 帝乃密遣使赐无忌金银宝器各一车，绫锦十车。(《旧唐书·长孙无忌传》)

(4-2) 帝密以宝器锦帛十余车赐之。(《新唐书》)

(5) 严居朝，则曷害于治国家哉？(《晏子春秋·内篇·谏下》)

例(4)旧史“金银宝器”和“绫锦”是远宾语，新史概括为“宝器锦帛”，加介词“以”提前作为状语。高宗为了要长孙无忌同意他立武昭仪为后，不惜送去大量财宝，以取悦于舅父。把远宾语变为状语，能较好地表现这层意思。例(5)“严居朝”，《说苑·正谏》作“朝居严”，宾语成了状语，状语成了补语，意义仍然相同。“居朝”重在行为，“朝居”重在场合。就意念上说，“严居朝”与“朝居严”的重心都在“严”字上，不过前者主要是讲方式，后者主要是讲状态罢了。

(四) 状谓同义。例如：

(1) 举所佩玉玦以示之者三。(《史记·项羽本纪》)

(2) 有言闽越之利甘薯者，客莆田徐生为余三致其种。种之，生且蕃，略无异彼土。庶几哉，桔逾淮弗为枳矣。(徐光启《甘薯疏序》)

例(1)等于说“三举所佩玉玦以示之”。“三”在前是状语，在后是谓语。例(2)“庶几”是谓语，如果说成“庶几桔逾淮弗为枳矣”，“庶几”就是状语。作谓语作状语意思都差不多，本来用状语也可以，现在用作谓语，枝柯变成主干，可以引起读者的特别注意，像例(2)那样，又带有强烈的感叹语气。又如：

(3-1) 且吾军人每与密战，杀其父兄子弟，前后已多。(《旧唐书·王世充传》)

(3-2) 且我军与贼战，多杀其父子兄弟。(《新唐书》)

“多杀其父子兄弟”，语气简捷。将“多”从状语的位置移到谓语上，意在提醒听者重视杀人已“多”这一事实。

(五) 主宾同义。

《公羊传》最早注意到这种现象，并作出了自己的分析：

(1) 贾石于宋五。曷为先言贾而后言石？贾石，记闻。闻其磌然，视之则石，察之则五。(《公羊传·僖公十六年》)

(2) 梁亡。此未有伐者。其言梁亡何？自亡也。其自亡

何？鱼烂而亡也。(《公羊传·僖公二十年》)

“贯石”，述宾结构，为什么不作“石贯”成为主谓结构？公羊以为这里是按认识顺序记载的。先听到陨坠的响声，一看，原来是石头。(再仔细看，是五个。)“梁亡”，为什么不说成“亡梁”？公羊解释为梁不是被别的国家消灭的，而是它自身灭亡，就像鱼从肚里烂出一样。

(3) 晏子死，景公操玉加于晏子尸上而哭之，涕沾襟……免而哭，哀尽而去。(《晏子春秋·外篇·不合经术者》)

(4-1) 衣寒粮乏，度不能俱活。(《琴操·三士穷》)

(4-2) 衣寒乏粮，自度不能活。(《大周正乐》引)

例 (3)，“哀”为主语，《御览》卷五百四十九引作“尽哀”，“哀”是宾语。“哀尽而去”，事实如此；“尽哀而去”，景公有意如此。例 (4)“粮乏”，“粮”作主语，说的是有关情况。“乏粮”，“粮”作宾语，所说与自身有密切关系。当用上句，因后面有“度不能俱活”，这种密切关系也已表达出来，且“衣寒”、“粮乏”，结构对称。

以上各例，充当主语或宾语的是无生命的事物，或者述语是表示存在消失的动词。主语与宾语同义也还有别的情况，例如：

(5-1) 上已闻淮阴侯诛，使使拜丞相何为相国。(《史记·萧相国世家》)

(5-2) 上已闻诛信，使使拜丞相为相国。(《汉书》)

(6-1) 革可责授费州司户参军。(《旧五代史·豆卢革传》)

(6-2) 责授革费州司户参军。(《新五代史》)

例 (5)“淮阴侯”与“信”指的是同一对象，用作主语时，整个词组是被动态。作为一个重要消息，不是杀了谁，而是谁被杀了，《史记》的写法稍胜。例 (6) 的“革”，在下句是近宾语，在上句是主语。这样用主语，有时含有对他怎样的意思。

(六) 主状同义。例如：

(1) 吾矛之利，于物无不陷也。(《韩非子·难一》)

(2-1) 诸律令所更定，及列侯悉就国，其说皆自贾生发之。(《史记·贾生列传》)

(2-2) 然诸法令所更定，及列侯就国，其说皆谊发之。(《汉书》)

例(1)"于物"，介词结构作状语，表示对象的范围：只要是"物"，没有不能刺穿的。主语"吾矛"承前省略。"(吾矛)于物无不陷也"，主谓配搭紧凑。同书《难势》"物无不陷也"，"物"作主语，没有范围的概念，主语也当是"吾矛"。"(吾矛)物无不陷也"，主谓关系就显得松懈。例(2)"贾生"与"谊"相当。"自贾生"，状语，《史记》着眼于满朝君臣，其说"自贾生"发之，从比较中看出贾生人才难得。《汉书》删"自"字，让"谊"作主语，更定法令之类都是贾谊创议，直接表现他的才能。

(七) 否定谓语(述语)与否定全句或否定宾语同义。例如：

(1-1) 登高而招，臂非加长也，而见者远；顺风而呼，声非加疾也，而闻者彰。(《荀子·劝学》)

(1-2) 升高而招，非臂之长也，而见者远，顺风而呼，非声加疾也，而闻者著。(《大戴礼记·劝学》)

(2-1) 尔不言，几失此人矣。(《旧唐书·杜如晦传》)

(2-2) 非公言，我几失之。(《新唐书》)

这两例的上句都含有否定谓语，而下句相应的地方是否定全句。"臂非加长也"，"声非加疾也"，是说臂与声并没有产生变化，见远、闻彰自然是登高、顺风的缘故。"非臂之长也"，"非声加疾也"，见远、闻彰只能是登高、顺风的缘故。"非声加疾也"，这样的句子还可理解为否定主语，不是"声音"加疾了，可能是别的什么加疾了，但上下文排除了这种理解的可能性。"非公言"句，不是你说，我几乎失去一个人才。任何别的人说都不行。"尔不言"句，如果强调"尔"字，意思与"非公言"句相同。如果不强调"尔"，就并不一定是非你说不可，别人说了，我同样不会失去他。许多人向"我"推荐，"我"都不接受，"公"推荐了，"我"才同意，这就以用下句为好。

(3-1) 人主之患不在乎不言用贤，而在乎不诚必用贤。(《荀子·致士》)

(3-2) 人主之患不在乎言不用贤，而在乎诚不用贤。(《中论·亡国》引)

(4-1) 陈婴母谓婴曰：“自我为汝家妇，未尝闻汝先古之有贵者。今暴得大名，不祥。”(《史记·陈涉世家》)

(4-2) 婴母谓婴曰：“吾为乃家妇，闻先故未曾贵。今暴得大名，不祥。”(《汉书》)

例(3)“言不用贤”，否定宾语。“不言用贤”，否定述语，当言而“不言”，实际上也是对宾语的否定。上句是《荀子》原文，下句是《中论》的改句，以“言”与“诚”相对之故。例(4-1)未曾听说过有那样的事，讲得委婉；(4-2)听说没有那样的事，讲得直截。陈婴的母亲是被当做有德行的妇女来记叙的，她应当像《史记》所记载的那样说话，言语间带有对陈家祖先的尊敬：不讲他们从未做过大官，只讲她没有听说过。

此外还有：

定谓同义。如：

(1) 衣三领，足以朽肉；棺三寸，足以朽骸。(《墨子·节用中》)

《意林》引“衣三领”作“三领之衣”，“棺三寸”作“三寸之棺”。

连谓与述补同义。如：

(2-1) 适有奔马践死一犬。

(2-2) 有犬卧通衢，逸马蹄而死之。(转引自陈望道《修辞学发凡》新版59页)

“蹄”与“践”相当，“之”代犬。“蹄而死之”，连续两个谓语。“践死一犬”是述补结构再带宾语。

主表同义。如：

(3-1) 高祖为亭长，乃以竹皮为冠，令求盗之薛治之，时时冠之。及贵常冠。所谓刘氏冠，乃是也。(《史记·高祖本

纪》)

(3-2) 高祖为亭长，乃以竹皮为冠，令求盗之薛治，时时冠之。及贵常冠。所谓刘氏冠也。(《汉书》)

“所谓刘氏冠”，在《史记》中是主语，在《汉书》中是表语。《汉书》这一句主语“此”承上文省略。“此”与《史记》“是”相当，“是”在句中充当表语。

主补同义。如：

(4) 齐侯田于沛，招虞人以弓，不进。公使执之。辞曰：“昔我先君之田也，旃以招大夫，弓以招士，皮冠以招虞人。臣不见皮冠，故不敢进。”(《左传·昭公二十年》)

仿照“招虞人以弓”的句式，虞人的话可以说成：“招大夫以旃，招士以弓，招虞人以皮冠。”按虞人的句式，“旃”、“弓”、“皮冠”是主语，按仿造的句式，它们变成了补语。

述语的修饰语与宾语的修饰语同义。如：

(5) 如曰今日当一切不事事，守前所为而已，则非某之所敢知。(王安石《答司马谏议书》)

“一切不事事”，“一切”修饰前一个“事”，是状语。这话与“不事一切事”意思相同。在“不事一切事”这个格式里，“一切”修饰第二个“事”，是宾语的定语。

三、结构或成分的不同表示法同义

同一个结构或同一个成分，用同样的或相当的实词来表示，但数量有增减，或者用虚词，或者不用，而所表达的意义相同。像这样的实词增减及虚词的有无，叫做不同表示法。

(一) 偏正词组(定语+中心词)表示法。如：

(1-1) 大国恶有天子，小国利之。若君与大不立，魏焉能与小立之？(《韩非子·说林上》)

(1-2) 大国恶有天子，而小国立之。王与大国弗听，魏安能与小国立之？(《战国策·韩策三》)

(2-1) 南容三复白圭，孔子以其兄之子妻之。(《论语·

先进》）

（2-2）一日三复白圭之玷，是南宫绍之行也。（《大戴礼记·卫将军文子》）

例（1-1）的“大”，大国；“小”，小国。有《韩策》可证。例（2-1）“白圭”，即“白圭之玷”，有《大戴礼记》可证。定语加中心词构成偏正词组，有时单出定语，可以表示整个词组。这里的条件是让人看了能够明白。例（1）的“大”、“小”，根据文义和上文的“大国”、“小国”，可以判断出它们的含义。例（2）“三复白圭”，文不成义，“白圭”自然是指“白圭之玷”。《诗经·抑》：“白圭之玷，尚可磨也；斯言之玷，不可为也。”用定语表示偏正词组，简洁含蓄，并可突出事物的性质和范围。

（3-1）叔孙生诚圣人也，知当世之要务。（《史记·叔孙通列传》）

（3-2）叔孙生，圣人，知当世务。（《汉书》）

（4-1）彰君恶，伤私义，二者无一可。（《文选·子虚赋》）

（4-2）彰君之恶而伤私义，二者无一可。（《史记·司马相如列传》）

例（3）“务”与“要务”同义，单用中心词能表示偏正词组的意义。“知当世务”，不可能是通晓所有的世务，但也不可能只是通晓一些无关紧要的事情，因为他是“圣人”，“务”即“要务”自明。例（4），偏正词组中间有用“之”表示的，有不用的，用“之”与否，多半要从音节上加以考虑。“彰君恶，伤私义”，两个三字句相对称，不好改成“彰君之恶，伤私义”。要么就得像《史记》那样，再加一个“而”字，读起来才顺畅。

（二）主谓词组表示法。如：

主谓词组中间或加“之”，或不加“之”，两种表示法大同小异。加“之”，有时候带上一些附加意义。例如：

（1-1）天下皆知美之为美，斯恶矣。（《老子·二章》）

（1-2）天下皆知美为美，恶矣。（帛书《老子》甲本）

(2) 汉之败于彭城西，余亦复觉耳不死，即背汉。(《汉书》)

“美之为美”，美之所以成为美，美成为美的原因或方式。“美为美”，就只有美成为美，美是美的意思。例（2）在“汉败”之间楔上一个“之”字，表时的意义更为明显，等于说当汉在彭城西被打败的时候。

中间插进去一个“之”字，主语、谓语已不直接相连，读者就可在主谓之间分出一个轻重来。看重主语的，例如：

(3-1) 天之亡我，我何渡为？(《史记·项羽本纪》)

(3-2) 乃天亡我，何渡为？(《汉书》)

(4-1) 人心之不同，如其面焉。(《左传·襄公三十一年》)

(4-2) 人心不同，有如其面。(《风俗通义·十反》)

“天之亡我”，是“天”要亡我，着重主语“天”。《汉书》“天”前加副词“乃”，也有同样的效果。“人心之不同”，着重说“人心”不同，而不是其他。

看重谓语的，例如：

(5-1) 献公之乱，文公之霸，襄公败秦师于殽而归纵淫。此子之所闻。(《史记·赵世家》)

(5-2) 夫献公之乱，文公之霸，襄公之败秦师于殽而归纵淫。此子所闻。(《风俗通义·皇霸·六国》)

(6-1) 上大怒曰：“人之无道，乃盗先帝庙器……”(《史记·张释之列传》)

(6-2) 上大怒曰：“人亡道，乃盗先帝器……”(《汉书》)

例（5）要说的重心是“乱”、“霸”、“败秦师于殽而归纵淫”，至于谁干出这些事来并不紧要，不在于评价人物，而在于接受历史教训。例（5-2）于“襄公”后加“之”，以与前两句一例，对谓语都加以强调，不是没有道理的。例（6）“人之无道”，意味着“无道”到了极点。《汉书》减去“之”字，谓语的程度也就跟着减弱了。

还有一种情况，好像是主谓词组，实际上是定语后置，如：

(7-1) 水之出于山而流入于海者，命曰经水。(《管子·度地》)

(7-2) 水出山而流入海者，命曰经水。(《水经注·河水》引)

“水出山而流入海”，很像主谓词组，但后面有“者”，意思是“出山而流入海之水”。上句有“之”，定语后置的脉络更为明显。其所以要后置，往往是由于定语太长的缘故。在这里提一提，作为本节第一项的一点补充。

(三) 并列（名词）词组表示法。

并列的名词，中间可用连词，也可不用。如：

(1-1) 子玄应及兄世伟等在路谋叛，伏诛。(《旧唐书·王世充传》)

(1-2) 子玄应，兄世伟，在道谋反，伏诛。(《新唐书》)

(2-1) 子弑二君与一大夫，为子君者，不亦难乎？(《左传·僖公十年》)

(2-2) 子亦杀二君一大夫，为子君者，不亦难乎？(《史记·晋世家》)

(3-1) 镜于人，则知吉与凶。(《墨子·非攻中》)

(3-2) 镜于人，则知其吉凶。(《白帖》六引)

用连词“及”，多有主次之分，主要是说“及”前面的词，兼及后面的词。例(1)谋反主犯大概是玄应，照《新唐书》的写法就没有主犯从犯之分了。连词“与”所连接的几项通常无主次之分。如果有，那是由词序表示出来，并非“与”的作用。例(2)“二君一大夫”中间用“与”不用“与”意思一样，但用“与”，有“加上”、“还有”的意味。例(3)“吉”、“凶”是完全平列的两项。“则知吉与凶”，好坏两方面都知道。“则知其吉凶”，同时又有正确估价是非好坏的意思。

(四) 状语表示法。

介词结构作状语，有时可以不用介词，让它的宾语直接作状语。

(1-1) 其友骑郎公孙敖与壮士篡取之，以故得不死。(《史记·卫将军列传》)

(1-2) 其友骑郎公孙敖往篡之，故得不死。(《汉书》)

(2-1) 在昔秦缪公尝如此。(《史记·赵世家》)

(2-2) 昔秦穆公尝如此。(《风俗通义·皇霸·六国》)

例(1)“以故”表原因，只用“故”，也能起同样作用。这种格式用得多了，后来“故”竟虚化成了表原因的连词。例(2)“在昔”与“昔”同义，越往后，单用一个“昔”字表示时间越常见。表地点的状语，也常常不用介词。如：

(3-1) 于路杀死者，亡投玄感。(《旧唐书·李密传》)

(3-2) 道杀使者，奔玄感。(《新唐书》)

“路”与“道”相当，前用介词，后不用。“于路”只表处所，但不用“于”还有表示方式的意味。

(4) 周武王乃使人帷而守之。(《贾子新书·连语》)

例(4)“帷而守之”，《御览》卷三百七十六引作“以帏守之”。“以帏”也是表所用；但《新书》原文中“帷”则有张帷、设帷之意，不过它在句中的作用实际上仍然与状语相同。

(五) 补语表示法。

用介词与不用介词意义相同。

如：

(1-1) 言室满室，言堂满堂。(《管子·牧民》)

(1-2) 言于室，满于室；言于堂，满于堂(《韩非子·难三》引)

(2-1) 公惧，坠于车，伤足，丧屦。(《左传·庄公八年》)

(2-2) 公惧，坠车，伤足，失屦。(《史记·齐太公世家》)

这两例补语表示处所，有“于”无“于”意义没有区别，但有

“于”，明确些，无则简洁些。下例属于另一种情况。

(3) 相得驩甚，无厌，恨相知之晚。(《汉书·灌夫传》)

《史记》“相知之晚”作“相知晚”，无“之”字。有“之”作标志时，重心便落在它后面的补语上了。

(六) 名词性结构表示法。

这里讲名词性结构不同表示法，指“者”字结构、“所”字结构、“等”字结构的不同表示法。先讲“者”字结构，如：

(1-1) 遂召巫者，于星下被发衔刀，为厌胜之法。(《旧唐书·刘文静传》)

(1-2) 召巫，夜被发衔刀，为禳厌。(《新唐书》)

(2-1) 西域诸国咸欲因文泰遣使贡献。(《旧唐书·魏征传》)

(2-2) 西域诸国欲因文泰悉遣使者奉献。(《新唐书》)

(3) 汉后五十年，东南有乱者，岂若邪？(《史记·吴王濞列传》)

“巫”，名词，可以说成“巫者”。“巫”，着眼于职事，“巫者”，着眼于人的类别。例(2)“使”与“使者”指同一对象。“使”，动词，带上“者”，构成名词性结构；不带“者”，也可直接活用为名词。同样，“使”着眼于事，“使者”着眼于搞这一行当的人。例(3)中的“乱者”，《汉书》作“乱”，形容词活用为名词，与“乱者”相当。

(4) 吴王阖庐选多力者五百人。(《吕氏春秋·简选》)

(5-1) 自有道论之则不然。(《吕氏春秋·情欲》)

(5-2) 自有道者观之……(《吕氏春秋·侈乐》)

例(4)“多力者”，《绎史》作“多力”。“多力”可以被选，而且可以计算人数，自然是“多力者”。不用“者”，能突出这些人的性质。所有与“者”字结构等价的词、词组，都或多或少地有这一类的“突出”作用。例(5)“有道”与“有道者”同义。前指“有道”的人，后指有道的“人”。但在实际行文中，两者可以互换，意义并无增减。

(6) 无骨者不可令知水。(《吕氏春秋·任数》)

"无骨者",《意林》作"无骨之虫"。"者"本来表示"……的×","×"可以是人,也可以是物,是虫,是鱼等。或用"者",或直接说出它所代的事物,意义相同。有时候直接说出明白一些,而用"者",则概括性强些。

现在讲"所"字结构、"等"字结构,如:

(7-1) 往年文泰入朝,所经州县犹不能供。(《旧唐书·魏征传》)

(7-2) 异时文泰入朝,所过供拟不能具。(《新唐书》)

例(7)"过"与"经"相当,"所过"也可说成"所过州县"或"所经州县"。"所"加动词作定语的偏正词组,与"所"加动词同义,其区别只在于:"所过",凡所经过的地方,具有普遍性;"所经州县",只限于"州县"。其实"州县"也是指"州县"所辖的区域,"所经"非"州"即"县",与"所过"并无实质性不同。

(8) 进无所疑,退无所匮。(《管子·兵法》)

(9) 目芒然无见。(《庄子·盗跖》)

例(8)元刻本作"进而无疑,退而无所匮",例(9)《一切经音义》卷四十七引作"目芒然无所见"。(7-2)不用中心词,这两例连"所"字都不用。"疑","所疑";"见","所见"。"所疑"、"所见"也含有普遍性。

(10-1) 贯高赵午等十余人皆相谓曰:"乃吾等非也。"(《史记·张耳陈余列传》)

(10-2) 贯高等十余人相谓曰:"吾等非也。"(《汉书》)

(11-1) 靖等陛下心膂大臣;宫人皇后扫除之隶。(《旧唐书·魏征传》)

(11-2) 靖、珪皆陛下腹心大臣;宫人止后宫扫除隶耳。(《新唐书》)

在"等"字结构中,一项与多项同义:例(10)"贯高赵午等",列举两项。"贯高等",只举一项。《史记》以为"贯高赵午"在"十余人"中官位最高,谋反最力,所以两人并举。《汉书》以为赵午后来自杀了，无事迹传世，可略而不计。“等”字结构又与全数列举同义：例（11－1）“靖等”也就是李靖、王珪两人，《新唐书》全部列出。“靖等”，侧重“李靖”；“靖、珪”并列，也不看轻王珪。王珪也是“心膂大臣”，总共又只两项，以并列为宜。

四、合叙、共用与分述同义

与分述相对是合叙与共用。合叙如：

（1）天长地久。（《老子·七章》）

（2）姑洗之月，达道通路。（《吕氏春秋·音律》）

例（1）龙兴碑、李道纯、危大有本《老子》作“天地长久”。例（2）“达道通路”，《治要》引作“达通道路”。“久”、“长”义近；“达”、“通”义近，“道”、“路”义同。这一类的合叙以义近义同为条件，但更多的情况不依靠这样的条件，如：

（3－1）屦为履之也，而越人跣行；缟为冠之也，而越人披发。（《韩非子·说林上》）

（3－2）屦为履，缟为冠也，而越人徒跣剪发。（《说苑·反质》）

（4－1）古之贤君，饱而知人之饥，温而知民之寒。（《晏子春秋·内篇·谏上》）

（4－2）古之贤君，温饱而能知民饥寒。（《书抄》卷一百五十二）

（5－1）封故御史大夫周苛孙平为绳侯，故御史大夫周昌子左军为安阳侯。（《史记·孝景本纪》）

（5－2）封故御史大夫周苛、周昌孙子为列侯。（《汉书》）

分述显得舒缓，合叙显得紧凑，各有各的用处。例（3－1）分述，有利于有条不紊地说理；（3－2）合叙，有助于形成辩论的气势。例（4－1）分述，有类推的余意，还可以说“逸而知人之劳，乐而知人之忧”等；（4－2）合叙，不能给人以列举的印象。例（5）《汉书》合叙，简到极点，但不如《史记》分述明白。

共用如：

(6) 故兵者，非君子之器也，不祥之器也，不得已而用之。(《老子·三十一章》)

(7-1) 齐、济二州及兖州贼帅徐圆朗皆闻风而下。(《旧唐书·窦建德传》)

(7-2) 齐、济二州亦降。兖贼徐圆朗闻风送款。(《新唐书》)

例 (6) 两个谓语共用一个主语“兵”，帛书《老子》乙本“不祥之器”前重出“兵者”，主语不共用。共用的时候，说它是什么，不是什么，一气贯穿，描述主语的性质类别。而乙本说兵是什么，兵不是什么，着重对于“兵”的认识。例 (7-1)“二州”与“徐圆朗”共用一个谓语“闻风而下”。(7-2) 拆为两个，意思已不大一样了。此处要描述他的声威，说明他胜利迅速，还是紧凑一点为佳。新史比旧史舒缓，似乎稍逊。

(8) 信之下魏破代，汉辄使人收其精兵。(《史记·淮阴侯列传》)

“下”、“破”意义大致相当。“下魏破代”，两个述语，《汉书》作“下魏代”，共用一个述语，所表述的基本事实相同，但“下魏破代”又有接二连三、一个接一个的意味。

(9-1) 于是汉王遣韩信击虏豹于河东，传诣荥阳。(《史记·魏豹列传》)

(9-2) 汉王遣韩信击豹，遂虏之，传豹诣荥阳。(《汉书》)

(10-1) 明日往朝其师，其师望而谓之曰……(《文选·魏都赋》注引《庄子》逸文)

(10-2) 明日往朝，师望之，谓之曰……(《淮南子·道应训》)

“击豹”、“虏之”，是两回事，有一个过程。“望之”、“谓之”，也同样有前有后。两例下句正是这样表达的，但上句把两个述语合在一起，共用一个宾语，削弱了过程的意义，使先后之分也模糊了一些。“击虏豹”，带有怎样生俘魏豹的意思，“望而谓之”，带有如何对人说话的意思。

(11) 凡言之不复、行之不可再者……(《管子·形势解》)

(12-1) 校尉李朔、校尉赵不虞、校尉公孙戎奴，各三从大将军。(《史记·卫将军列传》)

(12-2) 校尉李朔、赵不虞、公孙戎奴各三从大将军。(《汉书》)

例(11)定语后置，《治要》引作“凡言行之不可复者”，两个定语合为一个。分列的时候，两项都重；合在一起，两项都减轻了。例(12-2)共用定语“校尉”，言简意明。(12-1)三用“校尉”，如此分述，似乎烦重。但起三个头，有助于表现卫青部下官属之众，建功立业者之多，这是《汉书》所不及的。

(13-1) 可以托六尺之孤，可以寄百里之命，临大节而不可夺也。(《论语·泰伯》)

(13-2) 可寄百里之命，托六尺之孤，临大节而不可夺。(《风俗通义·过誉》)

(14) 太后尝病三年，陛下不交睫，不解衣。(《史记·袁盎列传》)

例(13)“可”与“可以”相当。上句用两个“可以”，下句共用一个“可”。取列举形式，使其人能干和可信任的程度有所加强。例(14)《汉书》删第二个“不”字，使“解衣”与“交睫”共用一个否定副词，意思仍然相同。但这里本是两件事情，以用两“不”字为妥。

上面九例都是讲句子成分的共用或分述。分句也有同样的情况，如：

(15-1) 其俘诸江南以实海滨，亦惟命；其剪以赐诸侯，使臣妾之，亦惟命。(《左传·宣公十二年》)

(15-2) 宾之南海，若以臣妾赐诸侯，亦惟命是听。(《史记·楚世家》)

第三节　选择同义句型

本节从语态、语气、谓语性质、句子构造、句式松紧和分句序列等角度分析句型。

一、语态、语气

（一）主动被动。

本章第二节第二项讲到主语宾语同义，其中一种情况是作宾语时，句子是主动的，作主语时就成为被动了。又如：

（1－1）及棘蒲侯柴武太子谋反事觉，治，连淮南王，淮南王征。（《史记·袁盎列传》）

（1－2）谋反发觉，上征淮南王。（《汉书》）

上节第二项谈到主语状语同义，其中一种情况是作主语时，句子是主动的，作状语时就成为被动了。又如：

（2－1）吾子白帝子也，化为蛇当道，今为赤帝子斩之。（《史记·高祖本纪》）

（2－2）吾子白帝子也，化为蛇当道，今者赤帝子斩之。（《汉书》）

此外，主动被动同义，有以下几种常见情形：

（3－1）进逼镇州，为流矢所中，卒于军。（《旧五代史·史建瑭传》）

（3－2）兵傅镇州，建瑭攻其城门，中流矢卒。（《新五代史》）

（3－1）像例（2－1）一样，用“为”引进主动者，但又在动词前面加用“所”字，使句子的被动语态更为明显，多少带有对史敬瑭的同情。（3－2）“中流矢”在意念上也是被动的，在形式上却是主动的，纯属客观记叙史事。被动语态所表达的，往往附加有被迫、不幸遭到、并非本意这一类意思。

(4-1) 朕闻黄银多为鬼神所畏。(《旧唐书·杜如晦传》)

(4-2) 世传黄银鬼神畏之。(《新唐书》)

上句与例(3-1)一样,都用“为……所”表示被动,但下句的主动形式与以上数例不同:它用主谓词组作谓语,宾语是代词“之”,所代的便是全句的主语“黄银”。这里描述黄银的一种性质,不存在被迫、遭到不幸的问题,下句优于上句。

(5-1) 君果弱鲁君……(《管子·大臣》)

(5-2) 若鲁弱于君……(古本《管子》)

“弱”,削弱。上句主动,下句被动,用“于”引进主动者,放在动词之后,这是被动句的又一形式。

(6-1) 孤不天,不能事君,使君怀怒,以及敝邑。(《左传·宣公十二年》)

(6-2) 孤不天,不能事君,君用怀怒,以及敝邑。(《史记·楚世家》)

形式上两句都是主动句。而意念上“使君怀怒”的“君”是被动地接受使令,“君用怀怒”的“君”是主动地发出行为。“使君怀怒”,过错全在“孤”的身上,而“君用怀怒”,“孤”没有承担全部责任。

表被动的动词大多数没有特别的标志。少数前面用上“被”、“为”、“见”等,可以避免产生误解。如;

(7) 自以为不知而去,居于海上。(《吕氏春秋·恃君》)

(8-1) 诚令成安居听足下计,若信者亦已为禽矣。(《史记·淮阴侯列传》)

(8-2) 向使成安居听子计,仆亦禽矣。(《汉书》)

例(7)《类聚》卷八十二引“知”前有“见”字。今本《吕氏春秋》一眼看不出是主动还是被动,加“见”字便于理解。例(8)“亦禽矣”也不如“亦已为禽矣”说得明白。

(二)肯定否定。

对否定句的否定,就成了肯定,它比肯定句还要肯定。如:

(1) 衣冠无不中,故朝无奇僻之服。(《晏子春秋·

内篇·问上》)

“无不中”，就是全都中，毫无例外。《治要》引删“无不”，仍然是肯定，只是语气削弱了。

是非问，肯定否定可以同义。如：

(2) 子见夫牺牛乎？(《庄子·列御寇》)

(3-1) 公岂不闻先发制人、后发制于人乎？(《旧唐书·刘文静传》)

(3-2) 公闻先发制人，后发制于人乎？(《新唐书》)

例(2)《白帖》卷二十九及《御览》卷八百一十五引作“子不见夫牺牛乎？”你看见牺牛了吗？你没有看见牺牛吗？对这两个问题的回答并无不同，但第一种问法是着眼于对方没有看见，有让我来告诉你的味道；第二种问法着眼于对方已经看见，有让我来提醒你的含义。例(3-1)是第二种问法，难道没有听说吗？应当是早已听说过了。例(3-2)是第一种问法，您听说过吗？意思就是您大概还没有听说过。语气不同。

宋朝洪迈《容斋随笔》卷七：

予读《孟子》百里奚一章，曰：“曾不知以食牛干秦缪公之为污也，可谓智乎？不可谏而不谏，可谓不智乎？知虞公之将亡而先去之，不可谓不智也。时举于秦，知缪公之可与有行也而相之，可谓不智乎？”味其所用助字，开阖变化，使人之意飞动。

“可谓智乎”，意即不可谓智，肯定是非问与否定陈述句同义，它不是单纯表达“不可谓智”，而是表明说话人对此坚信不疑，并不容否认。如果否定宾语也算否定句，“可谓不智乎”就是否定的是非问，“不可谓不智也”就是双重的否定即加强的肯定陈述。先用“可谓智乎”，后用“可谓不智乎”，中间插一个“不可谓不智也”，行文错落有致。

肯定是非问句与否定陈述句同义，反过来，否定是非问句可与肯定陈述句同义，如：

(4) 故染不可不慎也。(《墨子·所染》)

(5) 不以其无私与?故能成其私。(《老子·七章》)

例(4)《治要》引作“可不慎耶”。例(5)开元、景龙及河上本无“不”字、“与”字。

肯定的特指问与否定的陈述句也可同义,如:

(6-1) 公卿宣淫,民无效焉。(《左传·宣公九年》)

(6-2) 君臣淫乱,民何效焉?(《史记·陈杞世家》)

这样的特指问,必须是估计到对方难以回答的。它既表示否定的意思,又想迫使对方承认否定的正确性。

(三) 句子功用。

特指问与是非问可以构成同义。例如:

(1-1) 愿公兴兵西入,以图大事,何乃受单使之囚乎?(《旧唐书·刘文静传》)

(1-2) 愿公引兵西,诛暴除乱,乃受单使囚乎?(《新唐书》)

上句特指问,要对方作出解释,语带责问;下句是非问,要对方作出抉择,是建议口吻。这里是刘文静等劝李渊起兵的话,当以新史为优。

特指问与是非问并不总是同义。《滹南遗老集》卷二十四说:

> 旧史云:郭宏霸死。时洛阳桥坏,行李弊之,至是功毕。则天尝问群臣曰:比在外有何好事?舍人张元一对曰:百姓喜洛阳桥成,幸郭宏霸死。此即好事。新史改云:“外有佳事耶?”此一“耶”字便别却本义。盖本是无故而问,今却是疑而审之也。

“有何好事”,特指问;“有佳事耶”,是非问。前一问要回答个“什么”出来;后一问回答“有”或“没有”就行了。两者不能等同。当然在回答“有”后,还要再讲“什么”,意思仍然是相通的。

疑问句与陈述句同义。例如:

(2-1) 亡其及我乎?(《吕氏春秋·慎大》)

(2-2) 亡将及我矣。(《意林》引)

两句意思基本相同，都是揣测性的。上句用疑问句，揣测性强；下句用陈述句，揣测性减弱了。

疑问句与祈使句也能同义，看下面的例子：

(3) 太宗戒尉迟敬德曰：国家大事，惟赏与罚。非分之恩，不可数行。勉自修饰，无贻后悔！此本分语也。新史云：悔可及乎？语意皆非是。(《滹南遗老集》卷二十四)

“无贻后悔”是祈使句，“悔可及乎”是疑问句，王若虚以为两句语意不同，批评得对。

(4) 若受我币而假我道，则是宝犹取之内府而藏之外府也，马犹取之内厩而藏之外厩也。君勿忧！(《韩非子·十过》)

(5) 尝请考工地益宅，上怒曰：“君何不遂取武库？”是后乃退。(《史记·魏其武安侯列传》)

“君勿忧”，《吕氏春秋·权勋》作“君奚患焉？”“忧”、“患”相当，这里特指问与祈使句表达了同一个意思：您患什么呢？也就是没有什么可患的，不必忧虑。事理相因，不过比“无贻后悔”直接明显一些。田蚡要求占用“考工”(主管兵器工业的政府机关)的土地扩建住宅，武帝震怒说：“君何不遂取武库？”此话《汉书》作“遂取武库！”疑问句与祈使句意义相同。“遂取武库”，就去取武库吧，是祈使句，表现幽默。像《史记》用反问句，则表现愤慨。

疑问句与感叹句同义。例如：

(6-1) 上不欲就天下乎？何为斩壮士？(《史记·淮阴侯列传》)

(6-2) 上不欲就天下乎？而斩壮士！(《汉书》)

例(6)都说不该斩壮士，现在居然要斩，感到迷惑，便提出问题；感到惊异，便发出感叹。“何为斩壮士？”迷惑中有惊异；“而斩壮士！”惊异中带迷惑。

感叹句与陈述句偶而也有同义的，如：

(7-1) 惜乎，子不遇时！如令子当高帝时，万户侯岂足

道哉?(《史记·李将军列传》)

(7-2)惜广不逢时,令当高祖世,万户侯岂足道哉?(《汉书》)

二、谓语性质

用名词(或起名词作用的词)作谓语,或用判断词作述语,是说明句。用动词作谓语,一般是叙述句。述语之前加能愿动词,一般是评议句。形容词作谓语,是描写句。

说明句有多种格式:

(1-1)君者舟也;庶人者,水也。水则载舟,水则覆舟。(《荀子·王制》)

(1-2)君,舟也;人,水也。水可以载舟,亦可以覆舟。(魏征《论治道疏》引)

(2-1)诸生乃皆喜曰:"叔孙生诚圣人也,知当世之要务。"(《史记·叔孙通列传》)

(2-2)诸生乃喜曰:"叔孙生圣人,知当世务。"(《汉书》)

(3-1)但今刺史,即古之诸侯。(《旧唐书·长孙无忌传》)

(3-2)刺史,古诸侯。(《新唐书》)

(4-1)项王喑呜叱咤,千人皆废。然不能任属贤将,此特匹夫之勇耳。(《史记·淮阴侯列传》)

(4-2)项王意乌猝嗟,千人皆废,然不能任属贤将,此特匹夫之勇也。(《汉书》)

(5-1)然天下同姓为一家也,慎无反。(《史记·吴王濞列传》)

(5-2)然天下同姓一家,慎无反。(《汉书》)

以上五例有六种情况:一是"……者……也"式;一是"……也"式,主语后不用"者";第三种"者"、"也"都不用,像例(2-2)、例(3)、例(5-2)那样;第四种中间加副词

“即”、“特”等；第五种用上判断词。不同的格式在意义上没有多少区别，只在韵味上有细微的不同。用“者”，有介绍、解释的意味。“叔孙生诚圣人也。”中间不可插进“者”字，因为这里不是介绍，也不是解释。用“也”，语气较为舒缓，句意留驻时间较长，因而能给人以比较强烈的印象；用“也”又有认识、判断的意味；不用“也”，就着重在说明。“叔孙生圣人”，主要说明他的人品；而“叔孙生诚圣人也”，则是经过长期观察后，学生对老师的认识和判断。例（5－1）除用“也”外，还用判断词“为”，那就更加强调判断，并且表明了对这一判断的确信。名词谓语前常用“诚”、“即”、“乃”一类副词。“诚”表确信；“即”表直截，用已知说明未知；“乃”主要表示肯定。“特”表示限止，与语气词“耳”相配合，如同例（4－1）那样。这是说明句的第六种情况，前面还没有说到。

说明句与评议句有时可以构成同义。例知：

（6）君即百岁后，谁可代君者？（《史记·萧相国世家》）

此例为说明句，谁是可以代替你的人？要他挑选；《汉书》此句作“谁可代君？”，评议句，要他推荐。谓语性质不同。

评议句与叙述句同义的情形较多。也就是说，有时用不用能愿动词，没有多大关系。例如：

（7）履重不节，是过任也。（《晏子春秋·内篇·谏下》）

（8）锥刀之遗于道者，莫之举也。（《吕氏春秋·下贤》）

（9）一尺布，尚可缝，一斗粟，尚可舂，兄弟二人不能相容。（《史记·淮南厉王长列传》）

（10－1）诸老先生不能言，贾生尽为之对，人人各如其意所欲出。（《史记·贾生列传》）

（10－2）诸老先生未能言，谊尽为之对，人人各如其意所出。（《汉书》）

例（7）“不节”，《御览》卷四百九十三引作“不可节”。“履重不节”，金玉做的靴子太重，节制不了。“不可节”也是这个意思，但又补充了一个信息，其所以节制不了，是事理上不可以。例（8）

《书抄》卷四十九引“举”上有“敢”字，作“莫之敢举也”。它有“莫之举也”的意思，又讲了“莫之举也”的原因，是害怕犯法，不敢那么做。例（9）“不能相容”，《汉书》作“不相容”。两者意思相同，但《史记》又指出：兄弟二人和睦相处，他们自己主观上办不到。例（10）上句是讲出了他们想讲的话；下句是代表他们说了话。

叙述句叙述事件，评议句也往往具有同样的功用，但又加以评议，看可能不可能，愿意不愿意。这类可能与意愿，对于所叙述的事件来说，有时候包含某种因由的意义。

叙述与评议终究是两种不同的句型，等同起来就可能出毛病。王若虚《滹南遗老集》对此有所批评：

> 《吴志》：蜀零陵太守郝普为吕蒙所绐而降，惭恨入地。此不成义理。谓有欲入地之意，则可；直云入地，可乎？

这里本当讲“欲入地”，现在去掉能愿动词，变成“入地”，钻进地里去，当然就“不成义理”了。

> (11) 且明主在其上，法令具于下，使人人奉职，四方辐辏，安敢有反者？（《史记·叔孙通列传》）

事物有没有，存在不存在，没有什么敢不敢的问题，应当说成“安有敢反者”才符合事理。《汉书》删去“敢”字也通。

叙述句与描写句间或同义。例如：

> (12-1) 由此人争为用，功最居多。（《旧唐书·王世充传》）
>
> (12-2) 故人争为效，由是功最多。（《新唐书》）

描写句与说明句也可同义。例如：

> (13) 知人者智，自知者明，胜人者有力，自胜者强，知足者富，强行者有志，不失其所者久，死而不亡者寿。（《老子·三十三章》）

除了第三句、六句还可以有别的分析外，其余是描写句。帛书《老子》每句后面都有“也”字，于是全部成了说明句，带有认识、判断的意味。

三、句子结构及松紧

同义句型中，一般谓语与复杂谓语同义。例如：

(1－1) 建德即遣公主与使俱归。(《旧唐书·窦建德传》)

(1－2) 建德即以公主等归京师。(《新唐书》)

(2－1) 密与让领精兵千人出阳城北。(《旧唐书·李密传》)

(2－2) 密以千人出阳城北。(《新唐书》)

例 (1－1) 是兼语式句子，(1－2) 是带状语的一般句子。"遣公主"，公主受命而行，还有若干主动性。"以公主"，完全抹煞了她的志愿，叫回便回。例 (2－1) 是连谓句，把率领一千精兵看成行为的两个环节之一，例 (2－2) 也是带状语的一般句子，"以千人"只是"出阳城北"的伴随现象，句子的着重点在行军路线，不在行军的人马，所以把"精兵"也删去了。

把原来的宾语提到前面作主语，而原来宾语位置则用代词复指，基本意思仍然不变。如：

(3－1) 冰，水为之，而寒于水。(《荀子·劝学》)

(3－2) 水则为冰，而寒于水。(《大戴礼记·劝学》)

"水则为冰"是一般说法；"冰，水为之"，宾语移作主语，以便和下面的"寒于水"相配搭，并充当其主语。

主谓词组作谓语或表语的说明句，如果主语是近指代词（或者省略），就与这个主谓词组独立成句同义。例如：

(4－1) 君雅大诟曰："此是反人欲杀我也。"(《旧唐书·刘文静传》)

(4－2) 君雅诟曰："反人欲杀我耳。"(《新唐书》)

例 (4－1) 坐实这件事情，而例 (4－2) 则比较宽泛，仿佛是说：种种迹象表明，反人想要杀我。

表时间、原因等的句子，有时可以和状语同义。例如：

(5－1) 酣战之时，司马子反渴而求饮。(《韩非子·十过》)

(5-2) 酣战，而司马子反渴而求饮。(《韩非子·饰邪》)

(6-1) 吾不用子言，以至于此。(《国语·越语》)

(6-2) 以不听子故至于此。(《史记·越王勾践世家》)

例(5)“酣战之时”，只表示事情发生的时间；“酣战”，对于后句，不仅表时，而且也表示场合、条件等。“酣战”独立成句，有它的叙事作用，并不完全服从于后句。例(6-1)“吾不用子言”是这个复句的主体，“以至于此”是后果；例(6-2)“以不听子”作状语，表示“至于此”的原因。上句着眼于前，下句着眼于后。

有一种存现兼语句改为一般句子后，基本意思仍然不变。例如：

(7-1) 有李将军者，妻病，呼佗视脉。(《后汉书·华佗传》)

(7-2) 李将军妻病甚，呼佗视脉。(《三国志·魏志·华佗传》)

用“有……者”，是说过去曾经有那么一个人，名不见经传，无足轻重。删去“有”与“者”，就好像“李将军”前已出现，或别有本传似的。

(8-1) 虽吴中子弟，皆已惮籍矣。(《史记·项羽本纪》)

(8-2) 吴中子弟皆惮籍。(《汉书》)

把让步从句改为全句的主语，改与不改同义。但《史记》是说吴中子弟都怕他，更不用说其他了。《汉书》删去“虽”字，“惮籍”的就只是“吴中子弟”了。

(9-1) 略定新安以西之地。(《旧唐书·刘文静传》)

(9-2) 徇新安以西，皆下。(《新唐书》)

(10) 生而同声，长而异俗者，教使之然也。(《大戴礼记·劝学》)

例(9)“略”与“徇”相当，“定”与“下”也大略相当。“略定”是动补结构，一讲行为，一讲结果，《新唐书》分为行为、结果两句，《旧唐书》结构就紧凑、经济一些，能用动补结构的地方，一般不必拆为两句。例(10)是一个单句，“者”之前是事实，

"者"之后是原因。《荀子·劝学》此句无"者"字，为三个分句构成的复句，前两句讲情况，后句就所以有这种情况作出解释。这是举例说明教育的功用，着重在事例和对事例作出解释，故《荀子》原文略胜。

上述各例，大都有一个松紧的问题。但松紧不限于结构，也包括句意的提炼、词语的省略和语气的改变等。一件事情可用两个谓语表达，有时也可只用一个谓语表达；可用两句话表达，有时也可只用一句话表达。只用一个谓语或一句话的，一般就比较紧凑些。怎样才能使两句合为一句呢？一个办法是把其中一句变为状语或补语，如：

(11-1) 诸侯之见项王迁逐义帝，置江南，亦皆归逐其主。(《史记·淮阴侯列传》)

(11-2) 诸侯之见项王逐义帝江南，亦皆归逐其主。(《汉书》)

(12-1) 德棻奏请购募遗书，重加钱帛。(《旧唐书·令狐德棻传》)

(12-2) 德棻始请帝重购求天下遗书。(《新唐书》)

例(11)删去"置"，使"江南"成为补语。下例(12-2)"重"作"购求"的状语，与(12-1)"重加钱帛"意思相当。两例基本意义相同，但仍有差别。"逐义帝江南"，主动安置的意思便看不清楚了；"重购求"似当解成"重价购求"才能明白。

另一个办法是简去一个谓语，如：

(13-1) 赵军已不胜，不能得信等。(《史记·淮阴侯列传》)

(13-2) 赵军已不能得信、耳等。(《汉书》)

前文说赵军统帅陈余见韩信、张耳诱敌，不知是计，想战胜汉军，俘获他们。"不能得信、耳等"，不胜之意已在其中，且紧凑一些。

如果上句的宾语恰好是下句的主语，就有可能造成兼语式句子，如：

(14) 至传舍，召令，令入户，使从者以罪斩令。(《史

记·吴王濞列传》)

(15－1) 文帝怒，下廷尉，廷尉治。(《史记·张释之列传》)

(15－2) 文帝怒，下廷尉治(《汉书》)

例(14)“召令，令入户”有两个头绪，“召令”者为周丘，“入户”者为令。《汉书》作“召令入户”，只一个头绪，下文“使从者以罪斩令”主语还是周丘，一气贯下来，比起《史记》两个头绪要紧凑。

(16－1) 太宗一见，便如旧识，署渭北道行军记室参军。(《旧唐书·房玄龄传》)

(16－2) 一见如旧，署渭北道行军记室参军。(《新唐书》)

(17－1) 君好之，则臣服之；君嗜之，则臣食之。(《晏子春秋·外篇·不合经术者》)

(17－2) 君好臣服，君嗜臣食。(《御览》卷九百四十八引)

谓语若终究还有两个，往往连接在一块要紧凑些，分成两处就松散些。为了达到紧凑目的，一是像例(16)那样，把“太宗一见，便如旧识”这种一般说法换成“一见如旧”这种固定格式；二是像例(17)那样省略一些成分，《御览》省去泛指代词“之”，连带不用连词“则”，凝结为两个四字句，精练之至，紧凑之至。

四、分句的次序

并列分句通常可以颠倒排列，意义不变；顺承分句通常不可颠倒，但也有异常的情况。分句颠倒后，意义不变的，如：

(1－1) 熏之则恐烧其木，灌之则恐败其涂。(《晏子春秋·内篇·问上》)

(1－2) 灌之恐坏墙，薰之恐烧木。(《韩诗外传》)

(2－1) 五色令人目盲；五音令人耳聋；五味令人口爽；驰骋田猎使人心发狂；难得之货令人行妨。(《老子·十二

章》)

(2-2)五色使人目盲;驰骋田猎使人心发狂,难得之货使人之行仿;五味使人之口爽;五音使人之耳聋。(帛书《老子》乙本)

例(1)是说对社鼠莫奈何,薰不得,灌不得。说成灌不得,薰不得,意思也一样。(2-1)把“五色”、“五音”、“五味”排在一起,显然是经过调整的,这与本来形式的例(2-2)同样没有意义上的差别。

分句颠倒后意义有所变化的,例如:

(3)平江李次青元度本书生,不知兵。曾国藩令其将兵作战,屡战屡败。国藩大怒,拟奏文劾之,有“屡战屡败”语。曾幕中有为李缓颊者,倒为“屡败屡战”,意便大异。(杨树达《汉文文言修辞学》)

(4-1)诚听臣之计,可不攻而降城,不战而略地,传檄而千里定,可乎?(《史记·张耳陈余列传》)

(4-2)用臣之计,毋战而略地,不攻而下城,传檄而千里定,可乎?(《汉书·蒯通传》)

例(3)“屡战屡败”,重在后面的“屡败”,打一仗,输一仗。“屡败屡战”,重在后面的“屡战”,称赞他败不气馁。

例(4-1)“降城”、“略地”、“千里定”,依次推广。而按当时的认识水平,“城”在战争中比“地”重要得多,几乎就是一切。《汉书》把次序颠倒过来,让“下城”处在“略地”后面,可能正是这个缘故。

(5-1)公则自伤,鬼恶能伤公?(《庄子·达生》)

(5-2)物恶能伤公?公自伤也。(《风俗通义·怪神·世多有见怪惊怖以自伤者》)

此句式与前面各例不同,而重后不重前则相同。上句着重否认鬼能伤害齐桓公,不着重解释他患病的原因;下句恰好相反。

也有重前不重后的。历数人的优点,列举人的罪状,或者陈述各项利弊,就往往如此。例如:

(6－1) 善避嫌疑，应对敏速，求之古人，亦当无比。(《旧唐书·长孙无忌传》)

(6－2) 无忌应付机敏，善避嫌疑，求于古人，未有其比。(《新唐书》)

长孙无忌的长处为避嫌和机敏。避嫌是对君主与同列大臣而言，讲他善于处理关系；机敏包括对答和处理内外事务等。两样比较，获得皇帝和同列大臣的好感是主要的，"避嫌"列在前面正是为了适应这种要求。《新唐书》把次序改过来，对于这一层意思似乎没有多加考虑。

(7) 贵德，贵贵，贵老，敬长，慈幼。(《吕氏春秋·孝行》)

《治要》"贵贵"在"贵德"前，因为皇帝要看，把"德"摆在第一，可能触犯忌讳，把"贵"摆到前面，大概是为了尊君的缘故。这是说，分句排列次序，可因读者对象不同而异。

(8－1) 贾既以适居长沙，长沙卑湿，自以为寿不得长，伤悼之。(《史记·屈原贾生列传》)

(8－2) 谊既以适居长沙，长沙卑湿，谊自伤悼，以为寿不得长。(《汉书》)

《史记》用一个三字句煞尾，在音节上不大和谐。像《汉书》那样改，就自然可读了。可见分句的次序，可因音韵关系而有所改动。

(9－1) 崔杼有宠于惠公，高国畏其逼也，公卒而逐之。(《左传·宣公十年》)

(9－2) 初，崔杼有宠于惠公，惠公卒，高国畏其逼也，逐之。(《史记·齐太公世家》)

"高国畏其逼"是逐崔杼的原因，形成这个原因是在惠公卒之前，所以《左传》把这一句排在"公卒"之前。《史记》或许以为惠公在时不逐，死了以后才逐，可见形成这个原因是在公卒之后，所以把这一句列在"惠公卒"之后。我们以为《左传》的理解是对的，其所以惠公在世时不逐，是因为有惠公护着。可见分句的次序亦可因对事理的理解不同而不同。

分句次序不变，使用不使用连词亦同义，但句型同样可供选择。例如：

(10) 言听计用，故吾得以至于此。(《史记·淮阴侯列传》)

《汉书》无表因果关系连词“故”（并无“以”），因果关系仍然清楚。

(11-1) 南越王佗自立为武帝，然上召贵尉佗兄弟，以德报之。佗遂去帝称臣。(《史记·文帝本纪》)

(11-2) 南越尉佗自立为帝，召贵佗兄弟，以德怀之。佗遂称臣。(《汉书》)

例（11）用转折连词“然”，使句子有了转折的语气。本当惩办佗的亲族，现在反而给他兄弟官做，报之以德，借以表现文帝异常宽厚仁慈。不用“然”，虽同义，但“异常”的意思便不显白。再则，用“然”，文帝的宽仁似乎由于秉性；不用，则可能出于谋略。

(12-1) 火不明，虽振其树，何益也？(《荀子·致士》)

(12-2) 若火不明，虽振树无益。(《御览》卷九百四十四引)

句前有假设连词“若”，表示假设，后面是推论；无“若”字，“火不明”是条件，后面便是实说。虽同义，但虚设不如实说强而有力。

(13-1) 君不胜欲，既筑台矣，今复为钟。(《晏子春秋·内篇·谏下》)

(13-2) 君不胜欲，为台，今复欲为钟。(《说苑·正谏》)

前句关联词“既”、“复”相配搭，筑台已经不对，现在又要铸钟，就更加不对了，是递进。后句无“既”，“为台”错，“为钟”又错，错上加错，是叠加。

(14) 省妇使以劝蚕事。(《礼记·月令》)

此例《吕氏春秋·季春纪》无“以”字，那就是两件事，一是“省妇使”，一是“劝蚕事”。用上并列连词“以”，把两件事拴在一起，甚至可以看成同一件事情的两个方面。

承接连词稍微复杂一点，如：

(15) 婴乃不敢为王，谓其军吏曰："今欲举大事，将非其人不可。我倚名族，亡秦必矣。"于是众从其言，以兵属项梁。(《史记·项羽本纪》)

例 (15) "于是众从其言"，《汉书》无"于是"，作"其众从之"，意思相同。但用上"于是"，就增添了原先不"从"，一番话说服了大家，这才"从"之的意思。

(16) 臣事项王，官不过郎中，位不过执戟，言不听，画不用，故倍楚而归汉。(《史记·淮阴侯列传》)

(17) 天能覆之，而不能载之；地能载之，而不能覆之。(《庄子·天下》)

例 (16) "倍楚而归汉"，《汉书》作"背楚归汉"，无表顺接的连词"而"。那就是说，韩信之所以背楚归汉是因为官位不高，计谋不用。照《史记》的写法，这只是"倍楚"的原因。倍楚，就归汉了，官位不高等并不是"归汉"的直接原因。这样的写法较为细密。例 (17) 古钞卷子本《庄子》"而"字都省掉了。天地能什么，不能什么，两项平列。用上"而"字反接就有所不同，是说天地各有所能，有所不能，"皆有所可，有所不可"，这才符合庄子的原意。

"以"、"而"两个连词所连接的两项，有时候可分出主次轻重。用上"以"、"而"，这种主次轻重关系较为明显。例如：

(18-1) 往见楚王，设钟鼓而乐之。(《琴操·三士穷》)

(18-2) 往见楚王，设钟鼓乐之。(《大周正乐》)

(19) 奈何欲以一旦之功而加万世之功哉？(《史记·萧相国世家》)

例 (18) "而"前后两项，实际上有修饰与被修饰的关系，"设钟鼓"是"乐之"的方式。例 (19) "而"前"以一旦之功"是状语，修饰后面的谓语。在状谓之间插进一个"而"，显得舒缓、庄重，有时又有慨叹的意味。《汉书·萧何传》这里无"而"字，较为直截爽快。

(20) 三月，公会齐侯、陈侯、郑伯于稷，以成宋乱。“以”者，内为志焉尔。公为志乎成是乱也。(《谷梁传·桓公二年》)

这里解释“以”的意思，是内心想那么做。桓公会齐、陈、郑各国首脑，达到使宋国叛乱合法化的目的。“以”前是行为，“以”后是目的。“会”也好，“成”也好，都是有意的行为，是自觉地作用于客观事件，是实施预定的计划。这类情况，可以称之为有意性。

(21) 王脱白刃待之。(《庄子·说剑》)

《事类赋·服用部》引作“脱白刃以待之”，“以”前实际上是方式，“以”后是行为，所连接的两项也都具有有意性。今本《庄子》原文无“以”字，有意性便明显地减弱了。

本节我们讲了四个大项。此外，还有复句类型的转换，即在一定的条件下，不同的复句可以同义。这里举一个例子：

(22-1) 王者视不明，则火不炎上而秋多电。(《春秋繁露·五行五事》)

(22-2) 若火不炎上，秋多电，由王者视不明也。(《初学记》25 引)

从形式上说，前句是顺承复句，后句是条件复句；从意义上说，前句先因后果，后句由果溯因。《繁露》原文是叙论王者行事可以作用于自然现象，不是寻求对于自然现象的解释，故前句为胜。

第四章　特殊修辞

修辞属于语言科学，阐述怎样利用语音、词汇、语法等要素来加强语言的表达效果。但修辞又不限于利用语言三要素，能充分发挥语言效能的其他形式，只要有相当的价值也不可忽略。这类利用其他因素（包括文艺、心理、逻辑、历史、美学的因素）的修辞，我们统称为特殊修辞。

第一节　提　炼

文艺作品的创作有一个选择、概括、提炼、加工的过程，修辞也有去取，有选择，有提炼，不过只限于语句而已。比如奔马踩死一条狗，据陈望道《修辞学发凡》所引，可以有六种写法：

（一）有奔马践死一犬。

（二）马逸，有黄犬遇蹄而毙。

（三）有犬死奔马之下。

（四）有奔马毙犬于道。

（五）有犬卧通衢，逸马蹄而死之。

（六）逸马杀犬于道。

这六句说的是同一回事。它们的区别除用词与句式上的不同之外，还可从去取、提炼的角度加以考察。把六句合起来看，所表达的意思是：有奔马践死一卧于通衢之黄犬。六句都有“奔马死犬”的意思，但（三）、（四）、（六）没有“践”的意思；除（五）外，其他都没有“卧”的意思；（一）、（二）、（三）没有“于通衢（道）”的意思；除（二）外，其他都没有“黄”的意思。这就是去取、提炼。怎样提炼才合适？我们把这个问题纳入修辞的范围来讨论。即如这个例子，“践”能发出怎样致犬于死的具体信息，比笼统说死要好。“于通衢（道）”说毙犬的处所。这里要报道的是马践死犬这件事，至于在何地践死并非人们所关心的。况且奔马踩死一只狗，不大可能在别的什么地方，不说也大致明白。现在说了，还是无法了解一个确切的场所，等于我们说“在教室里”上课，“在球场上”打球一样。（五）句给出“卧”的信息，描述狗被踩死前的状态，可以解释狗这样一种行动敏捷的动物，怎么会被马踩死。但这两点也不是发出主要信息所必需的，它可有可无，因为这里只要求记载曾经发生过这么一回事，没有分析前因、叙录后果的任务。在“奔马死犬”这条信息里，犬是将军家的，还是平民家的，是黄的还是白的，都无足轻重。如果当时“卧于通衢”的，有各色各样的狗，其中黄的一只被踩死了，点明“黄”才有意义。由此我们可以看出，六句之中以第一句所发出的信息量最为合适。

提供的信息量不多不少，能切合题旨与情境的需要，这就是讲究提炼的任务，也是衡量提炼得当与否的标准。或者说，提炼即选取恰当的信息。我们用对比材料来讨论这个问题，就简化成了负荷着信息的词语的增加或减少。这与第三章的“权衡繁简”不同。那里是从语法角度讲简，指出某些名词、某些动词和某些副词有时可以不用，基本意义仍然不变。我们这里是从信息角度谈词语的增减，不能用语法来作出解释。那里讲繁，并没有增加信息，删繁也不会减少信息；这里减少词语，就要使信息量受到影响。

为了叙说方便，讲提炼就从词语减少的角度来分类。

第一类：词语减少后主要信息仍然保留者。如：

（1-1）孝文时以治刑名言侍太子。然欧虽治刑名家，其人长者，景帝时尊重，常为九卿。（《史记·张欧列传》）

（1-2）欧孝文时以治刑名侍太子。然其人长者，景帝时尊重，常为九卿。（《汉书》）

（2）《汲黯传》云：东越相攻，使黯往视之。不至，至吴而还。多“不至”字。（《滹南遗老集》卷十五）

例（1）《汉书》汰除“欧虽治刑名家”，所负荷的信息，上文已明。例（2），王若虚的意思也是看下文即明，“不至”可以不用。但用上这两个字，汲黯主观上不愿去的色彩就浓厚些。

（3）晋献公将杀其世子申生，公子重耳谓之曰：“子盍言子之志于公乎？”世子曰：“不可。君安骊姬，是我伤公之心也。”（《礼记·檀弓上》）

（4）秦始皇帝游会稽，渡浙江，梁与籍俱观。籍曰：“彼可取而代也！”梁掩其口曰：“毋妄言！族矣。”（《史记·项羽本纪》）

例（3）末句前可补出“言之”，例（4）“族矣”前可再用“妄言”。补出明白些，不补急切些，但据文气能明。

（5）齐侯、卫侯、郑伯来战于郎。郎者何？吾近邑也。吾近邑，则其言来战于郎何？近也。恶乎近？近乎国也。此偏战也，何以不言师败绩？内不言战，言战乃败矣。（《公羊传·桓公十年》）

（6-1）东都平，太宗入观隋氏宫室，嗟后主罄人力以逞奢侈。（《旧唐书·薛收传》）

（6-2）王入观隋宫室，且叹炀帝无道，殚人力以事夸侈。（《新唐书》）

例（5）本是鲁国打了败仗，应当说它“败绩”才对，但《春秋》没有记载。这是什么原因呢？《公羊传》认为叙说的场合可以说明这一点：郎靠近鲁的国都，三国联军深入到郎地作战，自然是鲁国被打败了。例（6）秦王李世民得以进入内部参观隋氏宫室，“东都平”是前提条件。如果东都在隋炀帝治下，或者还在王世充手里，是没有这种可能的，所以《新唐书》汰除了“东都平”一句。汰除能收到精练的效果，而保存原句则便于理解，读者不假思索就可以收到所传达的全部信息。

（7）晏子死，景公操玉加于晏子而哭之。（《晏子春秋·外篇·不合经术者》）

《御览》卷五百四十九引“而”前有“尸上”二字。照《晏子春秋》原文，晏子已死，“加于晏子”当然是说加在他的尸体上。《滹南遗老集》卷十五说：“《廉颇传》云：廉颇之免长平归也，失势之时，故客尽去。免归即失势时也，何必再下此句?”这也是说汰除之后，事理自明。

汰除后事理自明，其汰除部分常见者有：一是表时间、处所、手段、方式者，如：

(8-1) 季父颇，当时通儒，有人伦之鉴。(《旧唐书·王珪传》)

(8-2) 季父颇，通儒，有鉴裁。(《新唐书》)

(9-1) 侯仁恭视事，武周上谒，万岁自后而入，斩仁恭于郡厅，持其首出徇郡中。(《旧唐书·刘武周传》)

(9-2) 侯仁恭视事，武周上谒，万岁自后入斩仁恭，持首出徇。(《新唐书》)

(10-1) 固当思隆禹汤文武之道，广施德化，使恩有余地，为子孙立万代之基，岂欲但令政教无失，以持当年而已。(《旧唐书·马周传》)

(10-2) 固当隆禹汤文武之道，使恩有余地，为子孙立万代之基，岂特当年而已。(《新唐书》)

二是过程、结果两项中的一项，如：

(11-1) 凡为天下治国家者，必务本而后末。(《吕氏春秋·孝行》)

(11-2) 凡理国家者，必先务本。(《初学记》17、《御览》卷四百一十三引)

(12-1) 乃出诏书，为王读之，读之讫，曰：“王其自图!”(《史记·吴王濞列传》)

(12-2) 乃出诏书，为王读之，曰：“王其自图之!”(《汉书》)

例(11)，既然“先务本”，后务末自然明白。例(12)，宣读诏书，要等读完才能开口说话，这也在事理之中。《滹南遗老集》卷十五批评这类当汰除其过程而未加汰除的现象说：“《邓通传》云：文帝崩，景帝立。刘子元谓不必言帝崩，固当矣。然迁史类此者甚多。夫文、景相继，犹或可也，至《贾生传》云：孝文崩，孝武皇帝立。既隔景帝而亦书之，岂不愈无谓也?”又说：“聂政欲为严仲子刺韩相侠累。仲子请益车骑壮士为辅翼。政言不可，遂谢车骑人徒。聂政乃辞，独行负剑至韩。多‘聂政乃辞’四字。”王若虚的批评基本可取。但不加汰除也有它的作用，并不是无谓的累赘。用“文帝崩”是说经历完了文帝统治时期；用“聂政乃辞”，有意将前面的行为告一结束，并强调辞行的郑重。

(13-1) 项燕为楚将，数有功，爱士卒，楚人怜之，或以为死，或以为亡。(《史记·陈涉世家》)

(13-2) 项燕为楚将，数有功，爱士卒，楚人怜之，或以为在。(《汉书》)

有的以为死了，有的以为没有死，逃脱了性命。两种看法道了其中一种，另一种不言自明。《汉书》汰除“或以为死”，只留与“或以为亡”相当的“或以为在”，下文说要冒项燕的名义，看起来正是承项燕还活着这一面的。《史记》的说法疑信参半，是什么，不是什么，也是两个方面。

三是表原因、理由者，如：

(14)《留侯世家》云：良与客狙击秦皇帝，秦皇帝大怒，大索天下，求贼甚急，为张良故。不须言为良意。(《滹南遗老集》卷十五)

(15) 叔孙通以惠帝作复道，劝之立原庙。上乃诏有司立之。则立庙之由已自见矣，而复云“原庙起以复道故”，此句安用哉?《前汉》削之当矣。(《滹南遗老集》卷十五)

王若虚批评的有理。推求《史记》所以那样写的原由，可能是因为“大索天下”与“立原庙”都是重大事件，在叙述中原因理由虽已自见，但仍然要在叙述完毕后，再就起因作出解释，才能适应深入理解这类事件的普遍要求。

四是表修饰限制者，如：

(16－1) 李广上马，与十余骑奔射杀胡白马将，而复还至其骑中。(《史记·李将军列传》)

(16－2) 广上马，与十余骑奔射杀白马将，而复还至其百骑中。(《汉书》)

李广当时只留下“百骑”，“还至其骑中”也就是还至其“百骑”中。《汉书》前面说与“十余骑”出击，恐怕误会成李广单独行动，后来才“还至”这“十余骑”中，于是在“骑”前加“百”，可以防止混淆，并还可以知道他那“十余骑”并没有散失。

五是表感知心理者，如：

(17) 陈王然之，从其计，徙系武臣等家宫中，封张耳子敖为成都君。(《史记·张耳陈余列传》)

(18－1) 窃闻峻宇雕墙，殷辛以灭，土阶茅栋，唐尧以昌。(《旧唐书·薛收传》)

(18－2) 峻宇雕墙，殷辛以亡，土阶茅栋，唐尧以昌。(《新唐书》)

例(17)《汉书》无“然之”，已经依计而行，当然认为他说得正确。但有“然之”，又有谈得投机的意味。例(18)如用“窃闻”，显得委婉；不用“窃闻”，显得自信。

前面分析了经提炼后上文已明、看下文便明、据文气能明、依托场合可明、事理自明等现象。此外，某些总括语和点明性质的话也有可汰除的。如：

(19)《申公传》云：天子问治乱之事，申公时已八十余，老，对曰云云。《伏生传》云，年九十余，老不能行。“老”字赘矣。(《滹南遗老集》卷三十五)

文字应提炼，王若虚的意见有一定道理。另一方面，我们也要看到这样写有这样写的道理，不能简单否定。“老”就还含有“衰”的意思，不只是年岁高。

第二类：减少词语后减少信息者。

有为了避讳而舍弃信息的，如：

(1-1) 若以此罪责县吏，恐不益德音，徒骇天下耳目。(《旧唐书·魏征传》)

(1-2) 以此按吏，且骇天下耳目。(《新唐书》)

(2) 宋人诗话言：薛奎尹京，下畏其严，号薛出油。奎闻之。后在蜀作春游诗十首，因自呼薛春游，盖欲换前称也，欧公志奎墓云：公在开封，以严为治，京师之民至私以俚语目公，且相戒曰：是不可犯也。囹圄为之数空，而至今之人犹或目之。欧公所谓俚语，必诗话所载者也，然后世读之，安能知其意邪？删之可也。(《滹南遗老集》卷三十六)

例(1-1)是魏征谏唐太宗的话。太宗因地方官为了接待他的大臣而怠慢了他的后宫，要重重责罚他们。魏征认为这样做恐怕有损于皇帝的声誉（恐不益德音）。臣子对至高无上的君主这么说，有点不知避讳，因而《新唐书》不用“恐不益德音”。如果魏征真是这么说过，删去就背离史实了。例(2)，墓志是所谓谀鬼之辞，不好说老百姓叫薛奎做薛出油，只含糊地说“以俚语目公”，保留了一点朦胧的信息，王若虚却主张全部舍弃。

因避讳而舍弃信息不是大量的，主要是作者（或说者）以为无关紧要，才舍弃某些内容。例如：

(3-1) 匡尝与妻赵氏夜坐庭中，忽见一物，状如雄鸡，流光烛地，飞入赵氏怀。(《旧唐书·刘武周传》)

(3-2) 母尝夜坐廷中，见若雄鸡，光烛地，飞投其怀。(《新唐书》)

匡是刘武周的父亲。新史以为生刘武周者是其母，其父不必介入。而旧史要坐实是刘匡亲眼所见，以此取信于人。下面分析归纳几种常见的舍弃信息的情况：

(一) 舍弃时间、地点与方式。

(4) 管仲隰朋见，立有间，有贰鸿飞而过之。(《管子·

小匡》)

(5－1) 乃与祐部将孙士汉、陈果仁执祐于坐。(《旧唐书·沈法兴传》)

(5－2) 乃与祐将孙士汉、陈果仁执祐。(《新唐书》)

(6－1) 咎为其民约降，约定，咎自烧杀。(《史记·魏豹列传》)

(6－2) 咎为其民约降，约降定，咎自杀。(《汉书》)

例(4)唐写本类书《鸿类》引无“有间”二字，管隰二人立了多久，无关紧要。例(5)《新唐书》以为在什么地方拘捕可以不管。例(6)《汉书》只说“自杀”，用什么方式自杀，以为不值一提。其实，大多数被舍弃的信息并不是不必要的。“执祐于坐”，就有表明情况场合的作用，可以看出沈法兴他们的突然袭击。“自杀”比较平淡，“自烧杀”就较为壮烈了。

(二) 舍弃修饰、限制、补充、说明。

(7) 张公艺九世同居，高宗问之，书“忍”字百余以对。盖言忍之甚也。新书去“百余”字，意不完矣。(《滹南遗老集》卷二十二)

(8－1) 大业末，陇西群盗蜂起。(《旧唐书·薛举传》)

(8－2) 会岁凶，陇西盗起。(《新唐书》)

(9－1) 一夕扣门，言朝廷有急递至。彦超出至厅事，佛留挟刃害之。(《旧五代史·符彦超传》)

(9－2) 夜扣其门，言有急，彦超出，见杀。(《新五代史》)

(10) (《秋声赋》) 又云：“丰草绿缛而争茂，佳木葱茏而可悦，草拂之而色变，木遭之而叶脱。”多却上二句。或云：“草正茂而色变，木方荣而叶脱。”亦可也。(《滹南遗老集》卷三十六)

例(7)王若虚说得对，舍弃“百余”二字，信息便不完备。例(8)不用“群”、“蜂”，便不能看出造反者之多、之盛。例(9)

只说“有急”，不知道是何事急，何处急，看旧史才能明白。（“厅事”是处所，“挟刃”是方式，新史一并弃而不用。）例（10），王若虚第一个意见是删去“草绿缛而争茂”两句，这两句是形容草木长得茂盛的。他的另一个意见不损害主要信息，只删去“绿缛”、“葱茏”这类形容词。赋这种文体，常常铺陈夸张，质直无华的东西就算不得赋了，《秋声赋》原文不可随意损减。

(11) 以其言非吾言者，是犹以卵投石也。尽天下之卵，其石犹是也，不可毁也。（《墨子·贵义》）

(12) 旧史《方伎传》云：崔善为累擢尚书左丞。诸曹史恶其聪察，以其短而伛，嘲之曰：“崔子曲如钩，随例得封侯，髆上全无项，胸前别有头。”而新史但云：“曲如钩，例封侯。”何耶？（《滹南遗老集》卷二十二）

例（11）“其石犹是也”与“不可毁也”互相补充。《御览》引此作“石犹不毁也”，舍弃了“犹是也”这个意思。例（12），《新唐书》舍弃“随例”，又删去“髆上”两句。“曲如钩”本与“直如弦”相对，比喻人的品德，这里又用来嘲讽“短而伛”，则是形容人的形体。“髆上”两句正可用来对“曲如钩”作具体说明，删去这两句，不但意趣顿减，而且意思不明。

（三）舍弃过程、结果。

(13－1) 初名瑗，字子玉，读《后汉书·张纲传》，慕而改之。（《旧唐书·李纲传》）

(13－2) 始名瑗，慕张纲为人，改焉。（《新唐书》）

(14－1) 圆朗穷蹙，与数骑弃城夜遁，为野人所杀，其地悉平。（《旧唐书·徐圆朗传》）

(14－2) 圆朗穷，与下数骑夜亡，为野人所杀。（《新唐书》）

例（13）本是李纲读了《张纲传》，仰慕张纲为人才改名。新书以为李纲改名只是悦慕张纲为人就可以了，至于他是怎样得知张纲为人的，这个过程无关紧要，于是删去了一句。例（14）“其地悉平”，是徐圆朗败灭的后续过程，也可说是结果。《新唐书》只叙说了前过程，未写结果，或者以为不言自明，或者认为不必写出。

（四）舍弃现象、原由和让步语。

（15－1）推公祏为仆射，外示尊崇，而阴夺其兵权。（《旧唐书·辅公祏传》）

（15－2）推公祏为仆射，阴解其柄。（《新唐书》）

（16－1）太宗欲立晋王，而限以非次，回惑不决。（《旧唐书·长孙无忌传》）

（16－2）帝欲立晋王，未决。（《新唐书》）

（17－1）吾蒙国重恩，历事两主，受人厚禄，安可逃难？有死而已。（《旧唐书·屈突通传》）

（17－2）吾蒙国厚恩，事二主，安可逃难？独有死报而已。（《新唐书》）

（18－1）征为人臣，须存形迹，不能远避嫌疑，遂招此谤。虽情在无私，亦有可责。（《旧唐书·魏征传》）

（18－2）征为人臣，不能着形迹，远嫌疑，而被飞谤，是宜责也。（《新唐书》）

例（15－2）舍弃现象“外示尊崇”，直说事情的实质。例（16－2）舍弃不决的原因，只说事情的现状。例（17－2）删去“受人厚禄”，舍去了“死报”的理由。例（18－2）删去“虽情在无私”，舍弃了让步语。总之都是芟除枝蔓，仅留下表达事实本身的话。

（五）舍弃心理、认识。

（19－1）力分势弱，常恐见擒，何不合以为强，则不患隋军相制。（《旧唐书·杜伏威传》）

（19－2）然力弱势分不相统，若合以为强，则无事隋矣。（《新唐书》）

（20－1）公宜因此时据有岭表，则百越之人皆拱手向化，追踪尉佗，亦千载一遇也。（《旧唐书·李袭志传》）

(20－2) 宜遂据岭表，取百粤，岂遽不若尉佗乎？(《新唐书》)

例（19－1）“常恐见擒”，表示心理活动。例（20－1）“千载一遇”，表示认识评价。有心理活动，事件的根据就更为可靠，推论也就会有更加坚实的基础。势分力弱，“常恐见擒”，联合的建议才显得真诚。站得高，看得远，从理性上认识事物，往往能反映事物的本质，具有令人信服的力量。例（20－1）就是这样，例（20－2）则缺乏说服力。

上面举例，如果是用对比材料，大致上两式可以并存，从中可见提炼后哪种情况较好，另一种比较地差一些；有些则难以分出优劣，或者各有长处。下面所举，则是因提炼而出了毛病的例子，如：

(21)《汉书·郭林宗传》云：茅容耕于野，与等辈避雨树下，众皆夷踞相对，容独危坐愈恭。林宗见而奇之，遂与共言，因请寓宿。旦日容杀鸡为馔，林宗谓为己设。既而以供其母，自以草蔬与客同饭。林宗起拜，因劝令学。《通鉴》载之略同。而《节本》直云：茅容耕者，危坐愈恭。杀鸡为馔，泰谓为己设，容分半食母。甚疏已，甚不尽事情矣！(《滹南遗老集》卷二十一)

(22－1) 太后得告密者，辄令元礼等推之，竞为讯囚酷法，有定百脉、突地吼、死猪愁、求破家、反是实等名号。或以椽关手足而转之，谓之凤凰晒翅；或以物绊其腰，引枷向前，谓之驴驹拔橛；或使跪捧枷，累甓其上，谓之仙人献果；或使立高木，引枷尾向后，谓之玉女登梯；或倒悬，石缒其首；或以醋灌鼻；或以铁圈毂其首而加楔，至有脑裂髓出者。(《资治通鉴·武后》)

(22－2) 作铁笼撃囚首，加以楔；至脑裂死。又横木关手足转之，号晒翅。或纺囚梁上，缒石于头。(《新唐书·索元礼传》)

例（21）记茅容事，《汉书》分明可晓；《节本》前句莫知所云，后句别却本意。例（22）《通鉴》载酷刑十二种，有名号的五种，具体记述的七种。而新史只有三种，削减信息太多，不足以表现索元礼的极端暴虐残酷。约“凤凰晒翅”为“晒翅”，也嫌疏略。

第二节 比喻 起兴

一、比喻

用有相似点的他类事物来相比，叫做比喻。如《诗经·有女同车》：“有女同行，颜如舜英。”后句说容颜像木槿花一样。容颜与木槿花不同类，但它们有相似的地方——美丽。用“舜英”比容颜，这就是比喻。

一个比喻必定有被比喻的事物，有用来比喻的事物。前者叫本体，后者叫喻体。在“颜如舜英”中，“颜”是本体，“舜英”是喻体，中间那个“如”，叫比喻词。通常就说比喻有这样三个成分。实际上还有第四个成分，就是相似点。“颜如舜英”的相似点是美丽，不过没有出现。也有出现的，如“君子之交淡若水，小人之交甘若醴”（《庄子·山木》），前一比喻的相似点是“淡”，后一比喻的相似点是“甘”。近来又有人说还有第五个成分——延展体，就是从喻体中延伸出来的词语。如：“仁，安宅也；义，正路也。旷安宅而弗居，舍正路而不由，哀哉！”（《孟子·离娄上》）先把“仁”比作“安宅”，“义”比作“正路”。既然是宅子，那就可以空（旷），可以住（居）；既然是路，那就能走（由）或不走（舍）。所以接着便可以说“旷安宅而弗居，舍正路而不由”，这就叫延展体。延展体是上一个比喻的组成部分，还是承上而作的另一个比喻？这需要研究讨论。但这个提法有助于我们加深对比喻的理解，应当有条件地承认它。

并不是每一个比喻都具有五个成分，有两个、三个、四个的，也只有一个的。根据成分出现的情况，常见的比喻有这样九类：

隐现 成分 类别	本体	喻体	相似点	比喻词	延展体	举例
第一类	+	+	+	+		君子之交淡若水，小人之交甘若醴。（《庄子·山木》）
第二类	+	+		+	+	夫万民之从利也，如水之走下，不以教化堤防之，不能止也。（《史记·董仲舒列传》）
第三类	+	+		+		千里澄江似练，翠峰如簇。（王安石《金陵怀古》）
第四类	+	+	+			旧恨春江流不尽，新恨云山千叠。（辛弃疾《念奴娇》）
第五类	+	+			+	仁，安宅也；义，正路也。旷安宅而弗居，舍正路而不由，哀哉！（《孟子·离娄上》）
第六类	+	+				遥望洞庭山水翠，水晶盘里一青螺。（刘禹锡《望洞庭》）
第七类	+				+	向前敲瘦骨，犹自带铜声。（李贺《马诗》四）
第八类		+			+	众人皆醉，何不铺其糟而啜其醨？（《史记·屈原列传》）
第九类		+				燕雀安知鸿鹄之志哉？（《史记·陈涉世家》）

一、二、三类有比喻词，是明喻。四、五、六、七类没有比喻词，是暗喻。八、九两类不出现本体，是借喻。用做明喻的比喻词有“若”、“譬若”、“犹”、“譬犹”、“如”、“似”等，其中“犹”、“如”用得更多一些。例如：

(1) 民之望之，若大旱之望云霓也。(《孟子·滕文公下》)

(2) 公子喜士，名闻天下，今有难，无他端，而欲赴秦军，譬若以肉投馁虎，何功之有哉？(《史记·信陵君列传》)

(3) 执无鬼而学祭礼，是犹无客而学客礼也，是犹无鱼而为鱼罟也。(《墨子·公孟》)

(4) 夫不素养士而欲求贤，譬犹不琢而求文彩也。(《汉书·董仲舒传》)

(5) 指如削葱根，口如含珠丹。(《古诗为焦仲卿妻作》)

(6) 杜诗韩集愁来读，似倩麻姑痒处抓。(杜牧《读韩杜集》)

(7) 人生无物比多情，江水不深山不重。(张先《木兰花》)

这些例子比喻词都放在本体与喻体中间。也有在前或在后特意说明是比喻的。如：

(8) 窃譬之：琴瑟不调，甚者必改而更张之；为政而不行，必变而更化之，乃可理也。(《汉书·董仲舒传》)

(9) 余睹李将军，悛悛如鄙人，口不能道辞。乃死之日，天下知与不知，皆为尽哀……谚曰：桃李不言，下自成蹊。此言虽小，可以谕大也。(《史记·李将军列传》)

暗喻的格式较多，常见的是判断式或准判断式。如：

(10) 水是眼波横，山是眉峰聚。(王观《卜算子》)

(11) 君当作磐石，妾当作蒲苇。蒲苇纫如丝，磐石无转移。(《古诗为焦仲卿妻作》)

古汉语判断句多不用判断词。如：

(12) 夫三公者，百寮之率，万民之表也，未有树直表而得曲影者也。(《史记·主父偃列传》)

(13) 世间行乐亦如此，古来万事东流水。(李白《梦游天姥吟留别》)

暗喻有用“以为”式的，如：

(14) 于齐国之士，吾必以仲子为巨擘焉。(《孟子·滕文公下》)

(15) 即章矣，近人习用之，以为泽居之鱼鳖，山居之麋鹿；远人逖闻之，以为逾汶之貉，逾淮之桔也。(徐光启《甘薯疏序》)

例（14）“仲子”是本体，“巨擘”是喻体。例（15）本体是前文“丽土之毛，足以活人者”，喻体是“泽居之鱼鳖，山居之麋鹿”和“逾汶之貉，逾淮之桔”。

暗喻有用问答式的，如：

(16) 长桥卧波，未云何龙？复道行空，不霁何虹？(杜牧《阿房宫赋》)

(17) 试问闲愁都几许？一川烟草，满城风絮，梅子黄时雨。(贺方铸《青玉案》)

例（16）用龙比长桥，用虹比复道，以问作喻。例（17）用“一川烟草，满城风絮，梅子黄时雨”比“闲愁”，以答作喻。

有用比较式的，如：

(17) 使负栋之柱，多于南亩之农夫；架梁之椽，多于机上之工女；钉头磷磷，多于在庾之粟粒；瓦缝参差，多于周身之帛缕；直栏横槛，多于九土之城郭；管弦呕哑，多于市人之言语。(杜牧《阿房宫赋》)

有用偏正式的，如：

(18) 天下云集响应，赢粮而景从。(贾谊《过秦论》)

(19) 猬缩蠖曲，蛇盘龟息。(马中锡《中山狼传》)

“云集”，像云一样聚集；“响应”，像回声一样应和；“景从”，像影子一样跟随。例（19）名词作状语，实际上就是一个比喻。这是状语加述语的偏正式。

(20) 秦，虎狼之国，不可信。(《史记·屈原列传》)

(21) 廊腰缦回，檐牙高啄。(杜牧《阿房宫赋》)

“虎狼之国”，像虎狼一样残暴的国家，喻体作定语。例（21）反过来，本体作定语。“廊腰”，“廊”是本体，“腰”是喻体；“檐牙”，“檐”是本体，“牙”是喻体。这是定语加中心词的偏正式。

暗喻还有并列式，一般是喻体在前引导，本体在后面出现。如：

(22) 食肉不食马肝，不为不知味；言学者无言汤武受命不为愚。(《史记·儒林列传》)

(23) 故玉屑满箧，不为有宝；诵诗书负笈，不为有道。(《盐铁论·相刺》)

这是两个分句并列，也有三个分句并列的，本体同样在最后出现。如：

(24) 千金之裘，非一狐之腋也；台榭之榱，非一木之枝也；三代之际，非一士之智也。(《史记·叔孙通列传》)

(25) 夫草木遭霜者，不可以风过；清水明镜，不可以形逃；通方之士，不可以文乱。(《汉书·韩安国传》)

暗喻常见的格式有上述六种。此外还有两种情况，可用两个例子代表：

(26) 其爪牙吏虎而冠。(《史记·酷吏列传》)

(27) 向前敲瘦骨，犹自带铜声。(李贺《马诗》四)

“爪牙吏”，偏正式暗喻，前面已有同类例子，这里不去管它。后面的“虎而冠”，像老虎一样还戴着帽子，装成人样。这个“虎”活用如动词作谓语，实际上也是一个比喻。例(27)只有本体“瘦骨”，在喻体的位置上没有出现喻体，而只有喻体的延展体“带铜声”，从而可推知喻体是铜。把瘦骨比作铜，敲起来才会发出铜的声音。

借喻不出现本体，用喻体代替本体，实际上是相代，用有相似点的他事物来代替本事物。我们仍然把它列入比喻，是因为它有相似点，并已为大家习惯的缘故。

借喻可喻人，喻物，喻事，喻志。喻人的如：

(28) 岂有蛟龙长失水，更无鹰隼与高秋！(李商隐《重有感》)

(29) 明月不归沉碧海，白云愁色满苍梧。(李白《哭晁

卿衡》)

(30)旗尉厉声骂曰:“鼠辈敢尔!”(《明史·周顺昌传》)

例(28)“蛟龙”、“鹰隼”,比喻锐意改革而不幸失败的英雄们。例(29)“明月”,比喻日本友好人士晁衡。例(30)“鼠辈”,是旗尉(相当于近世的捕快)的骂詈语,把群众比成“鼠辈”。

喻物的如:

(31)而或长烟一空,皓月千里,浮光跃金,静影沉璧。(范仲淹《岳阳楼记》)

(32)新松恨不高千尺,恶竹应须斩万竿。(杜甫《将赴成都草堂途中作》)

例(31)“璧”比喻一轮明月。例(32)“新松”比喻新生力量,“恶竹”比喻邪恶势力。

喻志的如:

(33)洛阳亲友如相问,一片冰心在玉壶。(王昌龄《芙蓉楼送辛渐》)

(34)何故怀瑾握瑜而自令见放为?(《史记·屈原列传》)

例(33)以“冰心”、“玉壶”比喻清廉的品德。例(34)用“瑾”、“瑜”比喻美好的节操。

喻事的如:

(35)使者对曰:“王实不病。汉系治使者数辈,以故遂称病。且夫察见渊中鱼不祥。今王始诈病,及觉,见责急,愈益闭,恐上诛之,计乃无聊。唯上弃之而与更始。”(《史记·吴王濞传》)

(36)洞房昨夜停红烛,待晓堂前拜舅姑。妆罢低声问夫婿,画眉深浅入时无?(朱庆余《闺意》)

例(35)“察见渊中鱼不祥”,比喻对吴王不宜苛察以免把他逼反。例(36)是问文章合式不合式,考得中考不中,也是用借喻的形式。

比喻这种格式使用的频率很大,文艺作品几乎离不开它,非文艺作品中也常见,因而研究比喻的文章和关于比喻的说法也较多。

除我们这里讲的明喻、暗喻、借喻外，还有博喻、通喻、曲喻、逆喻、互喻、喻之二柄、喻之多边等说法。现简单地加以介绍。

所谓博喻，是一个比喻群，它一连用上好几个比喻。如韩愈《送石处士序》：

(37) 论人高下，事后当成败，若河决下流东注；若驷马驾轻车，就熟路，而王良、造父为之先后也；若烛照，数计而龟卜之也。

用黄河奔腾向东，比喻石处士的议论滔滔不绝；用最好的驭手驾轻就熟，比喻他辩论的技巧精纯，得心应手；又用烛照黑暗、术数推算、龟蓍卜筮，比喻他论断得当，有先见之明。这里用了五个比喻，就是博喻。

沟通视觉、听觉、嗅觉、味觉和触觉，叫通感，所谓通喻是以通感为基础的比喻。韩愈《听颖师弹琴》："跻攀分寸不可上，失势一落千丈强。"描写声音极高，高到好比攀登悬崖绝壁，攀呀攀，上去一分一寸都不容易。突然声音下降，就像没抓住，没有站稳，一下跌落万丈深渊一样。音乐本来是听觉范围的事，现在通于视觉，有运动感，用以作比，就是通喻。又如杜牧《阿房宫赋》："歌台暖响，春光融融；舞殿冷袖，风雨凄凄。"歌声像春天的太阳一样暖和，听觉通于触觉（温度）；舞蹈像凄凄风雨一样寒冷，则是视觉通于触觉（冷感）。博喻是讲比喻的使用，通喻是讲部分比喻的心理基础，都不好与明喻、暗喻等并列。

至于曲喻，一部分是我们讲的比喻延展体，如李贺《天上谣》："银浦流云学水声。"在银河里流动着的云好像也发出了流水般悦耳的声音。先把云的流动比成水的流动，再往下延伸，流水有声，流云也该有声。另一部分是我们所讲的词的多义曲解，如李商隐《病中游曲江》："相如未是真消渴，犹放沱江过锦城。"司马相如所患的糖尿病，古代叫消渴。李商隐的诗故意把消渴病曲解为消除口渴，诗意为司马相如大概不是真要消除口渴吧，如果是，他就应大量喝水解渴，把沱水喝干，现在沱水仍然流过锦城，可见他消渴不是真的。

本来说面如芙蓉眉如柳，现在说成“芙蓉如面柳如眉”（白居易《长恨歌》），两种比法各有各的用处。前一种是先看到妇女容貌美丽而作的描绘，后一种是先看到芙蓉与柳叶而联想到的比喻。顺过来可以比，倒过去也可以比，这就叫逆喻。顺、逆两种同时出现，称为互喻。如：

（38）去年相送，余杭门外，飞雪似杨花。今年春尽，杨花似雪，犹不见还家。（苏轼《少年游》）

喻之二柄，是说同一喻体可以喻好，也可以喻坏。如说“人心如秤”，可以比喻处事遇人各如其分，公平允当；也可以比喻“视物为低昂”，趋炎附势。喻之多边，是说同一喻体可以比喻多种事物，如“卷起千堆雪”，雪喻浪花；“巾发雪争出”，雪喻白发；“缲成白雪桑重绿”，雪喻蚕丝。

多个比喻复合起来，才能见出意义，比喻的这种情况值得注意。如：

（39）如今人方为刀俎，我为鱼肉，何辞为？（《史记·项羽本纪》）

（40）君子之德，风；小人之德，草。草上之风，必偃。（《论语·颜渊》）

例（39）单纯一个“人方为刀俎”，或者“我为鱼肉”，都没有意义，两比复合，才看出人家是操着刀把的强者，我方是被鱼肉的弱者，力量悬殊，处境艰危。例（40）就更加明显，单纯说君子的德性是风，或者说小人的德性是草，都没有意义。复合起来，并且特别点明，才知道是说风吹草偃（倒），比喻“君子”带了头，“小人”才会普遍立即照着做。

我们的祖先早就大量使用比喻，而且对比喻的作用也早就有所了解。刘向《说苑·善说》记载了战国时期惠施的一个故事，对比喻的用途有精彩的说明：

客谓梁王曰：“惠子之言事也善譬，王使无譬，则不能言矣。”王曰：“诺。”明日见，谓惠子曰：“愿先生言事则直言耳，无譬也！”惠子曰：“今有人于此而不知弹者，曰：‘弹之状何若?'应曰:'弹之状如弹。'则谕乎!"王曰:"未谕也。""于是更应曰:'弹之状如弓,而以竹为弦。'则知乎?"王曰:"可知矣。"惠子曰:"夫说者固以其所知谕其所不知而使人知之,今王曰'无譬',则不可矣。"王曰:"善。"

这段话把比喻的作用讲得非常清楚,就是"以其所知谕其所不知而使人知之"。人们所不知道的大致有两个方面,一是性状,一是道理。比喻的作用就是把性状描绘给人看,把道理说给人听,使人易于了解,乐于信服。

描绘性的比喻如:

(41) 手如柔荑,肤如凝脂,领如蝤蛴,齿如瓠犀,螓首蛾眉。(《诗经·硕人》)

(42) 遂于蒿莱中侧听徐行,似寻针芥。(《聊斋志异·促织》)

这两例对常见现象作了出色的描写。例(41)写一个身材苗条的美貌女子,她的手柔嫩,像白茅的幼芽;她的皮肤润滑细腻,像凝固的油脂;她的脖颈长长的、圆圆的,像天牛的幼虫;她的牙齿洁白整齐,像葫芦瓜籽一般;她的前额宽广方正,像螓(虫名,似蝉而较小)一样可爱,她的眉毛像蚕蛾的触须一样,细长弯曲。合起来看,岂不是一个粉雕玉琢的美人儿吗?这是静态描绘。例(42)是动态描绘,捕蟋蟀的成名在荒草中侧着耳朵听,放慢步子走,就像找缝衣针一样,就像寻芥末一样,是何等的精心,何等的细致!

(43) 仆之思归,如痿人不忘起,盲人不忘视也。(《史记·韩王信列传》)

(44) 自在飞花轻似梦,无边丝雨细如愁。(秦观《浣溪沙》)

(45) 离恨恰如春草,更行更远还生。(李煜《清平乐》)

乡思、轻梦、哀愁和离恨等,这类难以表述的情感,经过比喻描绘,就能凸现在我们面前。例(43)是说韩王信被迫投到匈奴后怀念故土的心情,就像瘫痪病人总想起来走动,盲人时刻希望恢复视力一样。例(44)把"自在飞花"比作轻柔的梦境,"无边丝雨"

比作淡淡的哀愁，实际上是把梦比作飞花，把愁比作丝雨，将细腻的景物与幽渺的感情融为一体，使难以捕捉的梦与愁成为可以看到、触到的具体形象。例（45）更把离恨当做一个过程来比喻，越走越远了，而离恨还是不断增生，像青青的芳草随处可见并且一天天更加繁茂一样。

有些东西看也看得明白，听也听得清楚，但要描述出来，使人得到近似的印象，获得具体的感受，就很不容易。这个时候也往往需要比喻。

(46) 漫漫平沙走白虹，瑶台失手玉杯空。(陈师道《观潮》)

(47) 每发一声，使人闻之，或如刀剑铁骑，飒然浮空，或如风号雨泣，鸟悲兽骇，亡国之恨顿生，檀板之声无色。(黄宗羲《柳敬亭传》)

海潮的壮观怎样才能表达？陈师道这两句全用比喻：潮头像白色的长虹在广漠无际的平沙中飞奔，浪花向四面八方喷溅，像是仙人在瑶台上宴饮，失手把玉杯打泼了，酒化为无可计量的大水，从天上倾泻到了人间一样。例（47）描绘柳敬亭说书慷慨悲壮，使读者如闻其声，如见其情，也是得力于几个出色的比喻。

说理性的比喻如：

(48) 孔子曰："腐朽之木不可雕也；粪土之墙不可圬也。"今汉继秦之后，如朽木粪墙矣，虽欲善治之，亡可奈何。法出而奸生，令下而诈起，如以汤止沸，抱薪救火，愈甚亡益也。窃譬之，琴瑟不调，甚者必改而更张之，乃可鼓也；为政而不行，甚者必变而更化之，乃可理也。(《汉书·董仲舒传》)

(49) 子墨子见王，曰："今有人于此，舍其文轩，邻有敝舆而欲窃之；舍其锦绣，邻有短褐而欲窃之；舍其粱肉，邻有糟糠而欲窃之：此为何若人？"

王曰："必为有窃疾矣。"

子墨子曰："荆之地，方五千里，宋之地，方五百里。此犹文轩之与敝舆也。荆有云梦，犀兕麋鹿满之，江汉之鱼鳖鼋鼍为天下富，宋，所谓无雉兔鲋鱼者也。此犹粱肉之与糟糠也。荆有长松文梓楩楠豫章，宋无长木。此犹锦绣之与短褐也。臣以王之攻宋也，为与此同类。"（《墨子·公输》）

例（48）是提出需要政治改革的主张，阐述改革的依据与改革的理由，全用比喻，道理说得相当透彻。所依据的现状，一是统治基础脆弱，如朽木粪墙；一是法令不仅无益，反生奸诈，如扬汤止沸，抱薪救火。因此就非改革不可，正如琴瑟不调，必须改弦更张一样。例（49）是反对战争，主张和平。一篇大道理就是一个大比喻，大比喻里又套小比喻，说服力很强。既然富人去偷破车子、粗衣服和糟糠是有窃疾，那么物产丰富的楚国去侵略贫穷的宋国，也就是大大的不对了。

不仅政治见解，就是深奥的哲理，也能用比喻说得明白，叫人易于接受。例如：

（50）三十辐共一毂，当其无，有车之用。埏埴以为器，当其无，有器之用。凿户牖以为室，当其无，有室之用。故有之以为利，无之以为用。（《老子·十一章》）

正如车毂中有空处才能安轴转动，正如器皿中有空处才能盛物，正如房屋中有空处才能住人，"有"给人的利益，跟"无"配合才起作用。《老子》讲"有"、"无"（两个哲理概念）的相互依存，正是通过比喻来作说明的。

讲道德修养，要避免讲成抽象的教条，比喻也是一个方便而有效的方法。比如舍生取义这样的训诫，孟轲是这样讲的：

（51）鱼我所欲也，熊掌亦我所欲也。二者不可得兼，舍鱼而取熊掌者也。生我所欲也，义亦我所欲也。二者不可得兼，舍生而取义者也。（《孟子·告子上》）

这就讲得具体好懂，读者有可能不产生枯燥腻烦的感觉。推究原因，我们不会忽视比喻在这里的积极作用。又比如讲要注意平时修养，形成好的品德；要防微杜渐，"勿以恶小而为之"，董仲舒运用比喻，讲得不同一般：

(52) 积善在身，犹长日加益，而人不知也；积恶在身，犹火之销膏，人不见也。非明虖（乎）性情，察虖流俗者，孰能知之？（《汉书·董仲舒传》）

你要做明性察俗的人，你就要了解这一点：积善像人长高一样，是看不出来的，但的确是长高了；积恶像点灯耗油一样，也是看不出来的，但的确是一天天濒近于灭亡。

比喻虽然有很强的表现力，但也要用得贴切自然，有创造性，应防止滥用。《左传》曰“鲍庄子之智不如葵，葵犹能卫其足”，刘知几批评说：“寻葵之向日倾心，本不卫足，由人睹其形似，强为立名。亦由今俗文士谓鸟鸣为啼，花发为笑，花之与鸟，安有啼笑之情哉？必以人无喜怒，不知哀乐，便云其智不如花，花犹善笑，其智不如鸟，鸟犹善啼，可谓之谠言哉？”（《史通·杂说上》）这是说本体和喻体两者没有相似点。葵没有性灵，无所谓“自卫其足”，正如花鸟没有性灵，不能说它们有智慧一样。喻体也有讲究，“比必于其伦”。皇甫湜《答李生第三书》说：“生以松柏不艳比文章，此不知类也。凡比必于其伦，松柏可比节操，不可比文章。大人虎变，君子豹变，此文章比也。”（《皇甫持正文集》卷四）

二、起兴

先说别的似乎无关的事，再引出要说的事，叫起兴。起兴一般限于诗歌韵文。如：

(1) 关关雎鸠，在河之洲。窈窕淑女，君子好逑。（《诗经·关雎》）

前两句说：雎鸠鸟在河洲上关关地叫。引出后文苗条的好姑娘，是君子理想的对象。鸟在沙洲上叫与理想的对象，看起来无关，实际上也有一些联系，鸟叫往往是求偶的一种表示。起兴与后文的联系，多数与题旨有关。例如：

(2) 维鹊有巢，维鸠居之。之子于归，百两御之。（《诗经·鹊巢》）

(3) 孔雀东南飞，五里一徘徊。十三能织素，十四学裁

衣。(《古诗为焦仲卿妻作》)

例（2）首先讲鸠居鹊巢，然后说以丰厚的礼仪迎娶新妇。姑娘嫁人，出就新居，与鸠迁入鹊巢类似。例（3）用“孔雀东南飞”两句引出全篇夫妇生离死别的悲剧。乐府古辞《艳歌何尝行》：“飞来双白鹄，乃从西北来。十十将五五，罗列行不齐。忽然卒疲病，不能飞相随。五里一反顾，六里一徘徊。‘吾欲衔汝去，口噤不能开。吾欲负汝去，羽毛何摧颓。’‘乐者忧相知，忧来生别离。踌躇顾群侣，泪落纵横随。’”古诗说“孔雀”，乐府说“白鹄”。前者说“东南飞”，后者说“西北来”，一首说“五里一徘徊”，另一首说“五里一反顾，六里一徘徊”。“孔雀东南飞”是说生离，“飞来双白鹄”则是死别。经这样一比较，《古诗为焦仲卿妻作》首两句起兴与全篇的关系就非常明白了。

也有用起兴来烘托情景的，如：

(4) 青青陵上柏，磊磊涧中石。人生天地间，忽如远行客。(《古诗十九首》)

(5) 桃之夭夭，灼灼其华。之子于归，宜其室家。(《诗经·桃夭》)

例（4）起兴两句用陵柏常青、涧石长存反衬人生的短促。例（5）说桃树长得茂盛，桃花开得火一般红，用来烘托婚娶的喜庆气氛。

起兴与本文有这样那样的联系。这种联系有的比较明显，如例(5)；有的比较隐晦，要分析对比才能看出，如例（3）。还有一些一时看不出来，看到的只是它们的押韵关系。如：

(6) 南山矸（岸），白石烂。生不逢尧与舜禅，短布单衣适至骭（音干，小腿）。从昏饭牛薄夜半，长夜漫漫何时旦？(《古诗源·饭牛歌》)

(7) 黄桑柘屐蒲子履，中央有丝两头系。小时怜母大怜婿，何不早嫁论家计？(《乐府诗集·捉搦歌》)

(8) 雨从天上落，水从桥下流。拾得娘裙带，同心结两头。(《乐府诗集·江陵女歌》)

以上四例前两句都是起兴。例（6）“矸”、“烂”与“禅”、“骭”、

"半"、"旦"押韵。例（7）"履"与"婿"、"系"与"计"押韵。例（8）"流"与"头"押韵。

第三节　借代　映衬　藏词

一、借代

不称说事物本身，而借相关的事物来称代，叫做借代。事物本来就是互相关联着的，我们认识事物的时候，同时要了解它们之间的联系。借代修辞法既反映了客观实际，也表现出人们的主观智慧。

借代大致可以分为下述几类：

（一）借事物的特征代事物。如：

（1）黄发垂髫，并怡然自乐。（陶渊明《桃花源记》）

（2）大耳儿最叵信。（《后汉书·吕布传》）

（3）孟起资兼文武，雄烈过人，一世之杰，黥彭之徒，当与翼德并驱争先，犹未及髯之绝伦逸群也。（诸葛亮《答关羽书》）

（4）管城子无食肉相，孔方兄有绝交书。（黄庭坚《戏呈孔毅父》）

例（1）"黄发"，据说是长寿的特征，用以代老人；"垂髫"，小孩垂下来的头发，用以代小孩。例（2）"大耳儿"代刘备，《三国志》说他"顾自见其耳"，耳朵大得出奇。例（3）说马超文武全才，相当于汉初的英布、彭越，可以和张飞比高下，但不及你关羽，没有谁能和你相比。马超字孟起，张飞字翼德，都是称字。关羽则用"髯"来代称，史书说他"美须髯"，这里也是用人的特征称人。例（4）"孔方兄"指钱。铜铸圆钱，中有方孔，所以这样称说。至于说"兄"，是用拟人手法，表示亲昵。

除了形貌，衣饰特征也常常用来代人。如：

（5）铁衣远戍辛勤久，玉箸应啼别离后。（高适《燕歌行》）

(6) 忆昔霓旌下南苑，苑中万物生颜色。(杜甫《哀江头》)

(7) 念柳外青骢别后，水边红袂分时，怆然暗惊。(秦观《八六子》)

(8) 大阉之乱，缙绅而能不易其志者，四海之大，有几人与？(张溥《五人墓碑记》)

例(5)“铁衣”指战士，因为他们身穿铁衣(铠甲)。例(6)“霓旌”，皇帝仪仗中的一种彩旗，借指皇帝。例(7)“红袂”，以“佳人”的穿着代佳人。例(8)“缙绅”，指朝廷的官员，他们上朝时，把记事手版插在腰带上，就是所谓“缙绅”。用“缙绅”称官员，借装束代人。

(二) 借事物的属性代事物。如：

(9) 今背本而趋末，食者甚众，是天下之大残也。(贾谊《论积贮疏》)

(10) 将勇敢五千人，教射酒泉张掖以备胡。(《汉书·李陵传》)

(11) 将军以神武雄才，兼仗父兄之烈，割据江东，地方数千里，兵精足用，英雄乐业，当横行天下，为汉家除残去秽。(《资治通鉴·赤壁之战》)

(12) 巧笑东邻女伴，采香径里逢迎。(晏殊《破阵子》)

例(9)“本”代农，“末”代工商，当时认为农在国民经济中具有根本的性质，工商则无足轻重，被看成是“末”。例(10)“勇敢”代具备勇敢品质的士兵。例(11)“残”，凶残的军阀，“秽”，污秽的势力，就用它们的属性代替它们本身。例(12)“香”指花，也是借属性代事物。

我们这里讲属性，是一个宽泛的概念，包括性能、颜色和其他可以用来对事物进行修饰的成分。例如：

(13) 夫成功名者，此先王之千里也。(《吕氏春秋·察今》)

(14) 故五月渡泸，深入不毛。(诸葛亮《出师表》)

(15) 江枫渐老，汀蕙半凋，满目败红衰翠。（柳永《卜算子慢》）

(16) 始皇既没，余威震于殊俗。（贾谊《过秦论》）

例（13）“千里”代一天能行千里的马。例（14）“不毛”代不生草木的地方。例（15）“红”代枫，“翠”代蕙。例（16）“殊俗”代风俗不同的异族聚居区。

（三）借事物所在、所属代事物。如：

(17) 沛公不胜杯杓，不能辞。（《史记·项羽本纪》）

(18) 执敲扑而鞭笞天下。（贾谊《过秦论》）

(19) 宫中府中，俱为一体。（诸葛亮《出师表》）

例（17）“杯杓”代杯杓中的酒。例（18）“天下”代生活在天底下的人。例（19）“宫中府中”代在皇宫内和政府机关中办事的官吏。

(20) 强公室、杜私门，蚕食诸侯，使秦成帝业。（李斯《谏逐客书》）

(21) 阡陌交通，鸡犬相闻。（陶渊明《桃花源记》）

(22) 吴为反数十年矣。（《汉书·晁错传》）

例（20）“诸侯”代属于诸侯的土地。例（21）“鸡犬”代鸡犬发出的声音。例（22）“吴”代吴的统治者“吴王”，《史记》正作“吴王”。

用事物的作者代事物，应看成是用所属代事物的一种，如：

(23) 蚩尤塞寒空，蹴踏崖谷滑。（杜甫《赴奉先咏怀五百字》）

(24) 闲理阮咸寻旧谱，细倾白堕赋新诗。（陆游《初夏游凌氏小园》）

例（23）蚩尤代雾，传说蚩尤与黄帝争战，曾作五里雾，给敌方造成困难。例（24）晋人阮咸创制月琴，北朝人刘白堕善于酿酒，因以琴的制作者代琴，酒的酿造者代酒。

（四）借事物的原料、凭借代事物。如：

(25) 断竹续竹，飞土逐肉。（《弹歌》，见《吴越春秋》）

(26) 驱鸡上树木，始闻扣柴荆。(杜甫《羌村三首》)

(27) 但千年传说，夜半一声铜，何面江东？(刘辰翁《六州歌头》)

(28) 驰单车，致缄书，裂荷焚芰接武曳长裙。(贺铸《将进酒》)

例(25)“土”代弹。例(26)“柴荆”代门。例(27)“铜”代锣。例(28)“荷”、“芰”，代隐者的衣服。(孔稚圭《北山移文》:“焚芰制而裂荷衣。”)这些都是用原料代成品。

(29) 平原为人，辩有口，刻廉刚直。(《史记·朱建列传》)

(30) 兵革既未息，儿童尽东征。(杜甫《羌村三首》)

(31) 纵写得离肠万种，奈归云谁寄？(柳永《卜算子慢》)

(32) 每见惶惶，队队雄军惊御辇。(《敦煌曲子词·酒泉子》)

例(29)“口”代口才，口才借口舌表现出来。例(30)“兵革”代战争，武器与皮甲都是战争所必须使用的。例(31)“肠”代愁情，古人以为心肠是主司情感的器官。例(32)“御辇”是皇帝乘坐的车，用以代称皇帝。

(五)借特定代一般。如:

(33) 回也屡空，糟糠不厌。(《史记·伯夷列传》)

(34) 开轩面场圃，把酒话桑麻。(孟浩然《过故人庄》)

(35) 秦未亡，今又诛武臣等家，此生一秦也。(《汉书·张耳传》)

(36) 不明为君之职分，则市井之间，人人可欲，许由、务光所以旷后世而不闻也。(黄宗羲《原君》)

例(33)“糟糠”代粗食。例(34)“桑麻”代庄稼农事。例(35)后“秦”代强大的敌人。例(36)许由、务光代不愿居君位的人。传说尧把天下让给许由，许由不受，逃隐山中；汤把天下让给务光，务光拒绝，投水自杀。

以上都是用特定代一般，也有用一般代特定的，如：

(37) 伯乐一过冀北之野而马群遂空。夫冀北马多天下，伯乐虽善知马，安能遂空其群耶？解之者曰：“吾所谓空，非无马也，无良马也。”（韩愈《送温处士赴河阳军序》）

这就是说“马群遂空”的“马”，指良马，便是用一般代特定。特定与一般有时又可以互代，如：

(38-1) 更求彭韩，莫如用密。（《旧唐书·李密传》）

(38-2) 更遣票将，莫如密。（《新唐书》）

(39-1) 既得聚人，且观时变。（《旧唐书·窦建德传》）

(39-2) 因得聚豪杰，且观时变。（《新唐书》）

(40-1) 又苦栅当其道，不得南侵。（《旧唐书·王世充传》）

(40-2) 又苦五壁闭道不得南。（《新唐书》）

例（38）“彭韩（彭越，韩信）”与“票（剽）将”互代，“彭韩”特定，“票将”一般。例（39）“人”与“豪杰”互代，“人”一般，“豪杰”特定。例（40）“栅”与“壁”互代，“栅”特定，“壁”一般。

（六）借部分代全体。如：

(41) 长铗归来乎，食无鱼！（《战国策·齐策》）

(42) 恽家方隆盛时，乘朱轮者十人。（杨恽《报孙会宗书》）

(43) 玉梯空伫立，宿鸟归飞急。（李白《菩萨蛮》）

(44) 征帆去棹斜阳里。（王安石《桂枝香》）

例（41）“铗”，剑把，是剑的一部分，用以代剑。例（42）“轮”是车的一部分，用以代车。例（43）“梯”是楼的一部分，用以代楼。例（44）“帆”与“棹（桨）”是船的组成部分，用以代船。上面说的是器物。

(45) 画师亦无数，好手不可遇。（杜甫《刘少府新画山川障歌》）

(46) 沙鸥翔集，锦鳞游泳。（范仲淹《岳阳楼记》）

(47) 愿驰千里足，送儿还故乡。(《乐府诗集·木兰歌》)

(48) 今天下三分，益州疲敝，此诚危急存亡之秋也。(《三国志·诸葛亮传》)

例（45）“手”代人，“好手”等于说画得好的人。例（46）“鳞”代鱼。例（47）“足”代马。都是用身体的一部分代全身。最后一例“秋”是时的意思，时有春、夏、秋、冬，这里用其中之一相代。

借代是一种使用得最广、最经常的修辞方法，它的表现能力只稍次于比喻。用它可以把话说得具体生动，避免呆板浅露，并能突出特点。使用借代有时也为了达到委婉、讳饰的目的，上述各例大致能说明这些，下面再举数例：

(49) 银钏金钗来负水，长刀短笠去烧畲。(刘禹锡《竹枝词》)

(50) 纨袴不饿死，儒冠多误身。(杜甫《赠韦左丞》)

(51) 利以伐姜，不利子商。伐齐则可，敌宋不吉。(《左传·哀公九年》)

(52) 谷子云笔札，楼君卿唇舌。(《汉书·游侠传》)

(53) 不及黄泉，无相见也。(《左传·隐公元年》)

例（49）“银钏金钗”代妇女，手上（或颈上）戴着光闪闪的银钏，头上装饰着耀眼的金钗去劳动，美丽勤劳。“长刀短笠”代男子，带着长长的镰刀，背着轻便的斗笠，强壮精干。两句诗给我们展开了男女耕作的生动画面，如果只说妇女们背水，男子汉烧火，那就毫无诗意了。例（50）说富贵人家子弟饿不死，而读书人往往耽误了自己。不说富家子弟，而说“纨袴”，用他们华贵的衣饰相代；不说读书人，而说“儒冠”，用他们特有的帽子相代。这都能抓住外形特点，给人以难忘的印象。例（51）“姜”是姓，就是齐国；“子”也是姓，“子商”就是宋国。以姓代国，用所属相代。如果说成“利于伐齐，不利于伐宋，伐齐则可，敌宋不吉”，就显得重复累赘，缺乏变化。（《左传》这样记载也有卜筮上的缘故。）例（52）“笔札”代文章，“口舌”代议论，大概是为了含蓄一些，避免过于浅直。例（53）“黄泉”是地下水，借代地下。郑庄公要惩罚他的母亲，发誓不死不相见。他避讳“死”字不说，把“不及黄泉”（即不到地下）用作死的代称。“黄泉”代地下，是以所在相代。“及黄泉”代死，是以后代前。死了才埋，埋了才得到地下，这里有前后关系。这种情形实际上也是借代，不过前面没有列出专项来阐述罢了。

二、广义借代

“借代”，张弓叫做“代替”。他说：“一般代替式是利用单词（名词），少数是利用词组（具有名词性的）构成的。”① 我们一般人的理解，也与张先生的意思相同：所谓借代，主要是名词或名词性词组的相互替代；非名词性的极其罕见。《修辞学发凡》中只有一个孤例，就是用“汗马”代“力战”。②《修辞概要》加了一倍，也没有多于两个。这两例是：用“捏着把汗”代“担心”，用“汗透棉袍”代“累”。③ 我们推“借代”之义而广之，由名词扩展到非名词，主要是动词，由词占多数，扩展到词组以至句子。本文的“借代”，实在就是换一个说法，不管是什么词，也不管是哪一级语法单位，只要能够换说，换说后意思仍然基本相同就行。被换说的与用来换说的，两者之间大都存在某种关系和联系，就是所谓“相关”。但也有并不是普通所说的相关的，不过仍然有些关系，有些联系，即由一般的相关扩展到并非一般所说的相关。

（一）种属相代。如：

（1－1）卿称怀道为是，何因自不正谏？（《旧唐书·杜如晦传》）

（1－2）卿直怀道者，何不谠言？（《新唐书》）

---

① 张弓：《现代汉语修辞学》，天津人民出版社 1963 年版，第 125 页。所谓“借代”，源于唐钺《修辞格》的“类名”和“伴名”。唐钺明指所伴和所类都是名物，亦即名词。

② 陈望道：《修辞学发凡》，上海教育出版社 1982 年版，第 92 页。

③ 张瓌一：《修辞概要》，上海教育出版社 1981 年版，第 93 页。

(2) 安祖刺杀令，亡投建德。(《旧唐书·窦建德传》)

(3-1) 信兵号数万，其实不过数千。(《史记·淮阴侯列传》)

(3-2) 信兵号数万，其实不能。(《汉书》)

(4) 公子买戍卫，不卒戍，刺之。(《春秋·僖公二十八年》)

(5-1) 朱泚、希烈僭窃大位，朱滔围贝州，此辈皆欲陵驾吾属。(《旧唐书·李抱真传》)

(5-2) 泚、希烈争窃帝号，滔攻贝州，此其志皆欲自肆于天下。(《新唐书》)

例(1)用"谠言"代"正谏"。"谠言"是直言、善言，"正谏"是"谠言"的一种，两者是种概念和属概念的关系。但我们借用种属的说法，并不是确切地指逻辑中的上位概念与下位概念，只是说其中之一是包涵者，另一是被包涵者而已。"谠言"当是本于《尚书》"禹拜昌言"，"昌言"即是"谠言"。说得直截了当，用"正谏"；说得迂回委婉就用"谠言"。这里是君臣间对话，似以旧史为近似。例(2)"投"，《新唐书》作"抵"。"投"是一个过程，"抵"是这过程的终端。这里"投"和"抵"所要表达的意思是一样的。"投"是本想投，也投成功了。"抵"则没有表明其原意如何。例(3)用"不能(到数万之数)"代"不过数千"。自二万九千九百九十九以下都属于不能到数万这个范围，"不过数千"也在这个范围之中，但明确排除了三千以下、一万以上这些数字，信息较为准确。

例(4)"不卒戍"是一个很巧妙的说法。当时晋楚争霸，鲁、卫都站在楚国一边。鲁国驻军于卫，抵御晋国势力东进。晋军打过来，卫国挡不住，楚军支援也没有成功。鲁国恐怕晋军继续进攻，就把戍卫将领公子买杀了，以取悦于晋国。杀公子买的理由是"不卒戍"，没有完成戍守任务。这对晋国来说，意味着抗晋，招来了霸主的问罪之师，好像鲁军戍卫，本不为抗晋似的；对公子买来说，意味着没有保住卫国的领土安全；对楚国来说，意味着抗晋不力。同是一个“不卒戍”，可以包括：1. 导致入侵；2. 领土不保；3. 抗晋不力等意思。用第一条讨好晋国，用第二条杀驻军将领，用第三条维持与楚国的同盟，这是把修辞用于权术政治与圆滑外交的典型实例。旧注以为“不卒戍”是没有达到戍守期限就自动回国，那就纯粹是撒谎欺骗，恐不符合编《春秋》的史官的本意，也没考虑当时晋楚争霸的军事态势，低估了长期积累起来的鲁国的政治经验。美国现在当道的修辞学说，把修辞定义为说服，那就跳出了语言学的圈子，是政治学了。鲁僖公就是擅长此道的政治大家。

例（5）“陵驾吾属”与“自肆予天下”相当。在全国得志，会陵驾一切人，自然包括“吾属”在内。这里是晓以利害，事态与“吾属”紧密相关。只说横行天下，就是泛泛而谈，或者侧重在嫉妒。

（二）等价物相代。一种是虚实相代，通常是用具体代抽象。例如：

（1－1）东都守御尚强，天下救兵益至。（《旧唐书·李密传》）

（1－2）东都尚强，救兵踵来。（《新唐书》）

（2－1）高祖以萧何功最盛，封为酂侯，所食邑多。（《史记·萧相国世家》）

（2－2）上以何功最盛，先封为酂侯，食邑八千户。（《汉书·萧何传》）

（3－1）十二年，太宗幸其第，凡是亲族，班赐有差。十六年，册拜司徒。（《旧唐书·长孙无忌传》）

（3－2）后帝幸其第，自家人姻娅，劳赐皆有差。久之，进位司徒。（《新唐书》）

（4）隋失其鹿，英雄竞逐，铣无天命，故至于此。（《旧唐书·萧铣传》）

例（1）“益至”，越来越多地到达，是陈说；“踵来”，接踵而来，是描绘。接踵而来比较适合。例（2）“多”就是“八千户”，一是概括说法，一是具体说法。例（3）同样，“十二年”、“十六年”

是具体数字，与之相当的“后”与“久之”则是概括言之。作为史书，似以说得确切为宜。例（4）“故至于此”，《新唐书》作“故为陛下禽”，直接说出“此”是什么。在上下文语境中，“故至于此”的“此”自然明白。萧铣把失败归罪于天命，并不是我个人比你差，可知自尊心极强，宜说“故至于此”。

上文说虚实互代，另一种是总分互代。如：

(5-1) 炀帝以世充有将帅才略，复遣领兵讨诸小盗，所向尽平。(《旧唐书·王世充传》)

(5-2) 炀帝以世充有将帅略，复委捕诸盗，所向辄定。(《新唐书》)

(6) 夏，公孙兹如牟。

公及齐侯、宋公、陈侯、卫侯、郑伯、许男、曹伯会王世子于首止。

秋八月，诸侯盟于首止。

诸侯何以不序？一事而再见者，前目而后凡也。(《公羊传·僖公五年》)

(7-1) 别将定北地上郡，破雍将军乌兹，周类军栒邑，苏驵军于泥阳。(《史记·郦商列传》)

(7-2) 别定北地郡，破章邯别将于乌氏、栒邑、泥阳。(《汉书》)

例（5）“所向尽平”是总说，“所向辄定”是分说。例（6）“诸侯盟于首止”，“诸侯”就是指前文鲁僖公和齐侯、宋公等人。《公羊传》说这是“前目后凡”，意思就是前面分说，后面总说。前已有“目”，“后凡”自明。例（7）《汉书》总称雍将军、周类、苏驵为“章邯别将”，前文并无细目，如不用《史记》校读，便不知这里所说“章邯别将”究竟是谁。

总说与分说各项之和相等，虚与实所指对象相同，所以我们把总与分、虚与实称为“等价物”。

（三）前后相代。所谓前后，既指前因后果，也指前后过程。先举因果的例：

(1) 于是强国务攻，弱国备守，合纵连横，驰车击毂，介胄生虮虱，民无所告愬。(《史记·主父偃列传》)

(2-1) 君若以德绥诸侯，谁敢不服？君若以力，楚国方城以为城，汉水以为池，虽众，无所用之。(《左传·僖公四年》)

(2-2) 君以道则可，若不，则楚方城以为城，汉水以为池，君安能进乎？(《史记·齐太公世家》)

(3-1) 臣侍君宴，过三爵，非礼也。(《左传·宣公三年》)

(3-2) 君觞三行，可以罢。(《史记·晋世家》)

(4-1) 希逸初领淄青，甚著声称，理兵务农，远近美之。(《旧唐书·侯希逸传》)

(4-2) 希逸始得青，治军务农有状。(《新唐书》)

例(1)用“介胄生虮虱”代战争连绵不断，战士不得休息。战争不已就要常年披甲戴盔，甲胄内因而生出虮虱，是结果代原因。例(2)《史记》用“君安能进乎”当《左传》“虽众，无所用之”，因为人多用不上，所以不能入侵。左邱明以因代果，说得委婉；司马迁以果代因，说得显白。例(3)“非礼也”与“可以罢”相代。因其非礼，故当罢宴，说原因、说结果都行。例(4)因为“有状”，远近才得以“美之”；说“美之”，可知“有状”。说“有状”、“美之”与否，尚未可知。

前后过程相代，例如：

(5) 申屠狄谏而不听。(《庄子·盗跖》)

(6) 今斩吾头，驰三十里间，形容尚未能败，犹可观也。(《史记·田横列传》)

(7) 颉利以劲兵万骑救援之。(《旧唐书·梁师都传》)

(8-1) 将帅阙，当待朝命，何乃云云，妄生异意？(《旧唐书·何虔休传》)

(8-2) 帅亡当禀天子，何云云有妄谋？(《新唐书》)

(9-1) 及驾在奉天，微服徒行，遁终南山谷。(《旧唐

书·柳浑传》)

(9-2) 朱泚乱，浑匿终南山。(《新唐书》)

例(5)“听”，《史记·邹阳列传》引作“用”。听从与采用正好是前后过程，它们所表达的意思相同。例(6)“观”，《汉书》作“知”。看了才知道，讲“观”，“知”的意思自明；讲“知”，自当先“观”。例(7)“救援之”，《新唐书》作“赴之”。“赴之”，就是要“救援之”，一前一后。例(8)“待朝命”与“禀天子”相当，“禀天子”在前，“待朝命”在后。例(9)《新唐书》以“朱泚乱”代“驾在奉天”。朱泚作乱与皇帝出奔奉天是相继发生的两件事情，说前一件意味着后一件，说后一件意味着前一件已经发生过。

以上大都是互代。古人语言中多有以后代前的，除例(1)之外，又如：

(10) 臣弘行能不足以称，素有负薪之疾，恐先狗马填沟壑。(《史记·平津侯列传》)

(11) 臣闻子胥谏吴王，吴王不用，乃曰：“臣今见麋鹿游姑苏之台也。”今臣亦见宫中生荆棘，露沾衣也。(《史记·淮南王安列传》)

例(10)“填沟壑”代死，贱而野死，死而无葬，才可能填入沟壑。例(11)用败亡后景象代败亡。麋鹿游姑苏、宫中生荆棘、晓露沾衣裳，都是台毁宫坏，其地成为废墟荒野之后才可能呈现的景象。

(四)主从互代。行为与目的、事件与时间、本体及其伴随物，都是前者为主，后者为从。诸如此类各自互相借代，我们称之为主从互代。

行为与目的互代，如：

(1-1) 南越王赵佗自立为武帝，然上召贵尉佗兄弟，以德报之。(《史记·文帝本纪》)

(1-2) 南越尉佗自立为帝，召贵佗兄弟，以德怀之。(《汉书》)

(2) 于是以见为人臣不敢专权，不亦可乎？(《史记·卫将军列传》)

(3－1) 遣中使封刀促之曰：“收地不得，即斩进明之首。”(《旧唐书·第五琦传》)

(3－2) 遣使封刀趣之曰：“不亟进兵，即斩首。”(《新唐书》)

例 (1)《汉书》以“怀”代“报”，“报之”为了“怀之”。这里文帝不是被动地报答，而是一种主动做法，使佗怀恩悦服，从境界来说，《汉书》似高。例 (2)“见”(现)，《汉书》作“风”(讽)。表现是行为，讽喻是目的。例 (3)“进兵”以“收地”为目的，两者所表达的意思约略相当。似乎应当首先催令进兵，进兵之后才能责以成功。

事件与发生这一事件的时间互代，例如：

(4－1) 大业末，陇西群盗蜂起。(《旧唐书·薛举传》)

(4－2) 会岁凶，陇西盗起。(《新唐书》)

(5－1) 释褐，授沂州费令。(《旧唐书·崔汉衡传》)

(5－2) 始为费令。(《新唐书》)

(6－1) 宰相不能谋猷翊赞，以至今日，而尚为尚书，可痛心也！(《旧唐书·关播传》)

(6－2) 宰相不善谋，使天子播越，尚可为尚书邪？(《新唐书》)

例 (4) 新史用事件（岁凶）代时间（大业末）。史书在这样的地方，恐怕以记时为好。不过《新唐书》这样修改，同时又有表明“盗起”的原因的作用，显得容量大些。例 (5)“始”讲时间；“释褐”，脱去平民衣服，讲事件。这里不如用时间，直截明了。例 (6)“以至今日”大致与“天子播越”相当。旧史不说事件，而说时间，可能有讳饰的目的。“天子播越”这样“痛心”的事，臣下不忍提到。

本体与它的伴随物相代，例如：

(7) 上召贵掌，公孙敖由此益贵。(《史记·卫将军列传》)

(8－1) 其后绾卒，子信代，坐酎金，失侯。(《史记·卫绾列传》)

(8－2) 后薨，谥曰哀侯。子信嗣，坐酎金，国除。(《汉书》)

(9－1) 淮南王神通据太平宫，自称总管。(《旧唐书·令狐德棻传》)

(9－2) 淮南王神通据太平宫，起兵，立总管府。(《新唐书》)

(10－1) 李勉为江西观察使，署奏秘书郎，兼监察御史，为判官。(《旧唐书·李芃传》)

(10－2) 李勉观察江西，表署判官。(《新唐书》)

例(7)《汉书》作者可能考虑到前文已有"贵"字，改后"贵"字为"显"。位贵则名显，显是贵的伴随物，就用以代"贵"。例(8)"失侯"与"国除"相当。丧失官爵，同时就丧失了封地。例(9)"称总管"必"立总管府"，所以能用"立总管府"代"称总管"，但不及"称总管"明确。例(10)"为江西观察史"当然要履行职务——"观察江西"。有前项必有后项，互相伴随。这里是说李勉做了一些什么官，似乎可不说干了什么事，以求得口气统一。

(五)平行项互代。形式与内容、言语与行动、外貌与心理等，这些没有主从之分，它们的互相借代，我们称之为平行项互代。如：

(1) 不闻先王之遗言，不知学问之大也。(《荀子·劝学》)

(2－1) 纵身分原野，亦所甘心。(《旧唐书·李密传》)

(2－2) 虽陨首穴胸，所甘已。(《新唐书》)

(3) 是时曹操遗权书曰："……今治水军八十万，方与将军会猎于吴。"(《资治通鉴·赤壁之战》)

例(1)"言"，《大戴礼记》作"道"，"言"是形式，"道"是内容。例(2)"身分原野"与"陨首穴胸"都指战死，同一内容的两种形式互代。例（3）“会猎”代“会战”。会战、会猎都必须动用武装力量，同一形式两种内容，用一种代另一种。不说交战，而说共同打猎，出于交际需要，带有礼貌性质。

（4－1）唐俭言辞俊利，善和解人，酒杯流行，发言启齿。（《旧唐书·长孙无忌传》）

（4－2）唐俭有辞，善和解人，酒杯流行，发言可喜。（《新唐书》）

（5－1）太宗曰：“卿尔日从何计？”（《旧唐书·杜如晦传》）

（5－2）帝曰：“卿尔时何云？”（《新唐书》）

（6－1）贪权持禄，吾所不取也。（《旧唐书·李芃传》）

（6－2）死权錮禄，吾敢哉？（《新唐书》）

例（4）新史以“可喜”换“启齿”，用心理代外貌。“启齿”指开口笑，比“可喜”具体些。例（5）“从何计”是行动，“何云”是语言，言行互代。例（6）取不取是行为，敢不敢是认识。“吾所不取也”与“吾敢哉”相当，前者讲严正的抉择，后者讲恐惧的心思。如《旧唐书》所说，精神面貌较佳。

（六）远近高低互代

甲事物与乙事物互相关联，如前所述，它们能够互代。关联是客观的，可称为客观的借代。由于观察对象（指同一事物的各个部分）不同，观察角度不同，立足的基点不同，同一事物会在人们头脑中产生两个或多个不同的印象。这些印象既然是同一事物的反映，就可以互相借代。印象是主观的，可称为主观的借代。我们下文要说的就属这一类。苏轼《题西林壁》诗说：“横看成岭侧成峰，远近高低各不同。不识庐山真面目，只缘身在此山中。”岭是庐山，峰是庐山，从远处看，从近处看，从高处看，从低处看，所见不同，但都是庐山。在此山中看，庐山是庐山，即便飞到天上去看，虽然所见另是一番景象，却还是庐山。动态地看，如“跃上葱茏四百旋”，无非庐山。

例如：

(0－1) 是时岁歉，馕馈不至。(《旧五代史·牛存节传》)

(0－2) 是时岁饥，兵行乏食。(《新五代史》)

旧史拿粮饷作为观察对象，新史改为行军。其实行军、驻军都有粮饷问题，把“馕馈”作为陈述对象，下文叙说解决这个问题的办法，能较好地前后照应。

这一类借代多是因为观察基点不同，或观察角度不同。前者如：

(1－1) 今海内未定，须得长君。(《旧唐书·王世充传》)

(1－2) 天下未定，须镇以长君。(《新唐书》)

(2) 天王使仍叔之子来聘。仍叔之子者何？天子之大夫也。其称仍叔之子何？讥。何讥尔？讥父老子代从政也。(《公羊传·桓公五年》)

(3) 及孝景晚节，蚡益贵幸，为太中大夫。好辩有口，学槃盂诸书，王太后贤之。(《史记·魏其武安侯列传》)

例 (1)“海内”与“天下”相当。以海为基准，则在海之内；以天为基准，则在天之下。例 (2) 来鲁聘问的，如以他自身为“基准”，当写出他的名字。如以他父亲为“基准”，就当像这里所说，称为“仍叔之子”。大概仍叔名望很高，他的儿子或者刚从政不久，诸侯国所不知名，所以不称其名而称“仍叔之子”。《公羊传》以为是讥刺父退休、子顶职，不以贤德任官。也有可能是这样。例 (3)“王太后”，《汉书》改为“王皇后”。以景帝言，当是皇后；武帝即位，才得称为太后。这里明说“孝景晚节”，景帝还活着，《汉书》用“皇”代“太”，这就不无理由了。

(4－1) 以天下为之罗，则雀不失矣。(《韩非子·难三》)

(4－2) 以天下为笼，则雀无所逃。(《庄子·庚桑楚》)

(5) 为器甚洁清，置表甚长，而酒酸不售。(《晏子春秋·内篇·问上》)

(6－1) 夫天亦有所分予。予之齿者去其角，傅其翼者两其足，是所受大者不得有小也。(《汉书·董仲舒传》)

(6－2) 天不重与。有角不得有上齿，已有大者不得有小

者。(《春秋繁露·度制》)

例（4）“雀不失矣”，以人为基准；“雀无所逃”，以雀为基准。韩非以为统治天下不可以全凭个人智力，而应当依靠严密的法制。实施严刑密法，就不会有任何缺失了。所以他从人事方面说。《庄子》要顺应自然，以为投其所好，对象必能被笼络住，所以它要从客体方面说。例（5）“置表甚长”，《韩非子·外储说右上》作“悬帜甚高”。以地面为基点，是“置表”；以悬挂之处为基点，是“悬帜”。例（6）“天亦有所分予”，对万物言；“天不重与”，对某物言。“分予”，显出安排的“计划性”；“不重与”，显出安排的“原则性”。

观察角度不同，例如：

(7) 王公大人，蚤朝晏退，听狱治政。(《墨子·非乐上》)

(8) 青为侯家人，少时归其父。其父使牧羊，先母之子皆奴畜之。(《史记·卫将军列传》)

(9-1) 他年朝上清，不复偶公辈矣。(《旧唐书·李抱真传》)

(9-2) 后升天，不复见公等矣。(《新唐书》)

例（7）《文选》任彦升《天监三年策秀才文》李注引“退”作“罢”。从行止角度说是“退”，从作息角度说是“罢”，说的是一回事。例（8）“先母”，《汉书》作“民母”。卫青父亲郑季在家本娶有正妻，后到侯家，与卫媪通，生下卫青。就时间言，郑季正妻是卫青的先母，对侯家言则是“民母”。例（9）“偶”从生活方面说；“见”从感知方面说。李抱真一心想成仙升天，当以“不复偶”为荣，不会以“不复见”为憾的。

(10-1) 庆州总管杨文干作乱，辞连东宫。(《旧唐书·杜如晦传》)

(10-2) 庆州总管杨文干反，辞连太子。(《新唐书》)

(11-1) 子寄代侯，天下称郦况卖交也。(《史记·郦商列传》)

(11－2) 子寄嗣，天下称郦况卖交。(《汉书》)

例(10)“作乱”，对社会言；“反”，对统治者言。一般说来“反”的规模大，可危及最高统治者的地位，往往为最高统治层所讳言。“作乱”的规模较小，所危害的只是社会秩序。这里似乎以用“作乱”为当。例(11)从更替说，用“代侯”；从接续说，用“嗣”。“代侯”不会让人误解，“嗣”更为精确。

(12－1) 宫人，皇后扫除吏。(《旧唐书·魏征传》)

(12－2) 宫人止后宫扫除隶耳。(《新唐书》)

(13－1) 岁奉王税及修贡献，未尝暂阙。(《旧唐书·令狐彰传》)

(13－2) 岁时贡赋如期。(《新唐书》)

例(12)“皇后”与“后宫”相当。“皇后”，依属性言；“后宫”依所在言。魏征的意思，李靖、王珪是国家的心膂大臣，宫人不过是后宫做扫除杂事的卑贱者，宜以“后宫”与前文“国家”相对。例(13)“未尝暂阙”，主要就数量言，是如数还是不足?“如期”，就期限言，是准时还是逾时?“如期”就不“暂阙”，“暂阙”就不“如期”，两者本来是统一的，只是观察角度不同而已。

三、映衬

叙写相关的两件事或几件事，其一为主，其余都是陪衬，称为衬托。叙写相反或相对的两个客体(有时用上相反或相对的词语)，说明某个道理，记述某种情况，称为映照。衬托、映照，合称映衬，它建立在对比的基础之上。对比而有侧重、有倾向是衬托；既无侧重，也无倾向，靠对比本身显示意义的是映照。

衬托如：

(1) 怅望关河空吊影，正人间鼻息鸣鼍鼓。(张元干《贺新郎》)

(2) 酒徒一一取封侯，独去做江边渔父。(陆游《鹊桥仙》)

例(1)后句衬托前句，众人都已昏睡，唯作者在怅望河山，徒然形影相吊，不胜感慨。用睡衬醒，显得更加清醒，出类拔萃。例(2)前句衬托后句，以口舌得官的郦生之流人人取得了高官厚禄，唯独我这有真实本领的志士，只能去做一个普通的渔人，用取封侯衬渔父，突出地表现怀才不遇的愤懑。

(3) 同舍生皆被绮绣，戴朱缨宝饰之帽，腰白玉之环，左佩刀，右佩容臭，烨然若神人；余则缊袍敝衣处其间。略无慕艳意。（宋濂《送东阳马生序》）

(4) 是故聪与敏，可恃而不可恃也。自恃其聪与敏而不学者，自败者也。昏与庸，可限而不可限也。不自限其昏与庸而力学不倦者，自力者也。（彭端淑《为学一首示子侄》）

这两例语句较多，但仍然是衬托。例（3）前一分句衬托后一分句，用华贵的服饰衬缊袍敝衣，显得“略无慕艳意”的高尚。例（4）前两句衬后两句，以聪敏不学衬昏庸力学，以自败衬自力，侧重表明力学、自力的重要性。

(5) 巫医乐师百工之人不耻相师。士大夫之族，曰师曰弟子云者，则群聚而笑之。……巫医乐师百工之人，君子不齿，今其智乃反不能及，其可怪也与！（韩愈《师说》）

(6) 良庖岁更刀，割也；族庖月更刀，折也；今臣之刀十九年矣，而刀刃若新发于硎。（《庄子·养生主》）

(7) 悍吏之来吾乡，叫嚣乎东西，隳突乎南北，哗然而骇者，虽鸡犬不得宁焉。吾恂恂而起，视其缶，而吾蛇尚存，则弛然而卧，谨食之，时而献焉。退而甘食其土之有，以尽吾齿。（柳宗元《捕蛇者说》）

(8) 吾闻有生莫智于人，扰龙伐蛟，登龟狩麟，役万物而君之，卒见使于一鼠，堕此虫之计中，惊脱兔于处女。（苏轼《黠鼠赋》）

例（5）明显地说出所衬托的是士大夫不应当耻学于师。例（6）衬托庖丁刀刃之良、解牛技术之精，用以衬托“良庖岁更刀”、“族庖月更刀”。例（7）衬托捕蛇者处境较优，衬托的和被衬托的都有较细致的描述。例（8）衬托老鼠的狡黠。《滹南遗老集》卷三十六批评说:“夫役万物者，通言人之灵也，见使于鼠者，一己之事也，似难承接。”从逻辑角度作精密分析，王若虚的话是对的，但表现方法恐不能与逻辑等同，苏轼这里用衬托之法还是可取的。

映照如:

(9) 大行不顾细谨，大礼不辞小让。(《史记·项羽本纪》)

(10) 浊酒一杯家万里，燕然未勒归无计。(范仲淹《渔家傲》)

这两例是句中映照。例(9)“大”、“小”映照，“大”、“细”映照，显出“不顾”与“不辞”的正确性。例(10)“一”与“万”映照，“一”杯浊酒，奈“万”里乡愁何！表现愁思的不可解脱。

(11) 窃钩者诛，窃国者侯。(《庄子·胠箧》)

(12) 战士军前半死生，美人帐下犹歌舞。(高适《燕歌行》)

(13) 朱门酒肉臭，路有冻死骨。(杜甫《赴奉先咏怀五百字》)

这三例是句间映照。例(11)两种行为、两种结果映照，表现强霸统治的非正义性。例(12)战士、美人映照，见出军政的腐败、统帅的荒淫。例(13)贫、富映照，反映深刻的社会危机。

(14) 世溷浊而不清，蝉翼为重，千钧为轻。黄钟毁弃，瓦釜雷鸣。谗人高张，贤士无名。(《楚辞·卜居》)

(15) 杜周初征为廷史，有一马，且不全。及身任事，至三公列，子孙尊官，家赀累数巨万矣。(《史记·杜周列传》)

例(14)“谗人”、“贤士”映衬，并明确标出这样映照所说明的事理，“世溷浊而不清”，还用“蝉翼”、“千钧”与“黄钟”、“瓦釜”两个映照来作比喻，加以衬托。前面所说的都是并列的映照，例(15)则是前后映照。为廷史时，一马尚不全；至位三公，家资数万，借以说明杜周搜刮民财之多。

映照有把相反的两件事物用在一起，从而说明某种哲理的。如:

(16) 大音希声，大象无形。(《老子·四十一章》)

(17) 天下莫大于秋毫之末而太山为小，莫寿乎殇子而彭祖为夭。(《庄子·齐物论》)

音必有声，物象必有形体，例（16）说“大音”反而“希声”（相当于现在所说的“无声的音乐”），“大象”反而“无形”，按常理是不通的，而从矛盾转化的观点看则是可通的。例（17）“秋毫之末”与“太山”相映照，以为秋毫之末最大，而太山最小；“殇子”与“彭祖”相映照，以为早夭的小孩寿长，而有八百岁的彭祖反而是短命。这就是所谓相对论。毫末虽小，比起毫末的几百万分之一来说却是很大了；太山虽大，比起无穷的宇宙来说却是非常小的了。对殇子与彭祖的看法与此相类。这类映照悖于常理而合乎哲理，能用它的深刻性引人思索，达到打动人心的目的。

四、藏词

要说的是习熟语中的一个词语，却又不说出来，只用它前面或后面的词语来替代，叫藏词。要说而未说出的词在前者，称为藏头，在后者称为歇后。

藏头如：

(1) 灵台有子来之人，武旅有鬼藻之士。(《后汉书·刘陶传》)

(2) 故能降来仪之瑞。(《后汉书·左雄传》)

(3) 痛心拔脑，有如孔怀。(陆机《与长沙顾母书》)

例（1）“子来”指庶民，《诗经·灵台》：“经之营之，不日成之。经始勿亟，庶民子来。”例（2）“来仪”指凤凰，《书·益稷》：“箫韶九成，凤凰来仪。”例（3）“孔怀”指兄弟，《诗经·常棣》：“死丧之威，兄弟孔怀。”

歇后如：

(4) 馃馃周余，竟沉沦于涂炭。(《晋书·武十三王·论赞》)

(5) 有王子侯，梁武帝弟，出为东郡。与武帝别，帝曰：

"我已年老，与汝分张，甚以恻怆。"数行泪下，侯遂密云，赧然而出。坐此被责，飘摇舟渚一百许日，卒不得去。(《颜氏家训·风操》)

例(4)"周余"指黎民，《诗经·云汉》："周余黎民，靡有孑遗。"例(5)"密云"指"不雨"，比喻不下泪，《易·小畜》："密云不雨。"

王若虚曾比较系统地论及藏词，他说：

自东汉以来，史传文集中往往以"贻厥"为子孙之名，"友于"为兄弟之名。至有谓"隆于友于""传诸贻厥"者，公然相袭，恬不知怪，近日或辨其缪矣。然不特此也，《书》称"知人则哲"，而范晔云："则哲之鉴，惟帝所难。"宋文帝云："吾无则哲之明。"沈约云："有以见武皇之则哲。"……《论语》称"色斯举矣"。……左雄上疏有云"或因罪而引高，或色斯以求名"者。……呜呼！学者于义训幽深隐奥者，容有差误。至于此类，如辨黑白，而卤莽若是，其与蒙瞽何异哉？东坡诗云："圣善方当而立岁，乃翁已及古稀年。"此则滑稽以为嬉笑者耳，而《艺苑雌黄》与"友于"、"贻厥"同讥，过矣。(《滹南遗老集》卷三十三)

"友于"出《书·君陈》"惟孝友于兄弟"，《后汉书·吴弼传》曰"陛下隆于友于"。"贻厥"出《诗经·文王有声》"贻厥孙谋，以燕翼子"，《晋书·贾充传赞》曰"逮乎贻厥，乃乞丐之徒"。用"友于"指兄弟，用"贻厥"指子孙，用"色斯"指(荐)举，都是歇后的修辞法。《论语·乡党》："色斯举矣，翔而后集。"孔丘在山谷中行走，看到几只野鸡，脸色有所改变，野鸡便向天空飞去。这是"色斯举矣"的意思。左雄用"色斯"指"举"，"举"又衍为荐举。"色斯以求名"，通过弄虚作假的荐举而沽名钓誉。"则哲"见于《书·皋陶漠》："知人则哲，能官人。"用"则哲"指知人，是藏头的修辞法。

藏词以掌握习熟语为条件，而习熟语对于古代文人来说，限于少数几部儒家经典。如果对《诗》、《书》、《论》、《孟》这些书不熟悉，若使用藏词法修辞，人家便莫知所云。所以古人的藏词法有很大的局限性，为历代留心语言使用的人所非难。以“友于”称兄弟，“贻厥”称子孙，“则哲”指知人，“色斯”指荐举，事理上确实是说不通的。藏词唯一的积极作用是在避免浅露，在说（写）听（读）双方都掌握了同样习熟语的情况下，用藏词法开开玩笑、逗逗乐趣，便无可指责。王若虚就不赞成对苏轼诗句加以讥嘲，因为那是滑稽嬉笑。苏诗中“圣善”代母亲，《诗经·凯风》：“母氏圣善，我无令人。”“而立”代三十岁，《论语·为政》：“吾十有五而志于学，三十而立，四十而不惑……”

> 溉孙荩早慧，尝从武帝幸京口，登北固楼赋诗，荩受诏便就。上以示溉曰：“荩定是才子，翻恐卿从来文章假手于荩。”因赐绢二十匹。后溉每和御诗，上辄手诏戏溉曰：得无贻厥之力乎？（《南史·到溉传》）

最后一句君臣相戏的话，用“贻厥”贴套一个“孙”字，于题旨、情境也并无不合。

第四节　比拟　夸张　引用

一、比拟

把物拟成人，是拟人；把人拟成物，或将一物拟成他物，是拟物。合起来叫做比拟。比拟基于联想，有启发性。比拟已不是原来的样子，超出了常规，有特殊性。它往往把静的拟成动的，把抽象的拟成具体的，因而有生动性和具体性。比拟是主观设想，便于表现作者的感情色彩，所以又有较强的倾向性。就读者来说，愿意接受启发，不愿意接受灌输；喜欢生动具体，不喜欢呆板空洞；不平常的事物容易吸引他们，老生常谈则不能引起求知欲望。就作者来说，他们乐意表现自己的情绪和看法，以取得共鸣和支持。由于这些缘故，比拟在文学作品中得到了广泛的应用。下面分类举例。

（一）拟人

拟人的方式大致可归纳为五种：一是把物当做人和他对话；一是模仿物的身份自述；一是把物当做人来陈说；一是用适合于人的词语来修饰；最后，是让物接受只适合于人的动作。为了简便，我们把这些方式分别叫做对话式、自述式、陈说式，修饰式和受动式。

（1）嗟尔残月勿相疑，同光共影须臾期！（韩愈《东方半明》）

（2）杯，汝来前！（辛弃疾《沁园春》）

（3）予羽谯谯，予尾翛翛，予室翘翘，风雨所漂摇。予维音哓哓。（《诗经·鸱鸮》）

（4）吾欲衔汝去，口噤不能开；吾欲负汝去，毛羽何摧颓！（汉乐府古辞《艳歌何尝行》）

例（1）把“残月”当做说话的对象，叫他不要怀疑。例（2）把酒杯当做人来呼唤，叫他近前，诗人有话要说。例（3）是一只小鸟的母亲之自述，把母鸟当做人来写。母鸟说：“我的羽毛凋残，我的尾巴干枯；我高高的窝，被风雨吹打得摇摇欲坠：对这一切我都无可奈何，只有哀哀悲鸣而已。”例（4）是写一双白鹄从西北飞来，雌的染病不能相随，雄的徘徊不忍离去。“吾欲衔汝去”，雄鹄自称。

（5）岸花飞送客，墙燕语留人。（杜甫《发潭州》）

（6）数峰清苦，商略黄昏雨。（姜夔《点绛唇》）

（7）其石之突怒偃蹇，负土而出，争为奇状者，殆不可胜数。（柳宗元《钴鉧潭西小丘记》）

（8）断无蜂蝶慕幽香，红衣脱尽芳心苦。（贺铸《芳心苦》）

只有人送客，例（5）说花能送客，是将花拟作人。只有人才能“语”（说话），才能“留人”，例（5）说燕子能讲话能留客，是将燕子拟作人。“清苦”本讲人的生活，例（6）说“数峰”清苦，是把山拟作人，他们还在商量酝酿黄昏时的雨呢！例（7）把石拟作人，说他生气似地挺出（突怒），骄傲地高耸着（偃蹇），争着做出奇形怪状。例（8）赋予荷莲以人格，说他身着红衣，现在红衣脱尽了。“芳心苦”指莲子成熟，莲心带有苦味，双关女性芳洁心灵的苦楚，与“红衣脱尽”同用作荷莲的谓语。此四例都是拟人的陈说式，其谓语有属描写性的，有属叙述性的。

（9）颠狂柳絮随风舞，轻薄桃花逐水流。（杜甫《漫兴》）

（10）寂寞富春水，英气方在斯。（柳宗元《哭连州凌员外司马》）

例（9）“颠狂”、“轻薄”本属于人的品性，现在用来修饰柳絮和桃花，将花、絮当做人。“寂寞”除了可以描绘环境以外，通常是用来说人的孤单，例（10）却用以修饰江水，就是把“富春水”当做人。这两例是修饰式。

（11）才始送春归，又送君归去。若到江南赶上春，千万和春住。（王观《卜算子》）

（12）约清愁，杨柳岸边相候。（辛弃疾《粉蝶儿》）

例（11）把“春”拟成人，可以“送”，他走了，又可以“赶上”，还能和他同“住”。例（12）和“愁”到杨柳岸约会，把“愁”这种感情人格化。这两例是受动式。

（二）拟物

拟物的陈说式如：

（11）予观夫巴陵胜状，在洞庭一湖，衔远山，吞长江，浩浩荡荡，横无际涯。（范仲淹《岳阳楼记》）

（12）迨至菡萏成花，娇姿欲滴。（李渔《芙蕖》）

（13）我愿君王心，化作光明烛，不照罗绮筵，只照逃亡屋。（聂夷中《伤田家》）

例（11）把洞庭湖拟成某种巨型动物，能“衔”能“吞”。例（12）把“娇姿”拟成能够流动以至于将要滴落下来的液体。例（13）把“君王心”（实际上是“君王”）拟成“光明烛”（实际上是烛光）。

修饰式如：

(14) 醉里不知天在水，满船清梦压星河。(唐温如《过洞庭》)

(15) 一丝柳，一寸柔情。(张先《一丛花令》)

“梦”是精神，例(14)讲“满船”清梦，把它拟成了可以装载的物质。情感自然不可用尺寸来衡量，例(15)讲“一寸”柔情，把它拟成了像绮罗锦缎一类的可以量度的东西。

受动式如：

(16) 因利乘便，宰割天下，分裂山河。(贾谊《过秦论》)

(17) 左天都，右莲花，两峰秀色，俱可手揽。(徐宏祖《游黄山记》)

(18) 吴将伐齐，越子率其众以朝焉。王及列士，皆有馈赂。吴人皆喜，唯子胥惧，曰：“是豢吴也夫。”(《左传·哀公十一年》)

(19) 由是感激，遂许先帝以驱驰。(诸葛亮《出师表》)

“宰割”通常是对动物说的，例(16)“宰割”天下，就是把天下拟成令人贪馋的肥肉。例(17)说“秀色”可以用手去拿，是把视觉印象拟成可以触摸到的物体。“豢”本对牲畜而言，例(18)“豢吴”，是把吴国君臣拟作越国豢养的牲畜，养肥了，就要把它们宰掉。车马才可以驱驰，例(19)是说驱驰他诸葛亮，把自己拟作供人驭使的马。

拟物一般有这三种格式：陈说式是将甲物当做乙物或是将人当做物来陈述；修饰式是将甲物当做乙物来修饰限制；受动式是让甲物接受应当由乙物接受的动作，或是让人去承受本当由物承受的动作。

二、夸张

言过其实，又不至于误会成真有其事，用以表现事物的精神实质，就是夸张。例如“撼山易，撼岳家军难”，说摇动山岭容易，是言过其实了，谁也不会相信这是事实。但这里仍然包含有真实的因素，就是岳飞的军队不动如山，不可战胜。说话人把话说过头，是想引起听众注意，赢得他们的同情和响应。人们喜欢不平常的东西，听话人也多欢迎合理的夸张。王充说："俗人好奇，不奇言不用也。故誉人不增其美，则闻者不快其意；毁人不益其恶，则听者不惬于心。闻一增以为十，见百益以为千。"（《论衡·艺增》）他的话不完全正确，但也涉及了夸张产生的缘由。

(1) 方地为车，圆天为盖，长剑耿耿倚天外。(宋玉《大言赋》)

(2) 北方有佳人，绝世而独立，一顾倾人城，再顾倾人国。(《汉书·外戚传》)

(3) 樊哙遂入，披帷西向立，瞋目视项王，头发上指，目眦尽裂。(《史记·项羽本纪》)

(4) 昔韩娥东之齐，匮粮，过雍门，鬻歌假食。既去，而余音绕梁欐，三日不绝。左右以其人弗去。过逆旅，逆旅人辱之，韩娥因曼声哀哭，一里老幼悲愁垂涕相对，三日不食。遽而追之，娥还，复为曼声长歌，一里老幼喜跃抃舞，弗能自禁，忘向之悲也。(《列子·汤问》)

例（1）说地是车子天是盖，长剑的一头靠在天地之外，极言车之大，剑之长。例（2）说佳人有这样的魅力，看一眼使你保不住城邑，再看一眼就保不住国家了，把佳人的美丽夸张到了极点。例（3）说樊哙在鸿门宴上头发竖立，睁大眼睛瞪着项羽，目眦（上下眼睑的接合处）全都睁得裂开了，把樊哙的气愤程度，形容到了无以复加的地步。例（4）说韩娥的歌声绕梁三日不绝，她"曼声哀哭"时，一里老幼都跟着哭，几天不吃东西。当她"曼声长歌"时，听歌的人全都禁不住欢欣鼓舞。按照《汤问》的描述，大概就没有比韩娥的歌声更美妙的了。

用得较多的夸张，大致有下述几个方面：

一是数量多少方面，如：

(5) 天子之怒，伏尸百万，流血千里。(《战国策·魏策》)

(6) 凌厉越万里，逶迤过千城。(陶渊明《咏荆轲》)

(7) 楚虽三户，亡秦必楚。(《史记·项羽本纪》)

(8) 一言封珪爵，片善辞草莱。(鲍照《代放歌行》)

例(5)说天子一怒，就将杀人很多。“百万”、“千里”言其多，并非确数。例(6)说路走得远，城过得多，“万里”、“千城”也是夸张说法。这是往多的方面夸张，下面两例是往少的方面夸张。例(7)说即使楚国百姓被杀得只剩极少数人，也一定能把秦国灭掉。“三户”是极言其少。例(8)之意是，有善言善行的，即使不多，也能得到官做，未必是确指一句好话(一言)、一点好处(片善)。

数量夸张不必都用数词，如：

(9) 张袂成阴，挥汗成雨，比肩继踵而在，何为无人？(《晏子·内篇·杂下》)

(10) 以吾之众旅，投鞭于江，足断其流。(《晋书·苻坚载记》)

(11) 秦无亡矢遗镞之费，而天下诸侯已困矣。(贾谊《过秦论》)

前两例是说人多，实际上也不能多到那样的程度。例(11)第一句是说费少，实际上也不会少到那样的程度。

第二是高矮大小方面，如：

(12) 汤汤洪水方割，荡荡怀山襄陵，浩浩滔天。(《书·尧典》)

(13) 危楼高百尺，手可摘星辰。(李白《夜宿山寺》)

(14) 连云列战格，飞鸟不能逾。(杜甫《潼关吏》)

(15) 鹏之背，不知其几千里也，怒而飞，其翼若垂天之云。(《庄子·逍遥游》)

(16) 晏平仲祀其先人，豚肩不掩豆。(《礼记·杂记》)

例(12)说洪水为害，浩浩荡荡，吞没山陵，弥漫到天边，描叙洪水之大。例(13)说站到楼上可以攀摘星辰，显得楼高非常。例(14)说排列着的栅栏直接云霄，飞鸟都过不去，言其高而严密。

例（15）说鹏鸟硕大无比，仅其背就不知有几千里，极尽夸大之能事。例（16）是往小的方面夸张。汪中说：“豚实于俎，不实于豆。豆径尺，并豚两肩，无容不掩。此言其俭也。”（《述学·释三九》中）豚肩能盖住豆这种较小的祭器，事实上不成问题，讲“豚肩不掩豆”，是故意说小，以表示晏子的节俭。

第三是时间空间方面，如：

（17）武王克殷反商，未及下车而封黄帝之后于蓟，封帝尧之后于祝，封帝舜之后于陈。（《礼记·乐记》）

（18）愁肠已断无由醉，酒未到，先成泪。（范仲淹《御街行》）

（19）楚子闻之，投袂而起，屦及于室皇，剑及于寝门之外，车及于蒲胥之市。（《左传·宣公十四年》）

（20）吴楚东南坼，乾坤日夜浮。（杜甫《登岳阳楼》）

例（17）说周武王克商之后，还没有下车就封三国，形容他动作很快，“兴灭继绝”的积极性很高。例（18）本是说举杯浇愁愁更愁，由此哀愁而伤心泪下。现在说酒还未下肚，便已化成泪水，夸张到把时间都提前了。例（19）说楚王听了，一甩袖子站起来就走，随从赶上去，到前院才送上鞋子，到寝宫门外才送上佩剑，到蒲胥地方才让他坐上车子，描绘楚王行动极其迅速，反映他立即攻宋的决心。例（20）夸大洞庭湖的面积，说天地日月都在洞庭湖上飘浮。

夸张常常与比喻、比拟等配合使用，通过比喻或比拟来达到夸张的目的。如：

（21）集贤学士如堵墙，观我落笔中书堂。（杜甫《莫相疑行》）

（22）必若所欲为，危于累卵，难于上天，变所欲为，易于反掌，安于泰山。（枚乘《上书谏吴王》）

（23）谢灵运尝谓天下才共得一石，子建独得八斗，我得一斗，古今同得一斗。茆璞辨其不然。慵夫曰：此自狂言，又何足论？然璞复云：可当八斗者唯坡云。亦恐不必道。坡文固

未易及，要不可以限量定也。(《滹南遗老集》卷三十四)

前两例是比喻，后一例是比拟。例（21）把围观者比作一堵墙，喻人数多而密集。例（22）用累卵比危，上天比难，反掌比易，泰山比安，都是故意过甚其辞。例（23）文才不可用石斗量度，谢灵运说天下才共一石，是把才拟成可以量度的事物了。至于子建才高八斗云云，那是夸张说法。王若虚以为“何足论”？复以茆说为“不必道”。从审量得当与否的角度看，其说可取，但认为“不可以限量定”，恐嫌拘泥。

前面说过，夸张是言过其实，但包含着真实的成分。我们读古书，碰到有夸张的地方，就不要死抠字眼，而要领会实质。如：

（24）魏犨、颠颉怒曰：“劳之不图，报于何有？”爇僖负羁氏。魏犨伤于胸。公欲杀之而爱其材，使问，且视之病，将杀之。魏犨束胸见使者曰：“以君之灵，不有宁也？”距跃三百，曲踊三百。乃舍之，杀颠颉以徇于师。(《左传·僖公二十八年》)

魏犨违反晋文公的命令，烧了僖负羁的家，自己胸部受了伤。晋文公想杀他而又爱他的才干，便叫人去看望，如果伤得不能用了，就处死他。魏犨知道晋文公的用意，便束紧胸部，在使者面前表现出仍然强健的样子：“距跃三百，曲踊三百”，向前跳三百次，向上跳三百次。三百是夸张说法，只不过是说跳了多次。一些注疏家拘泥于字面，以为一个受伤的人不可能接连跳六百次，总是坚持“百”不是数词。杜预说：“百犹励也。”孔颖达训“励”为“勉”，说是“每跳皆勉力为之”。洪亮吉却说“百”假为“迫”，就是急，“盖皆言其急遽无序耳”。死抠字面，问题总不得解决，于是现在又有人说百即拍，三拍就是合掌三次，更加难以令人置信。假如他们承认有夸张修辞，如同上面所说，疑难就迎刃而解了。

三、引用

把前人的话引到自己作品里，叫做引用。引用的目的：一是所引往往有权威性，引来印证自己的见解，加强了说服人的力量；二是前代的话，人所习闻，引用它便于人们接受；三是所引多半富有表现力，可使文字经济，以少胜多。

从形式上说，有明引、暗引和化用三类。

明确指明出处、作者或书名，叫明引。如：

(1) 孔子曰："求！周任有言曰：'陈力就列，不能者止。'危而不持，颠而不扶，则将焉用彼相矣？"（《论语·季氏》）

(2) 管子曰："仓廪实而知礼节。"民不足而可治者，自古及今，未之尝闻。古之人曰："一夫不耕，或受之饥；一女不织，或受之寒。"（贾谊《论积贮疏》）

(3) 强勉学问，则闻见博而知益明。强勉行道，则德日起而大有功。此皆可使还至而立有效者也。《诗》曰："夙夜匪懈。"《书》云："茂哉茂哉！"皆强勉之谓也。（《汉书·董仲舒传》）

例(1)孔丘引古史官周任估量自己的力量去当班，不能胜任就不去就职的话，以教育冉求必须有所匡正。例(2)先引管子，加以发挥，次引古人的话，不再申述，因为它本身就能说明问题了。例(3)先自已说，然后引《诗》、《书》印证。

引了前人的话，但不明白说出是引用，叫做暗引。例如：

(4) 金作屋，玉为笼，车如流水马如龙。刘郎已恨蓬山远，更隔蓬山千万重。（宋祁《鹧鸪天》）

(5) 甚矣吾衰矣！怅平生交游零落，只今余几？白发空垂三千丈，一笑人间万事。问何物能令公喜？我见青山多妩媚，青山见我应如是。情与貌，略相似。（辛弃疾《贺新郎》）

例(4)"车如流水马如龙"，本是李煜《忆江南》词中的句子；"刘郎已恨蓬山远"两句，是从李商隐《无题》诗中引来。例(5)《论语·述而》："甚矣吾衰矣，久矣吾不复梦见周公！"这是辛词第一句的出处。"白发"句用李白《秋浦歌》："白发三千丈，愁缘似个长。"《世说新语·宠礼》讲王恂、郗超做桓温的幕僚，"能令公怒，能令公喜"。《贺新郎》用了前面一句。至于"我见青山多妩媚”，本之于《新唐书·魏征传》，太宗说魏征“我但见其妩媚耳”，不过这已不是暗引，而是化用了。

所谓化用，是增减前人词句，使之完全为我所用，经过增减调整，几乎达到了不露痕迹的地步。例如：

(6) 苏子美云：“峡束沧渊深贮月，岩排红树巧妆秋。”非不佳也，然正用杜陵“峡束沧江起，岩排红树圆”之句耳。语虽工而无别也。(《宋诗话辑佚》卷下《艺苑雌黄》)

(7) 陈僧慧标咏水诗：“舟如空里泛，人在镜中行。”沈佺期《钓竿篇》：“人如天上坐，鱼在镜中悬。”杜诗：“春水船如天上坐，老年花似雾中看。”虽用二子之句，而壮丽倍之，可谓得夺胎之妙矣。(杨慎《升庵诗话·杜诗夺胎之妙》)

又如：

(8) 日暗暗其将暮兮，睹牛羊之下来。(班彪《北征赋》)

(9) 何方可化身千亿，一树梅花一放翁。(陆游《梅花绝句》)

例(8)化用《诗经·君子于役》：“日之夕矣，牛羊下来。”例(9)化用柳宗元诗《与浩初上人同看山寄京华亲故》：“若为化得身千亿，散上峰头望故乡。”

第五节 对偶 排比 错综

比喻、比拟、夸张，主要是从内容方面分析，本节从形式的整齐与错综方面分析。对偶与排比都很整齐，对偶尤其整齐。比喻、比拟等从形式方面观察，有许多就是对偶、排比之类。这里一般不涉及属于内容方面的修辞。

一、对偶

把两个字数相等、结构相同的语句并列在一起，以表现相关的意思或同一个意思，叫对偶。如：

(1) 满招损，谦受益。(《书·大禹谟》)

(2) 苔痕上阶绿，草色入帘青。(刘禹锡《陋室铭》)

(3) 六王毕，四海一。蜀山兀，阿房出。(杜牧《阿房宫赋》)

(4) 横柯上蔽，在昼犹昏；疏条交映，有时蔽日。(吴钧《与朱元思书》)

例（1）说骄傲带来损害，谦虚带来好处，表现待人处世应当谦虚谨慎的道理。谦虚谨慎就必须“反骄破满”，两个意思紧密相关，都是主语—述语—宾语，结构也相同。例（2）讲陋室外面幽雅的景色。上句“苔痕”是主语，后面两个谓语，一个是述宾词组“上阶”，一个是形容词“绿”。下句结构与上句完全一致。例（3）“六王毕”与“四海一”相对，六国结束，四海统一，都是主谓结构，本是一件事的两个方面。“蜀山兀”与“阿房出”相对，蜀山树木被砍光了，阿房宫才建造起来，结构与“六王毕，四海一”相同。例（4）前两句对后两句，是说树木枝叶茂密，太阳光都不容照进来。“横柯上蔽”与“疏条交映”是主谓结构；“在昼犹昏”与“有时见日”是偏正结构，状语修饰谓语。

对偶上下两句在相关的地方允许用相同的字眼，如：

(5) 儒以文乱法，侠以武犯禁。(《韩非子·五蠹》)

(6) 不有行者，无以图将来；不有死者，无以酬圣主。(梁启超《谭嗣同传》)

例（5）上下句重“以”字。例（6）重“不有”、“者”和“无以”五字。

有时构成对偶的并不是两个整句，而只是其中的相应部分。对偶也不限于上下句，一个句子中也可以包含着对偶。如：

(7) 我不要半星热血红尘洒，都只在八尺旗枪素练悬。(关汉卿《窦娥冤》)

(8) 登斯楼也，则有去国怀乡、忧谗畏讥，满目萧然，感极而悲者矣。(范仲淹《岳阳楼记》)

例（7）以“半星热血红尘洒”对“八尺旗枪素练悬”，“我不要”

与“都只在”属于对偶前面的散字，本身不是对偶，但就意义说，却分别是上下句不可缺少的一部分。例（8）“去国”对“怀乡”，“忧谗”对“畏讥”，“去国怀乡”又可与“忧谗畏讥”相对，但都没有独立成句，而只是这个句子中“有”字后面宾语的成分。

到唐代才成熟发达的律诗，通常是八句，其中三句与四句、五句与六句，必须是对偶，或称对仗、对联。这种对偶句除字数相等、结构相同外，词性必须相当，上下句一般不得重字，平仄还要求合乎格律。如：

（9）海内存知己，天涯若比邻。（王勃《送杜少府之任蜀州》）

（10）楼船夜雪瓜洲渡，铁马秋风大散关。（陆游《书愤》）

例（9）“海内”对“天涯”，处所词相对，都作主语。“存”对“若”，动词相对，都作谓语。“知己”对“比邻”，动宾词组相对，都在句中作宾语。例（10）“楼船”对“铁马”，“夜雪”对“秋风”，偏正词组相对。“楼”、“铁”、“夜”、“秋”，名词作定语，“船”、“马”、“雪”、“风”，名词中心语。“瓜洲渡”对“大散关”，地名相对。两联的平仄完全合乎格律，例（9）的格式是仄仄平平仄，平平仄仄平。由此看得出来，对仗的平仄，上下两句刚刚相反。

关于对偶的分类，说法纷纭。我们以为从形式上说，可分当句对、单句对、偶句对和多句对。上一句对下一句，就是单句对。如：

（11）众口铄金，积毁销骨。（《史记·张仪列传》）

（12）善无微而不赏，恶无纤而不贬。（《三国志·蜀志·诸葛亮传》）

比单句对单位更小的是当句对，上下句相对不说，句中又自成对偶。如：

（13）桂棹兮兰枻，斫冰兮积雪。（《楚辞·九歌·湘君》）

（14）书签药裹封蛛网，野店山桥送马蹄。（杜甫《将赴

成都草堂途中有作先寄严郑公》）

例（13）“桂棹”对“兰枻”，“斫冰”对“积雪”。例（14）“书签”对“药裹”，“野店”对“山桥”。例（8）的对偶，实在也是当句对的一种。

用两句对两句，叫偶句对，又称隔句对。如：

（15）昔年共照松溪影，松折碑荒僧已无。今日还思锦城事，雪销花谢梦何如？（郑谷《寄裴晤员外》）

（16）陆机雄才岂自保，李斯税驾苦不早。华亭鹤唳讵可闻？上蔡苍鹰何足道？（李白《行路难》）

例（15）一事一联，一联两句，前句连贯，一句对三句，二句对四句。例（16）把一事裁成上下两截。先拿两个上截相对，再拿两个下截相对。如果按例（15）的格式排列，例（16）大意就是：陆机才能很高，却不能自保性命，他年青的时候在华亭听鹤的事已不可能重现了！李斯后悔没有及早退隐，从故乡上蔡东门出城放苍鹰行猎，这样的乐趣不可再得，他临刑时何必如此慨叹呢？

用三句对三句，或用更多的句子相对，叫多句对。例如：

（17）亲不负楚，疏不负梁，爱国忠君真气节！

骚可为经，策可为史，经天行地大文章。（长沙屈贾祠楹联）

（18）登高而招，臂非加长也，而见者远；顺风而呼，声非加疾也，而闻者彰。（《荀子·劝学》）

多句对诗歌中少见。

对偶的两个部分，前一部分叫上联，后一部分叫下联。就上下联的相互关系说，对偶可分正对、反对和串对三种。

上下联属事不同，意义却大体相同或一致，是正对。例如：

（19）支离东北风尘际，漂泊西南天地间。（杜甫《咏怀古迹》）

（20）落霞与孤鹜齐飞，秋水共长天一色。（王勃《滕王阁序》）

例（19）两联表达的意思一样，即在动乱的社会里无依无靠地流离漂泊。例（20）上句写霞与鹜，下句写水与天，写法虽然不同，但都是表现秋天湖边的晚景，共同组成一幅美丽的图画。正对在散文中亦不乏其例，如：

（21）草木畅茂，禽兽繁殖。(《孟子·滕文公上》)

（22）（今则不然，）累日以取贵，积久以至官。(《汉书·董仲舒传》)

上下联正反对待，借以表现一种情形或说明一个道理，称为反对。如：

（23）校尉羽书飞瀚海，胡骑猎火照狼山。（高适《燕歌行》）

（24）然则诸侯之地有限，暴秦之欲无厌。奉之弥繁，侵之愈急。（苏洵《六国论》）

（25）（今将军）外托服从之名，内怀犹豫之计，（事急而不断，祸至无日矣）。(《资治通鉴·赤壁之战》)

例（23）写我方羽书飞驰，敌方猎火高烧，互相映衬，表现边情紧急。例（24）“地有限”与“欲无厌”反对，“奉繁”与“侵急”反对，说明“以地事秦，犹抱薪救火”的道理。例（25）揭示出孙权外表与内心的不统一，从而得出“祸至无日”的结论。

串对又叫流水对，即上下两联语气连贯，一个意思两处说。如：

（26）即从巴峡穿巫峡，便下襄阳向洛阳。（杜甫《闻官军收河南河北》）

（27）欲穷千里目，更上一层楼。（王之涣《登鹳雀楼》）

例（26）写急欲出蜀的喜悦心情，行经巴峡、巫峡，再过襄阳，直向洛阳，一气贯下，不容间歇。例（27）想要望远，就须登高，几乎使人感觉不到它是对偶，而又的确是很高明的对偶。

正对强烈，反对精警，串对自然，各有长处，似乎不必在它们之间划分优劣。

对偶能唤起联想，表达人们的智慧。例如提起自满招致损害，就会想到谦虚带来利益。对偶音节匀称和谐，符合美学上的均齐原则，能使人产生美的感情。对偶便于人们记诵，有助于满足人类的求知欲望。客观事物有许多本来就是成双作对的，对偶的形式有利于与众多的客观现象取得一致。因此对偶长期以来就为人们所喜爱、所乐用。但也不能强调过分。整篇文章全用或大部分是对偶，把不便于用对偶表达的地方也硬编成对句，追求纤巧，割裂词语，就会造成形式机械呆板，内容狭窄拘束，活气全无。

二、排比

连用几个意思相关、结构相同、字数大致相等的词组或句子，达到增强语势的目的，叫排比。可分为句中排比、单句排比和复句排比数种。句中排比如：

(1) 我是个蒸不烂、煮不熟、捶不扁、响珰珰一粒铜豌豆。恁子弟每，谁教你钻入他锄不断、砍不下、解不开、顿不脱、慢腾腾千层锦套头？我玩的是梁园月，饮的是东京酒，赏的是洛阳花，攀的是章台柳。［关汉卿《南吕一枝花（不伏老）》］

“蒸不烂”等三个词组，“锄不断”等四个词组，在句子里都作定语，是句中排比。“玩的是梁园月”等四个主谓词组连用，在句子里充当谓语，也是句中排比。

单句排比如：

(2) 为肥甘不足于口与？轻暖不足于体与？抑为彩色不足视于目与？声音不足听于耳与？便嬖不足使令于前与？（王之诸臣皆足以供之，而王岂为是与？）（《孟子·梁惠王上》）

(3) （苟粟多而财有余，何为而不成？）以攻则取，以守则固，以战则胜。（贾谊《论积贮疏》）

(4) 策之不以其道，食之不能尽其材，鸣之不能通其意，执策而临之曰：“天下无马！”（韩愈《杂说》四）

例 (2) 五个单句排比，一口气问下来，把种种可能性说尽。例 (3) 三个句子排比，显示出干什么都能成功的语气。例 (4) “策之不以其道”等三句排比，加强了这样的印象：一个条件都不具备。

复句排比如：

(5) 兵不完利，与空手同；甲不坚密，与袒裼同；弩不可以及远，与短兵同；射不能中，与亡矢同；中不能入，与亡镞同；(此将不省兵之祸也。)(《汉书·晁错传》)

(6) 旧犬喜我归，低徊入衣裾。邻里喜我归，沽酒携葫芦。大官喜我来，遣骑问所须。城郭喜我来，宾客隘村墟。(杜甫《草堂》)

(7) 曩与吾祖居者，今其室十无一焉；与吾父居者，今其室十无二三焉；与吾居十二年者，今其室十无四五焉。(柳宗元《捕蛇者说》)

例（5）五个分句，以排比形式表达警策的内容。例（6）由四个同样结构的分句组成，渲染皆大欢喜的气氛。例（7）三个分句叠用，说到祖孙三代的情况，真所谓惨不忍闻。

(8) 且夫贪让国土之名，轻废先帝之业，不可以言孝；父为之基，而不能守，不贤；不求守长陵，而求之真定，先母后父，不义；数逆天子之令，不顺；言节行以高兄，无礼；幸臣有罪，大者立断，小者肉刑，不仁；贵布衣一剑之任，贱王侯之位，不知；不好学问大道，触情妄行，不祥。(《汉书·淮南厉王传》)

这里有八个分句。第一分句用“不可以言孝”垫后，二分句垫后的是“不贤”，意即“不可以言贤”。其余各分句分别用“不义”、“不顺”、“无礼”、“不仁”、“不知”、“不祥”作结，每个结尾的结构相同，这种情况称为“列举”，可看成是排比的变异。

排比有与对偶重合的，如：

(9) (群臣慕向，异人并出。)卜式试于刍牧，弘羊擢于贾竖，卫青奋于奴仆，日磾出于降虏。(《史记·主父偃列传》)

我们前面说过，排比能加强语势，因此多用排比，就有可能形成汪洋恣肆、豪放劲健的风格。例如《孟子》，它的作者是先秦诸子中善于使用排比的作家之一，书中排比句随处可见，有如长江大河，不可阻挡。例如：

(10) 然则一羽之不举，为不用力焉；舆薪之不见，为不用明焉；百姓之不见保，为不用恩焉。故王之不王，不为也，非不能也。(《梁惠王上》)

(11) 城非不高也，池非不深也，兵革非不坚利也，米粟非不多也，委而去之，是地利不如人和也，故曰域民不以封疆之界，固国不以山溪之险，威天下不以兵革之利。(《公孙丑下》)

(12) 居天下之广居，立天下之正位，行天下之大道，得志与民由之，不得志独行其道，富贵不能淫，贫贱不能移，威武不能屈，此之谓大丈夫。(《滕文公下》)

(13) 离娄之明，公输子之巧，不以规矩不能成方圆；师旷之聪，不以六律不能正五音；尧舜之道，不以仁政不能平治天下。(《离娄上》)

(14) 舜发于畎亩之中，傅说举于版筑之间，胶鬲举于鱼盐之中，管夷吾举于士，孙叔敖举于海，百里奚举于市。故天将降大任于斯人也，必先苦其心志，劳其筋骨，饿其体肤，空乏其身，行拂乱其所为，所以动心忍性，曾益其所不能。(《告子下》)

孟子就是这样，用众多的排比句式，接连不断地摆出情况，提出理由，来表述自己的学说，形成一种强大的气势，使人难以抗拒。

三、错综

为了避免相同的说法而换上另外的说法，就是错综。大致可分为词语的错综和语法结构的错综两类。

(一) 词语的错综，如：

(1) 初，楚司马子良生子越椒，子文曰："必杀之，是子也，熊虎之状而豺狼之声，弗杀，必灭若敖氏矣……"子良不可。子文以为大戚。及将死，聚其族曰："椒也知政，乃速行矣！无及于难。"……及令尹子文卒，斗般为令尹，子越为司马。芳贾为工正，谮子扬而杀之，子越为令尹，己为司马。子越又恶之，乃以若敖氏之族圄伯嬴于轑阳而杀之。遂处烝野，将攻王。王以三王之子为质焉，弗受，师于漳澨。秋七月戊戌，楚子与若敖氏战于皋浒。伯棼射王，汰辀，及鼓跗，著于丁宁。(《左传·宣公四年》)

(2) 梅以曲为美，直则无姿；以欹为美，正则无景；以疏为美，密则无态。(龚自珍《病梅馆记》)

(3) 子贡曰："我不欲人之加诸我也，吾亦无加诸人。"(《论语·公冶长》)

例 (1) 四处提到越椒其人，《左传》错综其词，又称为"椒"、"子越"、"伯棼"。四个称呼，其实就是导致若敖氏覆灭的同一个人。这段话里所说的子扬就是斗般，伯嬴就是芳贾，楚子就是"王"，一人二称。例 (2)"姿"、"景"、"态"所要表达的意思一样，都是指美丽的姿态或模样，只是用词不同。例 (3) 称"我"又称"吾"，同属第一人称代词。

以上三例是名词、代词错综使用，下面数例错综使用的是动词、形容词，如：

(4-1) 今唐有关内，郑有河南，夏居河北，此鼎足相持之势也。(《旧唐书·窦建德传》)

(4-2) 唐据关内，郑王河南，夏有冀方，此鼎足相持势也。(《新唐书》)

(5) 为君难，为臣不易。(《论语·子路》)

例 (4-1)"有"、"有"、"居"，(4-2) 分别作"据"、"王"、"有"，当然是为了错综的目的。例 (5) 也可说成"为君难，为臣亦难"，《论语》用"不易"换后"难"字。

介词错综常见，副词也有错综的情形。如：

(6) 礼乐谓之益习，德行谓之益修，天子之命为之益行。(《大戴礼记·朝事》)

(7) 慈，于战则胜，以守则固。(《韩非子·解老》)

(8) 梁数使使条侯求救，条侯不许。又使使愬条侯于上，上使告条侯救梁，又守便宜不行。(《汉书·吴王濞传》)

例(6)"谓"也是"为"的意思。例(7)"于战则胜"等于"以战则胜"。例(8)两"又"字，《史记》后"又"作"复"，与前"又"字不重。

错综词语有避复、避嫌、避讳、表异、谐音等作用。举例于下：

(9) 蹲甲而射之，穿七札焉。(《左传·成公十六年》)

(10-1) 子曰："巧言令色，鲜矣仁。"(《论语·学而》)

(10-2) 兄宣静言令色，外巧内嫉。(《汉书·翟方进传》)

(11) 曩令樊、郦、绛、灌据数十城而王，今虽以残亡可也。(《汉书·贾谊传》)

例(9)的意思是把铠甲叠起来作为射箭的靶子，结果射透了七层。"札"也是"甲"。例(10)"静言令色"就是"巧言令色"，改"巧"为"静"，以免与下文"外巧"之"巧"犯复。例(11)樊哙、郦商、周勃、灌婴，称为"樊、郦、绛、灌"，三人称姓，独周勃称爵(绛侯)，因为姓周的功臣多，如只称姓，就不知道是哪一位姓周的。此例避嫌，就是避免混淆。

(12) 周公及武公娶于薛，孝惠娶于商，自桓以下娶于齐。(《左传·哀公二十四年》)

(13) 水曰润下，火曰炎上，木曰曲直，金曰从革，土爰稼穑。(《书·洪范》)

(14) 七月流火，九月授衣。一之日觱发，二之日栗烈，无衣无褐，何以卒岁？三之日于耜，四之日举趾。(《诗·七月》)

例(12)是鲁同宗人衅夏对鲁哀公说的话。薛、齐都是国名，宋不举国名，而用“殷”代替，因哀公的父亲名宋，需要避讳。例(13)“曰”、“爰”都是“为”的意思，和“是”相当，可译可不译。前四句用“曰”，第五句用“爰”，表示意义有所不同，这种作用称为“表异”。水性是往下流，火性是向上烧，木可以揉曲矫直，金属可以铸成器物，土地可以种植。水、火、木、金都是讲它们所具有的性质。土的性质应该说是可以生长万物，现在说可以种植，那是人事方面的事情。例（14）“一之日”、“二之日”、“三之日”就是一月、二月、三月。前面说的“七月”、“九月”是夏历，“一之日”、“二之日”……是周历。

(15) 母也天只，不谅人只。(《诗经·柏舟》)

(16) 京师之野，于时处处，于时庐旅，于时言言，于时语语。(《诗经·公刘》)

例（15）本当呼母呼父，不是呼地呼天，改“父”为“天”，是为了与下句“人”押韵。例（16）照前后文例，应该说“庐庐”，现在说“庐旅”，以与上句“处处”、下两句“言言”、“语语”相叶。“处”、“旅”、“语”都是上声字，庐却是平声字。

(二) 语法结构的错综。

一类是语序的调整。主语谓语次序、述语宾语次序、名词及其修饰语位置、状语述语次序、介词和宾语位置均可错综变化，第三章第二节“成分的不同位置同义”已经谈及，这里不再详述。

另一类是句式的变换。如：

(17) 邹忌修八尺有余，而形貌昳丽。朝服衣冠，窥镜，谓其妻曰：“我孰与城北徐公美?”其妻曰：“君美甚，徐公何能及君也?”城北徐公，齐国之美丽者也。忌不自信，而复问其妾曰：“吾孰与徐公美?”妾曰：“徐公何能及君也?”旦日，客从外来，与坐谈。问之：“吾与徐公孰美?”客曰：“徐公不若君之美也。”(《战国策·齐策》)。

所节录的这段文字，三问三答，各不全同。三问：

甲．我孰与城北徐公美?

乙．吾孰与徐公美?

丙．吾与徐公孰美？

甲句与乙、丙句的区别在于句式的长短，甲、乙句与丙句的区别在于结构的不同，前者“孰与”连用，后者“与”、“孰”分用。三答：

甲．君美甚，徐公何能及君也？

乙．徐公何能及君也？

丙．徐公不若君之美也。

甲句是复句，乙、丙句是单句。甲、乙句反问，丙句直陈。甲句表现出发自内心的好感，乙句透露了一定程度的亲昵，丙句实际是应酬的虚文。

(18) 盖文王拘而演《周易》；仲尼厄而作《春秋》；屈原放逐，乃赋《离骚》；左丘失明，厥有《国语》；孙子膑脚，兵法修列；不韦迁蜀，世传《吕览》；韩非囚秦，《说难》、《孤愤》；《诗》三百篇，大抵圣贤发愤之所作为也。（司马迁《报任少卿书》）

(19) 无丝竹之乱耳，无案牍之劳形。南阳诸葛庐，西蜀子云亭。孔子云：“何陋之有？”（刘禹锡《陋室铭》）

(20) 明星荧荧，开妆镜也；绿云扰扰，梳晓鬟也；渭流涨腻，弃脂水也；烟斜雾横，焚椒兰也。雷霆乍惊，宫车过也，辘辘远听，杳不知其所至也。（杜牧《阿房宫赋》）

例（18）起首两句对称，每句一事。其后四字一句，两句叙说一事。这里所谓“事”，就是什么人在什么情况下写了什么著作。末两句如果照前面的样子写，当作“圣贤发愤，作《诗》三百”。现在改说什么著作，是什么人在什么情况下写的，末句并且长到十一个字。例（19）全篇都是韵文，两两骈偶，最后由骈而散，作了一个不同寻常的收束。例（20）句子都用“也”字结尾，前面都是判断句式，临末却是直陈。这些都是求其整齐而杂以错综的实例。

(21) 世有伯乐，然后有千里马。千里马常有而伯乐不常有。（韩愈《马说》）

(22) 我自不驱卿，逼迫有阿母。（《玉台新咏·孔雀东南

飞》)

(23)孔子东游,见两儿辨斗,问其故,一儿曰:“我以日始出时去人近,而日中时远也。”一儿以日初远,而日中时近也。(《列子·汤问》)

例(21)前两句中“伯乐”与“千里马”是宾语,到后两句变为主语。如果格式一律,说成“世有伯乐,然后有千里马。常有千里马而不常有伯乐”,句式不仅呆板,而且难于诵读。例(22)的意思是:我本不驱卿,是阿母逼迫所致。后句作“逼迫有阿母”,是押韵的需要,同时也显得句式多样,行文有了变化。例(23)一儿用直接引语,一儿间接引用,也是错综的形式之一。

(24)用叶者取叶初长时,用芽者自从本说,用花者取花初敷时,用实者成实时采。(沈括《梦溪笔谈·采草药》)

(25)而五人者亦得以加其土封,列其姓名于大堤之上,凡四方之士,无有不过而拜且泣者,斯固百世之遇也。不然令五人者保其首领以老于户牖之下,则尽其天年,人皆得以隶使之,安能屈豪杰之流扼腕墓道,发其志士之悲哉?(张溥《五人墓碑记》)

例(24)如果不考虑错综,可以说成:“用叶者取叶初长时采,用芽者取芽初萌生时采,用花者取花初放时采,用实者取成实时采。”从此例分析,造成错综,可以有所省减。例(25)最后一句如果换成“安能使四方之士无有不过而拜且泣者哉?”意思仍然大致一样,照现在这样写,无疑也是变换说法。省略在“语法修辞”章有所论列,变换说法许多就属于代换。省略与代换是错综的重要手法,这里不再重说。

第五章 古汉语修辞学简史

陈望道《修辞学发凡》第十二篇把汉语修辞研究分为萌芽时期、修辞文法混淆时期和中外修辞学竞争时期。萌芽时期的下限为1898年《马氏文通》的出版。周振甫《中国修辞学简史》则认为先秦两汉是修辞学的萌芽时期，魏晋南北朝、唐宋是修辞学的成长时期，从陈骙作《文则》到元明清是修辞学初步创立时期，而修辞学的成立则在20世纪30年代前后。1949年之后进入了白话修辞学创立时期。① 比较系统地谈修辞学史的，还有周秉钧先生的《古汉语纲要》。② 这些都是我们写本章时的重要参考书。

我们把汉语修辞学史分为四个时期。先秦两汉是萌芽时期，后来修辞学里的许多重要见解，在这一时期内已经提出，不过说得不很详细、不太具体罢了。魏晋南北朝到宋元明清是成长时期。这一时期可再分为前后两段。唐以上为前段，重要的修辞见解往往与文学理论结合在一起。唐以下为后段，修辞理论除了仍然与文学创作论和批评论杂处之外，又多与史学、文章学相结合。前段的重要著作有陆机的《文赋》、刘勰的《文心雕龙》等。后段讨论到修辞学的书很多，其中较为集中而且影响较大的，是刘知几的《史通》、陈骙的《文则》，还有王若虚的《滹南遗老集》等。19世纪末到20世纪40年代为修辞学的创立时期。1898年我国第一部系统的文法《马氏文通》出版。嗣后有影响的修辞专著陆续问世。这些著作包括唐钺的《修辞格》（1923）、王易的《修辞学》（1926）、陈望

---

① 张志公：中央广播电视大学教材《现代汉语》（试用本）下册，人民教育出版社1982年版。

② 周秉钧：《古汉语纲要》，湖南人民出版社1981年版。

道的《修辞学发凡》（1932）和杨树达的《中国修辞学》（1933）。20 世纪 50 年代到现在是修辞学的发展时期。《人民日报》连载吕叔湘、朱德熙《语法修辞讲话》为这一时期的开端。以后不断有修辞著作出版。近几年创立新的修辞学体系的呼声越来越高，修辞学发展的势头已经相当强劲了。

第一节　萌芽时期

我们从先秦说起。先秦时期的修辞见解可大致归纳为以下几个方面：

一、修辞的目的和作用

《易·乾文言》："君子进德修业：忠信，所以进德也；修辞立其诚，所以居业也。"修饰词语，提高语言修养，表达自己真诚的意念，使民众相信你的诚实，这是用来建立功业的。这里明确指出，修辞有立"诚"的作用，它为完成崇高的事业服务。

《左传·襄公二十五年》："仲尼曰：'志有之，言以足志，文以足言，不言，谁知其志？言之无文，行而不远。晋为伯，郑入陈，非文辞不为功，慎辞哉！"就立言角度说，言辞不讲究文采，就不能广为流传。郑国没有得到霸主晋国的同意，入侵陈国，靠了子产的一番外交辞令，把晋的责问对付过去了。这是从外交的角度讲。《左传》引仲尼的话，仲尼又引古书上的话（"志有之"），可见在孔子以前很久，我们的祖先就已注意到言辞的功能了。现在还可以查考的记载，如《诗经·板》里就说："辞之辑矣，民之洽矣。辞之怿矣，民之莫矣。"说团结和睦的话，人们就融洽了。说的话令人高兴，人们就安定了。不仅外交，就是内政，也非在言辞上下工夫不可。

二、修辞的标准和要求

"文质彬彬"，可以说是儒家学派修辞总的要求。《论语·雍也》："质胜文则野，文胜质则史。文质彬彬，然后君子。"此处不单讲修辞，从修辞学的观点来理解，质是质朴、质直，文是文采、华丽。文与质相对待着说，质接近于我们现在讲的内容，文接近于形式。文不能和质相称，那就鄙野了；只注重文，不注重质，就成了专管文书的人的小玩意。文质配搭得合适，才称得上君子。

至于具体的要求和标准，下面举出儒、墨两家一些较为重要的意见：

《礼记·少仪》："言语之美，穆穆皇皇。"《学记》："其言也约而达，微而藏，罕譬而喻，可谓继志矣。"《祭义》："夫言岂一端而已，各有所当也。"《表记》："子曰：情欲信，辞欲巧。"

《左传·成公十四年》："故君子曰：《春秋》之称，微而显，志而晦，婉而成章，尽而不污，惩恶而劝善，非圣人其谁能修之？"《昭公八年》："叔向曰：子野之言君子哉。君子之言信而有征，故怨远于其身。小人野僭而无征，故怨咎及之。"《昭公二十六年》："闵马父闻子朝之辞，曰：文辞以行礼也。子朝干景之命，远晋之大，以专其志，无礼甚矣，文辞何为？"

《论语·学而》："子曰：巧言令色，鲜矣仁。"《卫灵公》："子曰：辞达而已矣。"

《墨子·修身》第二："言无务为多而务为智，无务为文而为察。"《非命上》第三十五："子墨子言曰：必立仪，言而毋仪，譬犹运钧之上而立朝夕者也，是非利害之辨，不可得而知也。故言必有三表。何谓三表？"子墨子言曰："有本之者，有原之者，有用之者。于何本之？上本之于古者圣王之事。于何原之？下原察百姓耳目之实。于何用之？废（按：假借为'发'）以为刑政，观其中国家百姓人民之利。此所谓言有三表也。"

概括起来说，主要之点就是美、巧、当、达。“美”是优美、庄严、正大。说话要讲究技巧，追求效果，但反对巧伪之言。“当”是恰当、合适。“达”是把意思表达得清楚，通畅流利。还要言辞符合事实，经得起检验（“信而有征”）。要言行一致，行动符合“礼”的规范，否则话说得再好也没有意义。对于教育与修史，又另有修辞要求。教育学生用语要简明、精善，少用比喻却便于接受。编修历史以《春秋》为典范：不大书特书，意思却明显；把史实记下来，褒贬隐含在内；有所避讳，篇章仍然完备；重要史实都有，但不损害惩恶劝善的总原则。

墨家学派的修辞标准，从我们上面所引的话看，与儒家观点有相同的地方。他们也提倡简（“无务为多”）与巧（“而务为智”），但不赞成文采，而要求明察，切合实情。特别值得重视的是“三表”说：言辞要有根据，根据前代圣王的行事；要有源泉，群众所见所闻是源泉；要有功利，有利于刑法政教和百姓。

三、修辞的原则和手段

《周礼·春官·宗伯下》：“教六诗，曰风，曰赋，曰比，曰兴，曰雅，曰颂。”卜商的《诗序》也说诗有“六义”。这是后来“风、雅、颂、赋、比、兴”说法的最初来源。前三项是讲诗体，后三项是讲诗法，已经谈到了诗的修辞问题。

《论语·子路》：“名不正则言不顺，言不顺则事不成，事不成则礼乐不兴，礼乐不兴则刑罚不中，刑罚不中则民无所措手足。”名正才能言顺，事成。正名分是儒家修辞的一条重要原则。《韩诗外传》卷五说：“孔子侍坐于季孙，季孙之宰通曰：‘君使人假马，其与之乎？’孔子曰：‘吾闻君取于臣谓之取，不曰假。’季孙悟，告宰通曰：‘今此往，君有取谓之取，无曰假。’孔子曰：‘正假马之名，而君臣之义定矣。’”这是以“正名”为原则修饰词语的实例。

《孟子·万章》：“故说诗者不以文害辞，不以辞害志，以意逆志，是谓得之。如以辞而已矣，《云汉》之诗曰：‘周余黎民，靡有孑遗。'信斯言也，是周无遗民也。”孟子是讲如何理解诗，涉及到了夸张的修辞手法。

墨子则明白提出了辟（即譬喻）的手法，他说：“辟也者，举也（按：‘也’即‘他’字）物而以明之也。”（《墨子·小取》第四十五）

和墨子、孟子一样，庄子也是先秦时代善于修辞的大家。《天下篇》有一段谈到了庄子的修辞：“芴漠无形，变化无常，死与生与？天地并与？神明往与？芒乎何之？忽乎何适？万物毕罗，莫足以归。古之道术有在于是者，庄周闻其风而悦之，以谬悠之说，荒唐之言，无端厓之辞，时纵恣而不傥，不以觭见之也。以天下为沉浊，不可与庄语。以卮言为曼衍，以重言为真，以寓言为广，独与天地精神往来，而不敖倪于万物，不谴是非以与世俗处。其书虽瑰玮而连犿无伤也。其辞虽参差而諔诡可观。”卮言就是“谬悠之说”、“荒唐之言”、“无端厓之辞”，实在就是夸张，如“鹏之背不知其几千里也”这一类的话。重言是引用古圣贤的话，这些话有些是确凿的，有些是庄周自己模拟想象出来的。寓言是有所寄托的话，多半用比喻和拟人的手法。说“卮言”说得漫无边际，引“重言”使人信以为真，用寓言开拓思路，使它含义广远。这确是庄子惯用的修辞手段。

《国语·郑语》：“声一无听，物一无文。”一种声音还有什么可听的？事物单调，还有什么错杂文采？后人总结出错综的辞格，和这一认识不无关系。

四、言谈的技巧和方法

注重书面语言的修辞是一个方面，另一方面又研究口头表达如何才能取得好的效果，这可说是言语修辞。言语修辞要求注意言谈的态度，言谈的对象、内容、时机和场合等。

《诗经·抑》：“慎尔出话，敬尔威仪，无不柔嘉。白圭之玷，尚可磨也；斯言之玷，不可为也。”发言要慎重，它与威仪相互联系。玉、石有点瑕疵，还可以磨掉，话一说错，可就收不回来了。

《论语》有“驷不及舌”的说法，用意和这里基本上相同。

荀子也赞成慎言，他说：“言而非仁之中也，则其言不若其默也。”（《非相》）说话不合仁义，还是不说的好。同时他又认为君子“好言”“必辩”。他说：“法先王，顺礼义，党学者，然而不好言，不乐言，则必非诚士也。故君子之于言也，志好之，行安之，乐言之，故君子必辩。凡人莫不好言其善，而君子为甚。”孟子说他不得已而好辩，是客观条件迫使他这样做。荀子更进一层说君子好言必辩，是由他的思想（志）、行为（行）和感情（乐）决定的。“君子”比一般人更加爱好“言其所善”。荀子非常看重语言，认为它比珍宝还贵重，比华丽的衣服还漂亮，比音乐还好听。不懂珍爱有文采的语言的人，终身都不免卑污庸俗。他说：“故赠人以言，重于金石珠玉；观人以言，美于黼黻文章；听人以言，乐于钟鼓琴瑟。故君子之于言无厌。鄙夫反是，好其实不恤其文，是以终身不免埤污佣俗。”（《非相》）

荀子对于谈说的技巧也有好的说明：“谈说之术：矜庄以莅之，端诚以处之，坚强以持之，分别以谕之，譬称以明之，欣驩芬芗以送之，宝之珍之，贵之神之；如是则说常无不受。”态度端庄、诚恳、坚强，谈说条分缕析，打比方让人听明白，和颜悦色地解释，看重自己所说的话，认为它神圣不可侵犯，这样就能说得人家接受。

要人家接受你的看法，从事理上说，这还是不够的。荀子的学生韩非进一步提出要“知所说之心”，研究谈说对象的心理状态。“凡说之难，在知所说之心可以吾说当之。所说出为名高者也，而说之以厚利，则见下节而遇卑贱，必弃远矣。所说出于厚利者也，而说之名高，则见无心而远事情，必不收矣。所说厚利而显为名高者也，而说之以名高，则阳收其身而实疏之；说之以厚利，则阴用其言，显弃其身矣。此不可不察也。”（《韩非子·说难》）

看对象说话，对不同的人有不同的说话态度，孔丘早就是这样做的了。《论语·乡党》：“孔子于乡党，恂恂如也，似不能言者。其在宗庙朝庭，便便言，唯谨尔。朝与下大夫言，侃侃如也，与上大夫言，訚訚如也。”

孔丘主张看准时机说话，《论语·宪问》：“夫子时然后言。”主张看清世道说话，《论语·宪问》：“子曰：邦有道，危言危行，邦无道危行言孙。”认为在长辈或地位高的人面前说话要不躁、不隐、不瞽：“言未及之而言谓之躁，言及之而不言谓之隐，未见颜色而言谓之瞽。”（《论语·季氏》）

我们前面引的古代文献不包括《公羊传》与《谷梁传》。这两部书要解释《春秋》的“微言大义”，而微言大义是通过词语表达的，所以对词语的运用有较精密的分析，尽管这些分析不是完全正确。对于汉语中存在的同义现象，似乎还没有人进行过系统的研究，而两传却作了大量的说明，这是我们一笔珍贵的遗产。下面从《公羊传》里举一些例子。

（1）春，宋火。曷为或言灾，或言火？大者曰灾，小者曰火。（《公羊传·襄公九年》）

这是分析一般的同义词。

（2）大雩。大雩者何？旱祭也。然则何以不言旱？言雩则旱见，言旱则雩不见。（《公羊传·桓公五年》）

本可说“旱，大雩”，不说“旱”，只说“大雩”，也知道必定是天旱。简与不简同义。

（3）晋人执卫侯，归之于京师。“归之于”者何？“归于”者何？“归之于”者，罪已定矣。“归于”者，罪未定也。（《公羊传·僖公二十八年》）

省略宾语“之”与否，意义基本上相同，一般也就不加追究了。《公羊传》却细心推求，以为其间还是有一些不同。

（4）虞师、晋师灭夏阳，虞，微国也。曷为序乎大国之上？使虞首恶也。曷为使虞首恶？虞受贿，假灭国者道以取亡焉。（《公羊传·僖公二年》）

联合词组中词的次序似乎无关紧要，但认真分析起来，仍然颇有讲究。

（5）楚人围陈，纳顿子子顿。何以不言遂？两之也。

（《公羊传·僖公二十五年》）

《宣公元年》：“楚子、郑人侵陈，遂侵宋。”那里用了“遂”字，这里不用，看起来用不用，意思都是一样。其实不然，用“遂”，说明本是一回事的前后过程。不用就是两回事。

董仲舒《春秋繁露》与《公羊传》有类似的地方，它也有阐释《春秋》义例与用语的内容。值得称道的如《玉杯》篇说：“难者曰：《春秋》之书战伐也，有恶有善也。恶诈击而善偏战，耻伐丧而荣复仇。奈何以春秋无义战而尽恶之也？曰：凡《春秋》之记灾异也，虽亩有数茎，犹谓之无麦苗也。今天下之大，三百年之久，战攻侵伐，不可胜数，而复仇者有三焉，是何异无麦苗之有数茎哉？不足以难之，故谓之无义战也。……故春秋之于偏战也，犹其于诸夏也，引之鲁则谓之外，引之夷狄则谓之内，比之诈战则谓之义，比之不战则谓之不义。故盟不如不盟，然而有所谓善盟；战不如不战，然而有所谓善战。不义之中有义，义之中有不义，辞不能及，皆在于指。非精心达思者，其孰能知之？”这一番词义相对性的言论是精彩的。一亩地只有几根麦苗，可以说成是没有麦苗，这就是所谓“模糊同义”。

两汉另一部讨论修辞较多的书是王充的《论衡》。《论衡》有《语增》、《儒增》、《艺增》，三篇都列举古书夸张的事例，论证确是言过其实。如《儒增》篇：“儒书称：‘尧舜之德，至优至大，天下太平，一人不刑。’又言：‘文武之隆，遗在成康，刑措不用四十余年。’是欲称尧舜、褒文武也。夫为言不溢，则类不足称，为文不渥，则事不足褒。尧舜之优，不能使一人不刑；文武虽盛，不能使刑不用。言其犯刑者少，用刑希疏可也；言其一人不刑，刑错不用，增之也。”通过王充收集的大量例证，后人会毫不怀疑夸张修辞存在的事实。但《论衡》的主旨是“疾虚妄”，它将夸张也看成“虚妄”加以反对，不免于片面性的毛病。

王充还有别的修辞见解。他主张“形显易观”，就是明白好懂。《论衡·自纪》：“秦始皇读韩非之书叹曰：‘吾独不得与此人同时。’其文可晓，故其事可思。如深鸿优雅，须师乃学，投之于地，何叹之有？夫笔著者欲其易晓而难为，不贵难知而易造。口论务解分而可听，不务深迂而难睹。”他反对模拟。《自纪》说：“百夫之子不同父母，殊类而生不必相似，各以所禀，自为佳好。”他还认为行文不避繁重，只看有用没用。《自纪》又说：“为世用者百篇无害，不为用者，一章无补。如皆为用，则多者为上，少者为下。累积千金，比于一百，孰为富者？”这些都是很有见地的话。

第二节　成长时期

这一时期的前一阶段，古典文论崛兴，修辞作为文论的一部分相应地发达起来。陆机的《文赋》与刘勰的《文心雕龙》是两部有卓越成就的文学理论著作，在修辞学史上也占有重要地位。陆、刘之外在修辞学上有贡献的也不乏其人。这里指出两点：其一是反对浮词艳说。桓范《政要论·序作》：“故作者不尚其辞丽，而贵其存道也，不好其巧慧，而恶其伤义也。故夫小辩破道，狂简之徒，斐然成文，皆圣人之所疾矣。”左思《三都赋》序说：“且夫玉卮无当，虽宝非用；侈言无验，虽丽非经。”虚张诡丽，东汉时就已有人坚决反对过。如王符《潜夫论·务本》就说：“今学问之士，好语虚无之事，争著雕丽之文，以求见异于世。品人鲜识，从而高之。此伤道德之实，而或蒙夫之大者也。”不过到了魏晋南北朝，这种风气日盛一日，反对的也就越来越多。按曹丕的意见，华丽还是可以的，只是要限制在某些文体之内。《典论·论文》说：“夫文本同而末异，盖奏议宜雅，书论宜理，铭诔尚实，诗赋欲丽。”本不失为持平之论，但风气已开，难以遏止。靡丽浮艳的风气，风靡文坛三百来年，颜之推慨叹说：“今世相承，舍本趋末，率多浮艳。”“时俗如此，安能独违？但务去泰去甚耳。”（《颜氏家训·文章》）直到隋统一中国，采用行政手段，抑制文辞的轻浮华巧，情况才有所改变。《隋书·李谔传》：“及大隋受命，圣道聿兴，屏击轻浮，遏止华伪。……开皇四年，普诏天下，公私文翰，并宜实录。其年九月，泗州刺史司马幼之文表华艳，付所司治罪，自是公卿大臣，咸知正路，莫不钻研坟索，弃绝华绮，择先王之令典，行大道于兹世。”这些话当不是无稽之谈。

其二是开始讲究音韵修辞。这要以沈约的话为代表。沈约《谢灵运传论》说：“夫五色相宣，八音协畅，由乎玄黄律吕，各适物宜。欲使宫羽相变，低昂舛节，若前有浮声，则后须切响。一简之内，声韵尽殊；两句之中，轻重悉异。妙达此旨，始可言文。”调节文句中的音律，要像图画调色一样，像音乐和声一样，事物本身适宜怎样，就应当怎样。要使平仄高低错综地配合，如果前面有了清声字，后面就要用浊音字。一两句话之内，音韵平仄完全不同。而诗歌要做到这一点，就要防止沈约所说的“八病”。“八病”是：（一）平头：上一句开头两字与下一句开头两字平仄相同。（二）上尾：上句末一字与下句末一字平仄相同。（三）蜂腰：一句之中前两字与后两字用仄声，中间一字平声。（四）鹤膝：反之，前两字后两字用平声，中间一字仄声。（五）大韵：五字一句，两句共十字，前九字中的任何一字与第十字同韵。（六）小韵：前九字中有同韵字。（七）旁纽（一音的四个调，叫纽，如“壬、衽，任、入”便是一纽）：一句之中不得用双声字。（八）正纽：一句之中用同纽的两个字，如用“任”，又用“入”。没有这“八病”，可叫“一简之内，音韵尽殊，两句之中，轻重悉异”了。

《文赋》作者陆机（261—303），字士衡，吴大司马陆抗的儿子。吴灭入晋，做官做到平原内史，是当时一个大文学家。《文赋》是一篇较完整的文艺理论作品，对后来《文心雕龙》的作者多有启发。《文赋》对修辞学也有不可忽视的贡献。

陆机提出了用词的一些原则。如果将“辞”比作技巧，那“意”就是掌握技巧的工匠，辞要服从意的指挥：“辞程才以效伎，意司契而为匠。”用词要仔细斟酌，求其贴切恰当：“考殿最于锱铢，定去留于毫芒，苟铨衡之所裁，固应绳其必当。”不必有什么规矩，但总以能充分反映客观事物为目的：“虽离方而遁员，期穷形而尽相。”孔丘以为“辞达”就可以了，陆机“辞达”“理举”

并提，要求把论点建立起来，把道理说清楚。既然只要求“辞达”“理举”，冗长就是不足取的了：“要辞达而理举，故无取乎冗长。”不止是“达”而已，他还重视“妍”，也就是美，要求音声和协：“其会意也尚巧，其遣言也贵妍。暨音声之迭代，若五色之相宣。”就整篇而言，必须有撮举大要的警策性的句子，借以振起全文：“立片言而居要，乃一篇之警策，虽众辞之有条，必待此而效绩。”篇中有丽词佳句，就像石中含有宝玉，会使全山生辉，水中藏有珍珠，整条河都会更加妩媚一样：“石韫玉而山辉，水怀珠而川媚。”

陆机认为风格因作者禀性不同而不同，因文章体式不同而不同，他说：“故夫夸目者尚奢，惬心者贵当。言穷者无隘，论达者唯旷。诗缘情而绮靡，赋体物而浏亮，碑披文以相质，诔缠绵而凄怆，铭博约而温润，箴顿挫而清壮，颂优游以彬蔚，论精微而朗畅，奏平彻以闲雅，说炜烨而谲狂。”

《文赋》列举了为文五病。虽是对整个文章而言，对修辞也是适用的。五病是不应、不和、不悲、不雅、不艳。反过来说，就是要求应、和、悲、雅、艳。应是前后照应；和是没有杂质混入，瑕不掩瑜；悲是动人；雅是纯正；艳是艳丽。

陆机首先是个文章家、诗人。他知道作文修辞的艰苦，固定的原则并不能适应千姿百态的实际情形，所以提出“因宜适变”的说法。譬如跳舞，就根据节拍舞蹈，唱歌，就和着器乐歌唱，只可意会，难以言传：“譬犹舞者赴节以投袂，歌者应弦而遣声，是盖轮扁所不得言，亦非华说之所能精。”

《文赋》作者结合文论谈修辞，结合自己的写作经验谈修辞，丰富了修辞学的内容，使前人的某些修辞学见解得到了充实。

《文心雕龙》是我国第一部成系统的文学理论专书，同时也是第一部广泛地讨论修辞的巨著。它的作者刘勰（公元 465 年前后至 520 年前后），字彦和，东莞莒（今山东莒县）人，做过梁朝的小官，后来出家当了和尚。

《文心雕龙》写了“声律”一章，提出了协调声律的方法。“凡声有飞沉，响有双叠。双声隔字而每舛，叠韵杂句而必睽。沉则响发而断，飞则声飏不还。并辘轳交往，逆鳞相比。迂其际会，则往蹇来连，其为疾病，亦文家之吃也。”“飞”指平声，“沉”指仄声，一句中都是平声或都是仄声，是文吃。双声字隔开用，上句与下句中包含着叠韵字，也是文吃。“夫吃文为患，生于好诡，逐新趣异，为喉唇纠纷。将欲解结，务在刚断。左碍而寻右，末滞而讨前，则声转于吻，玲玲如振玉，辞靡于耳，累累如贯珠矣。”文吃的原因在于好用新奇怪异的辞藻，改正的办法是坚决把它们删去。前后左右反复斟酌，换上恰当的词语，念起来顺口，听起来悦耳，而达到“和韵”的目的。“异音相从谓之和，同声相应谓之韵。”实际上“和”就是平仄协调，“韵”就是用韵得当。按照刘勰的意见，“和”比“韵”是更难做到的。

《文心雕龙·练字》篇主张选字要“一避诡异”，如“褊心恶呶呶”句中“呶呶”就是怪字，有了这两个字，整篇诗的完美都受到了损害。“二省联边”，句中同偏旁的字不宜多用。如“绮缟何缤纷”，五字句中有四个字同偏旁，就有点像字典的排列了。“三权同出”，对偶句中上句与下句不得重字，诗中用韵，一首诗中不得用同一个字押韵，万一非用不可，也就只好重出。“四调单复”，笔画少的字叫单，多的叫复，单字、复字应搭配着使用。

刘勰认为用词要简练、精当、明确。《熔裁》篇说：“同辞重句，文之肬赘也。”“句有可削，足见其疏；字不得减，乃知其密。”这是讲简练。《指瑕》篇举例说：“陈思之文，群才之俊也。而《武帝诔》云：尊灵永蛰；《明帝颂》云：圣体浮轻。浮轻有似乎蝴蝶，永蛰颇疑乎昆虫，施之尊极，岂其当乎?”曹植把“浮轻”用到明帝曹睿身上，称他父亲曹操的死为尊灵“永蛰”，这是用词不当。《指瑕》篇又反对含糊其辞，“依希其旨”。这两点从正面说就是要求精当、明确。

《文心雕龙》重视语序。《章句》篇说：“句司数字，待相接以为用。”几个字按一定顺序排列起来，才能起作用成为句子。“事乖其次，则飘寓而不安。”“是以搜句忌于颠倒，裁章贵于顺序。”这是主张按常序造句。刘勰也注意到了语序的灵活性和语序的修辞作用。《宗经》举了《公羊传》的例子，说：“五石六鹢，以详略成文，雉门两观，以先后显旨。”《春秋》载：“陨石于宋五”，“六鹢退飞过宋都”。为什么不说“陨五石于宋”“鹢六退飞过宋都”？据《公羊传》的解释，这是按认识的顺序写的。首先看落下来的是什么？是石头。数一数，是五个。所以“五”在“石”后。而“六鹢退飞”，先看见六只鸟，还不知道是什么鸟，仔细观察，才知道是鹢。再慢慢考察，知道它们在退飞。《春秋》“雉门及两观灾”，本是“雉门灾及两观”，为什么这样说呢？因两观是主要受灾者，不宜放在句子后面。但也不能把“两观”放在最前面，因两观不是重要建筑物，雉门比两观重要得多。

刘勰以为偶句能增强语言表达效果。《丽辞》篇说：“丽句与深采并流，偶意共逸韵俱发。”丽句就是偶句。偶句必须“精巧”、“允当”，最好奇句、偶句配合用，“迭用奇偶，节以杂佩，乃其贵耳”。

《文心雕龙》还比较集中地论述了以下几种修辞手法。

（一）比喻。《比兴》篇说：“且何谓比？盖写物以附意，飏言以切事者也。故金锡以喻明德，珪璋以譬秀民，螟蛉以类教诲，蜩螗以写号呼，浣衣以拟心忧，席卷以方志固，凡斯切象，皆比兴也。至如麻衣如雪，两骖如舞，若斯之类，皆比类者也。”描写具体的事物，用来比附别的事物的意义，用夸张的言辞恰当地表现事物的特点，就是比。比有比义、比类之分。从所举例子看，被比的比较地抽象是比义，比较地具体是比类。同篇又说：“比类虽繁，以切至为贵，若刻鹄类鹜，则无所取焉。”强调比喻要贴切，把天鹅写成了野鸭子，就不足取了。

（二）起兴。《比兴》篇：“毛公述传，独标兴体。”这是说“兴”是一种独立的手法，毛公传诗，特别加以标明。什么是兴？同篇说：“兴者，起也。”“起情者依微以拟议”，“环譬以托讽。”兴就是托物起兴，依托关系不太明显的事物来引起感情，生发议论，用委婉的联想来表示美刺。刘勰赞扬屈原“依诗制骚，讽兼比兴。”所谓“讽兼比兴”，是说兼用比兴进行讽谏，发挥文学的社会效能。

（三）夸饰。我们现在称之为夸张。《文心雕龙》首先就讲夸饰的依据。“故自天地以降，豫入声貌，文辞所被，夸饰恒存。虽诗书雅言，风格训世，事必宜广，文亦过焉。”自古以来，描绘声貌，就总有夸张，因为“壮辞可得喻其真”，夸张的话能揭露事物的本质。况且《诗》、《书》等经典里也有夸张之辞，只要不以辞害意就可以了。《夸饰》篇举出了许多著名的夸张实例，有夸张得好的，也有“诡滥”不雅的，结论是：“若能酌诗书之旷旨，翦扬马之甚泰，使夸而有节，饰而不诬，亦可谓之懿也。”夸饰要运用得好，就要继承《诗》、《书》的丰富遗产，去掉扬雄、司马相如诡滥、浮夸的文风，夸张而有节制，修饰而不背离事物的真实。

（四）事类。《事类》篇说：“事类者，盖文章之外，据事以类义，援古以证今者也。”文章立意谋篇之外，用同类事例来说明意义，引古事成辞来证明当今的道理，就叫事类。我们现在称之为引用。对于引用的要求是：“综学在博，取事贵约，校练务精，据理须核，众美辐辏，表里发挥。”积累各方面的知识，做到渊博，用典贵在简约，考核材料务必精当，采择事理要求正确，这几样都完美无瑕，就充分发挥出内才外学的作用了。

（五）物色。《物色》篇说：“写气图貌，既随物以宛转，属采附声，亦与心而徘徊。”可见“物色”所要阐述的是“写气图貌”、“属采附声”，即描写自然界物的神气、外貌、色彩、声音。“故灼灼状桃花之鲜，依依尽杨柳之貌，杲杲为日出之容，瀌瀌拟雨雪之状，喈喈逐黄鸟之声，喓喓学草虫之韵。皎日嘒星，一言穷理，参差沃若，两字穷形，并以少总多，情貌无遗矣。”这些例子，实际上是两类——状物与摹声。从所用词看，多数是叠音词，也有单音形容词、联绵词和带后缀的双音节词。

（六）隐秀。《隐秀》篇说：“隐也者，文外之重旨者也。秀也者，篇中之独拔者也。隐以复意为工，秀以卓绝为巧。”“隐”就是含蓄，有言外之意（重旨，复意）；“秀”就是警策，不同凡响（独拔，卓绝）。“晦塞为深，虽奥非隐，雕削取巧，虽美非秀矣。”

指出“隐”不是晦塞艰深，“秀”不是刻意雕琢，总以浑然天成为妙。

（七）谐隐。“谐”指诙谐通俗的小故事。《谐隐》篇说：“谐之言皆也，辞浅会俗，皆悦笑也。”“隐”有两类：一类在隐约的文辞中藏有真意；一类用转弯抹角的比喻指斥实事。“隐者隐也，遁辞以隐意，谲譬以指事也。”“谐隐”近似于我们现在所说的幽默和讽喻。

（八）离合。《明诗》篇说：“离合之发，明于图谶。”认为离合文字的手法，是从图谶开始的，如《孝经右契》合卯金刀为劉（刘），禾子为季便是。《谐隐》篇：“或体目文字，图象品物，纤巧弄思，浅察以衒辞，义欲婉而正，辞欲隐而显。”所谓“体目文字”如“黄绢、幼妇、外孙、齏臼”解为“绝妙好辞”。“图象品物”如酪杯盖上题“合”字，解为“人一口”，都是“离合”。（见《世说新语·捷悟》。）

《文心雕龙》还论述了文体和风格，这些都与修辞有关。但它们同时属于文章学、风格学的范围，这里不作介绍。

这一时期作家对修辞较多地注意的，还有晋代葛洪、北齐颜之推。葛洪对今胜于古、今文辞强似古文辞的观点，讨论得比较透彻，见于他的著作《抱朴子》外篇。颜之推（公元531年生），字介，琅琊临沂人，有《颜氏家训》一书传世。他指斥辞藻浮艳是舍本趋末，推崇沈约的“三易”说——易懂、易认、易读：“文章当从三易：易见事，一也；易识字，二也；易读诵，三也。”提倡言必有指归，奚落“博士买驴，书卷三纸，未有驴字”那种文繁而不切实用的情形。他实际上指出了在使用歇后、借代、挠绕几种修辞手法时的弊病，虽然还没有列出这些手法的名目。关于避讳，他要求“皆须得其同训以代换之”。如讳长，琴有长短，可称“修”短，但肾肠却不能叫肾修。他强调精核，批评用事和书写的错误。

成长时期的后一阶段，首先要说到唐朝的刘知几（661—721）。刘知几字子玄，彭城（今江苏徐州）人。武后时任著作郎、左史等职，兼修国史。他是个史学理论家，所著《史通》一书对史学有卓越的贡献。他在论述他的史学观点时，许多地方都讨论到修辞，把修辞研究向前推进了一步。他主张记“当世口语”，“从实而书”（《史通·论赞》），“言必近真”（《史通·言语》），批评“怯书今语，勇效昔言”（《史通·言语》）。《史通》推进了修辞学的研究，最突出的一点是认为言辞当因文体而异，因时而异，因人而异，因俗而异。《论赞》篇说：“大唐修《晋书》，作者皆当代词人，远弃史、班，近宗徐、庾。夫以饰彼轻薄之句，而编为史籍之文，无异于加粉黛于壮夫，服绮纨于高士者矣。”用六朝绮靡的文辞修史，就好像叫男子汉涂脂抹粉，叫清高的隐士穿红着绿一样。辞当因时而异，如汉称帝，子侄封王，作者还仿殷周的说法，称“帝家”为“王室”，那就不可以了。辞当因俗而异，如“受纥洛干感恩，脱帽而谢”，改“脱帽”为“免冠”，不知胡人本不加冠冕，这样做也就不合适了。（两例都见《叙事》篇）辞当因人而异，如记刘裕称赞他的将军，将他比作汉光武的功臣冯异，到渭水边游玩，就想起助周灭商的姜太公，都是不符合实际的。因为刘裕武人出身，没有多少历史知识，他根本不知道有什么冯异和姜太公。（这个例子见《杂说中·诸史》）

刘知几对修辞现象有较精细的体察，但所立名目未能尽善。这里姑且按他所理解的加以说明。他很重视“简”与“晦”。《叙事》篇说：“简之时义大矣哉！”又说：“晦之时义，不亦大哉！”简或称简要，最完美的境地是“文约而事丰”。简也就是省。同篇说：

> 又叙事之省，其流有二焉：一曰省字，二曰省句。《左传》宋华耦来盟，称其先人得罪于宋，“鲁人以为敏”。夫以钝者称敏，则明贤达所嗤，此为省句也。《春秋》经曰：“陨石于宋，五。”夫闻之陨，视之石，数之五，加以一字太详，减其一字太略，求诸折中，简要合理，此为省字也。

这里两个例子都是典型的修辞实例，只是把它们看成简省，恐怕笼统了些。

与简相对的是烦。同篇接着说：

> 其反于是者，若《公羊》称："郤克眇，季孙行父秃，孙良夫跛。齐使跛者逆跛者，秃者逆秃者，眇者逆眇者。"盖宜除"跛者"以下字，但云：各以其类逆者。必事皆再述，则于文殊费，此为烦句也。《汉书·张苍传》云："年老口中无齿。"盖于此一句之内，去"年"及"口中"可矣。此六文成句，而三字妄加，此为烦字也。

这里第一个例子有说可省的，有说不可省的，还有争论。第二个例子似乎没有争议，都同意刘知几的看法。

"晦"与《文心雕龙》的"隐"约略相当。《叙事》篇解释"晦"的意义说："言近而旨远，辞浅而义深，虽发语已殚，而含义未尽。使夫读者望表而知里，扪毛而知骨，睹一事于句中，反三隅于字外。"所举《书》实例如《虞书》："帝乃殂落，百姓如丧考妣。"《夏书》："启呱呱而泣，予不子。"《周书》："前徒倒戈，血流漂杵。"《左传》与《史》、《汉》中的例子如"邢迁如归，卫国忘亡"，汉兵败绩，"睢水为之不流"；翟公之门，"可张雀罗"等。我们看这些例子，或者使用了修辞手法，或者用简洁的语言作了生动的描绘，从而提高了语言的表达效果，刘知几把这些都叫做"晦"。

《史通》写有《模拟》篇，所论大致精当。模拟分为两类。一类"貌同而心异"。如谯周《古史类》"秦杀其大夫李斯"，将天子的丞相拟于诸侯的大夫；干宝《晋纪》云葬"我"某皇帝，将一统天下拟于作为诸侯的鲁国。这两例都是在形式上模仿《春秋》。另一类"貌异而心同"，是刘知几所肯定的。如：

> 盖君父见害，臣子所耻，义当略说，不忍斥言。故《左传》叙桓公在齐遇害，而云"彭生乘公，薨于车"。如干宝《晋纪》叙愍帝殁于平阳，而云晋人见者多哭，贼惧，帝崩。以此而拟左氏，又所谓貌异而心同也。……盖文虽阙略，理甚昭著，此丘明之体也。至如叙晋败于邲，先济者赏，而云："上军下军争舟，舟中之指可掬。"夫不言攀舟乱，以刃断指，

而但曰舟指可掬，则读者自睹其事矣。至王劭《齐志》述高季式破乱于韩陵，追奔逐北，而云："夜半方归，槊血满袖。"夫不言奋槊深入，击刺甚多，而但称"槊血满袖"，则闻者亦知其义矣。以此而拟左氏，又所谓貌异而心同也。

这里所举，都是后来修辞学上的著名用例。

刘知几对夸张修辞有所认识，对拟人手法的运用也有自己的见解，但与上面所说的比起来，就显得不那么重要了。

唐人在谈文谈诗时涉及修辞的地方很多，其中包括裴度、韩愈、柳宗元等人的意见。唐人反对六朝文学上浮艳绮靡的习气是正确的，但其中有些人走到反面，抛弃一切丽辞偶句，完全不顾文章声律，割章裂句，自诩高明。裴度针对这种情况说了一些中肯的话。他说：

昔人有见小人之违道者，耻与之同形貌，共衣服，遂思倒置眉目，反易衣冠以异也，不知其倒之、反之之非也。虽非于小人，亦异于君子矣。故文章之异，在气格之高下，思致之深浅，不在磔裂章句，隳废声韵也。人之异，在风神之清浊，心志之通塞，不在于倒置眉目，反异冠带也。(《寄李翱书》)

韩愈提出"唯陈言之务去"的观点，致力于不用现成话（《答李翊书》）；柳宗元认为文当"词正而理备"，诗当"言畅而意美"(《杨评事文集后序》)。他们这样说，也这样做，对后世产生了良好的影响。

此外，司空图《诗品》主要讲风格，释皎然《诗式》主要讲诗法，这两部作品与通常所说的修辞也多少有些关系。

宋代修辞研究空前发达。改革家王安石强调修辞的实用性，《上人书》说："所谓辞者，犹器之有刻镂绘画也。诚使巧且华，不必适用；诚使适用，亦不必巧且华。要之以适用为体，以刻镂绘画为之容而已。"道学家程颐想用养性来代替修辞："古之学者惟务养情性，其他则不学。今为文者，专务章句，悦人耳目；既务悦人，非俳优而何?"（《二程语录》）其他散见于各处的修辞言论，不胜遍举。修辞讲得比较精彩，对修辞研究有所贡献的要算沈括、孙奕、洪迈，而总其成的是陈骙。

沈括《梦溪笔谈》卷十四谈错综手法说：

> 韩退之集中《罗池神碑铭》有"春与猿吟兮，秋与鹤飞"，今验石刻，乃"春与猿吟兮，秋鹤与飞"。古人多用此格。如《楚辞》："吉日兮辰良"，又"蕙殽蒸兮兰籍，奠桂酒兮椒浆。"盖相错成文，则语势矫健耳。……

孙奕《履斋示儿编》论述了倒文、重复，练字、仿拟等。孙奕所说的倒文，是两词相接，不用常序。如"得失"，倒其文成为"失得"。重复，如《史记·孟尝君列传》言冯公"形容之貌"，"乃四字而一意"；贾谊《过秦论》"席卷天下，包举宇内，囊括四海之意，并吞八荒之心"，四个句子只有一句的意思。

《示儿篇》用了较多篇幅来谈仿拟，不过没有立这样的名称，而是用"祖述文章"、"递相祖述"、"句法同"、"文意同"、"史同文"这类的标题，我们把这些总称为仿拟，而别为仿篇章、仿句法、仿文意三小类。仿篇章的如欧阳修《本论》仿韩愈《原道》，《上范同谏书》仿《谏臣论》，《书梅圣俞诗稿》仿《送孟东野序》等。仿句法的如：

> ……黄鲁直《学优斋铭》曰："学哉身哉！身哉学哉！"句法使班孟坚《典引》曰："唐哉皇哉！皇哉唐哉！"其祖出《益稷》曰："臣哉邻哉！邻哉臣哉！"杜子美《南郊赋》曰："九五之后，人人自以遭唐虞，四十年来，家家自以为稷卨。"句法使曹子建《与杨德祖书》曰："人人自谓握灵蛇之珠，家家自谓抱荆山之玉。"其源出崔骃《达旨》曰："家家有以乐和，人人有以自优。"及扬雄《解嘲》曰："家家自以为稷卨，人人自以为皋陶。"

仿文意的如：

> 孟子"不教民而用之，谓之殃民"（《告子下》），即孔子"以不教民战，是谓弃之"（《论语》十三）之遗意。孟子"分

人以财谓之惠，教人以善谓之忠”（《滕文公上》），即孔子“爱之能勿劳乎？忠焉能勿诲乎？”（《宪问》）之遗意。孟子曰：“子产惠而不知为政”（《离娄下》），即孔子曰：“子产，惠人也”（《宪问》）之遗意……

《示儿编》专门写了《练字》一节，一连举出杜甫诗中三十几个事例。练得句首字好的如《漫兴》：“糁径杨花铺白毡，点溪荷叶叠青钱。”练得第二字好的如《北风》：“爽携卑湿地，声拔洞庭湖。”练得腰字好的如《泛江作》：“风蝶勤依桨，春鸥懒避船。”练得尾字好的如《寄张十二彪》：“数篇吟可老，一字买堪贫。”练得全句好的如《陪郑广文》：“绿垂风折笋，红绽雨肥梅。”

洪迈研究修辞的成就与孙奕不相上下，他认为文“繁与省各有当”，不赞成一味求简（《容斋随笔》卷一）。他首先提出后来叫做“博喻”或“复喻”的修辞手法，所举例包括苏轼《百步洪诗》：“长洪陡落生跳波，轻舟南下如投梭。水师绝叫凫雁起，乱石一线走蹉磨。有如兔走鹰隼落，骏马下注千丈坡，断弦离柱箭脱手，飞电过隙珠翻荷。”（《容斋三笔》卷六）《容斋四笔》又引进“歇后语”、“叠语”这样的名称：

杜韩用歇后语

杜韩二公作诗，或用歇后语，如“凄其望吕葛”，“仙鸟仙花吾友于”，“友于皆挺拔”，“再接再厉乃”，“僮仆诚自剑”，“为尔惜居诸”，“谁谓贻厥无基趾”之类是已。（卷四）

公羊用叠语

《公羊传》书楚子围宋，宋人及楚人平，凡四百字。其称司马子反者八。又再曰：“将去而归尔”，“然后而归尔”，“然后归尔”，“臣请归尔”，“吾亦从子而归尔”；又三书“军有七日之粮耳”，凡九用“尔”字。然不觉其烦。（卷八）

《容斋三笔》有“乐府诗引喻”一节实际上是讲双关，举例丰富：五言的有“中劈庭前枣，教郎见赤心”，“明灯照空局，悠然未有期”等；七言的有“玲珑骰子安红豆，入骨相思知也无”，“合欢桃核真堪恨，里许元来别有人”等。

陈骙（1128—1203），字叔进，台州临海人，做过同知枢密院事，参知政事。他总结前人的修辞理论，掺和自己的研究心得，汇集成为《文则》。《文则》名义上是谈文章法则，但主要是讨论修辞，可看成修辞专书，是我国修辞研究史上重要著作之一。下面作一些简要的介绍。

（一）较多地采用了比较法。如：

> 刘向载泄冶之言曰："夫上之化下，犹风靡草，东风则草靡而西，西风则草靡而东，在风所由而草为之靡。"此用三十有二言而意方显。及观《论语》曰："君子之德风，小人之德草，草上之风必偃。"此减泄冶之言半而意亦显。又观《书》曰："尔惟风，下民惟草。"此复减《论语》九言而意愈显。（《文则·甲》）

（二）讨论了词汇修辞。

陈骙明确反对使用古语，他说：

> 搜摘古语，撰叙今事，殆如昔人所谓大家婢学夫人，举止羞涩，终不似真也。（《文则·甲》）

陈骙重视"助辞"的修辞作用。《文则·乙》说：

> 文有助辞，犹礼之有傧，乐之有相也。礼无傧则不行，乐无相则不谐，文无助则不顺。……《左氏传》曰："其有以知之矣。"则曰："其无乃是也乎？"此二或六字成句而四字为助，亦不嫌其多也。《檀弓》曰："南宫绍之妻之姑之丧。"《乐记》曰："不知手之舞之足之蹈之也。"凡此不嫌用"之"字为多。《礼记》曰："言则美矣大矣盛矣。"此不嫌用"矣"字为多。《檀弓》曰："美哉奂焉！"《论语》曰："富哉言乎！"凡此四字成句，而助辞半之。不如是，文不健也。……

陈骙也提到了后世所谓"连及"和歧义，他称之为病辞和疑辞。同篇说：

> 病辞者，读其辞则病，究其意则安。如《曲礼》曰："猩猩能言，不离禽兽。"《系辞》曰："润之以风雨。"盖"禽"字于"猩猩"为病，"润"字于"风"为病也。疑辞者，读其

辞则疑，究其意则断。如《何彼秾矣》曰：“平王之孙。”《檀弓》曰：“容居，鲁人也。”盖“平王”疑为东迁之平王，“鲁人”疑为鲁国之人也。凡观此文，可不深考？

（三）较多地论述了句法修辞，也涉及了章法修辞。

《文则·己》强调“炼句”的重要性，它以《家语》作比较材料，认定《檀弓》“炼句益工”。所举例中有：

《檀弓》：遇负杖入保者息。

《家语》：遇人入保负杖者息。

《檀弓》：南宫绍之妻之姑之丧。

《家语》：南宫绍之妻，孔子之兄女，丧其姑。

《檀弓》：夫子为弗闻也者而过之。

《家语》：夫子为之隐佯不闻而过之。

《檀弓》：死不如速朽之愈也。

《家语》：死不如朽之速愈。

陈骙讲对偶，分为“意相属”和“事相类”两种情形。前者如“诲尔谆谆，听我藐藐”，后者如“威侮五行，怠弃三正”。主张“浑然而成”，才是工对。（《文则·甲》）

《文则·乙》在论及长句和短句的时候，认为《檀弓》“文句长短有法，不可增损。”长句例如：

毋乃使人疑夫不以情居瘠者乎哉！

孰有执亲之丧而沐浴佩玉者乎？

蒉尚不如杞梁之妻之知礼也。

苟无礼义忠信诚悫之心以莅之。

短句例如：

华而睆。立孙。畏。厌。溺。

陈骙研究了数句都用上同一个词或几个词的情形，说是可以“壮文势，广文义”。实际上是在相连的若干句中的同一个地方用上相同的词，以形成某种气势。《文则·庚》举出了四十来个这样的例子，现引两个于下：

“或”法：《诗·北山》曰：“或燕燕居息，或尽瘁事国，或息偃在床，或不已于行。或不知叫号，或惨惨劬劳，或栖迟偃仰，或王事鞅掌。或湛乐饮酒，或惨惨畏咎，或出入风议，或靡事不为。”退之《南山诗》云：“或连若相从，或蹙若相斗，或妥若弭伏，或竦若惊雊，或散若瓦解，或赴若辐辏，或翩若船游，或决若马骤。”皆广《北山》“或”字法而用之也。《老子》曰：“故物或行或随，或呴或吹，或强或羸，或载或隳。”又一法也。者法：《考工记》曰：“脂者，膏者，臝者，羽者，鳞者。”又曰：“以脰鸣者，以注鸣者，以旁鸣者，以翼鸣者，以股鸣者，以胸鸣者。”《庄子》曰：“行者，牵者，奔者，涉者，陆者，翘者，顾者，鸣者，寝者，讹者，立者，龁者，饮者，溲者，降者。”凡此用“者”字，其原出于《考工记》及《庄子》法也。

陈骙还注意到了语气和句型的修辞作用。他说：

辞以意为主，故辞有缓，有急，有轻，有重，皆生乎意也。韩宣子曰：“吾浅之为丈夫也。”则其辞缓。景春曰：“公孙衍、张仪岂不诚大丈夫哉?”则其辞急。“狼瞫于是乎君子”，则其辞轻。“子谓子贱，君子哉若人”，则其辞重。（《文则·乙》）

看他的例子，陈述句缓、轻，反诘句和感叹句则急、重。

（四）着重总结了比喻辞格，兼及援引、简约、重复、含蓄等手法。

《文则·丙》将比喻分为十类。（1）直喻，即用比喻词的比喻。“或言犹，或言若，或言如，或言似，灼然可见。”（2）隐喻。“其文虽晦，其义可寻。”不用喻词。（2）类喻。“取其一类，以次喻之。”贾谊《新书》曰：“天子如堂，群臣如陛，众庶如地。堂、陛、地一类也。”（4）诘喻。“虽为喻文，似成诘难。”如《论语》：“虎兕出于柙，龟玉毁于椟中，是谁之过与?”（5）对喻。“先比后证，上下相符。”如《荀子》：“流丸止于瓯臾，流言止于智者。”（6）博喻。“取以为喻，不一而足。”叠用几个比喻。（7）简喻。“其文虽略，其意甚明。”如《扬子》：“仁，宅也。”（8）详喻。

“须假多辞，然后义显。”（9）引喻。“援取前言，以证其事。”引用前人的比喻。（10）虚喻。“既不指物，亦不指事。”如《论语》：“其言似不足者。”上述第十类不算比喻，前九类的划分也不是取同一角度。尽管这样，陈骙对此所作的论述，仍然是修辞学史上的一项贡献，因为前人还没有对比喻作过这样集中的探讨。

陈骙按作用分“援引”为“断行事”、“证立言”两项（《文则·丙》）。他赞成“言以简为当”，但不一概反对重复，说：“文有若重复而意实曲折者。”（《文则·甲》）他主张含蓄，认为“事之载也，以蓄意为工。”（《文则·甲》）《文则》也论及倒语和排比等。

《文则》和《文心雕龙》都谈到了修辞的几个方面，《文心雕龙》概括性强，《文则》具体阐述多，从抽象的认识到生动的发挥，显然是一种进步。《文心雕龙》从文学理论的角度讲修辞，《文则》实际上多从语言角度讲修辞，修辞在《文心雕龙》中是从属的，在《文则》中却是主要的。所以我们把前者看做是这一时期前段的代表作，而把后者看做是这一时期后段的代表作。

即使产生了《文心雕龙》、《文则》这样的著作以后，修辞学还是长期得不到全面发展和充实，难以独立。但历代学人还是不断地为修辞学提供新的内容，为它的创立准备条件。

金人王若虚著《滹南遗老集》，指出大量名家名作语言上的毛病。仔细阅读这部书，读者能够提高语言素养和修辞能力。该书讨论到重复、藏词、感叹、反诘、借代、含蓄等修辞手法。像王若虚这样的修辞学大家，修辞学史上应当有他的地位。下面举几个《滹南遗老集》认为有语病的例子。

> 《左氏》华督遇孔父妻，“目逆而送之”，其言甚文。《史记》乃曰：“目而观之。”不成语矣。（卷十）
>
> “田横二客自刭，高帝闻之乃大惊，以田横之客皆贤，吾闻其余尚五百人在海中，使使召之。至，则闻田横死，亦皆自杀。”予谓“闻之乃大惊”，剩“乃”字，“吾闻其余尚五百人”，剩“吾”字。（卷十九）
>
> “疾雷不及掩耳”，此兵家成言，初非偶语，古今文士未有

改之者。宋子京于《李靖传》乃易“疾雷”为“震霆”，易“掩”为“塞”，不惟失真，且其理亦不安矣。雷以其疾，故不及掩耳，而何取于震？掩且不及，复何暇塞哉？（卷二十二）

前人文字言“骚动”，“骚然”者有矣。《安禄山传》云：“百姓愈骚。”《裴冕传》云：“大众一骚。”《马遂传》云：“天下方骚。”无乃太简乎？（卷二十二）

元人陈绎曾作《文说》，其中《造语法》一节主要讲修辞，包括拗语（倒序）、反语（反诘）、累语（同义重复）、联语（顶真）、歇后语、变语（错综）、对语（对偶）、隐语（含蓄、借喻、双关）、婉语（婉曲、讳饰）等十四种手法。各种手法都只限于举例，但总的说来，在当时算是论述得比较齐备了。

杨慎是明代对于修辞最有研究的一位学者。他曾明确提出“美”的标准，说：“论文或尚繁，或尚简。予曰：繁非也，不繁不简亦非也。繁有美恶，简有美恶，难有美恶，易有美恶，惟求其美而已。”（《丹铅杂录》卷六）

清代桐城派古文大家刘大櫆把音韵修辞看得非常重要，他称“音韵”为“音节”：“音节高，则神气必高，音节下，则神气必下。故音节为神气之迹。一句之中，或多一字，或少一字；一字之中，或用阴平、阳平、上声、去声、入声，则音节迥异，故字句为音节之矩。”“合而读之，音节见矣，歌而咏之，神气出矣。”（《论文偶记》）按照刘大櫆的意见，“神者文家之宝”，“气最重要”，而“神气”又是由“音节”决定的。这是修辞学史上最重视音韵的议论。

戏曲家从作曲的角度谈用词和音律，比较地专门些，但其中许多好的意见，也就是修辞学的内容。元人周德清作《中原音韵》，明人王骥德作《曲律》，他们的作曲理论都是与修辞学相通的。限于篇幅，未能介绍。清代戏曲理论家、作家李渔的修辞见解，全是经验之谈，特别值得重视。他认为“文学莫不贵新”，“不新可以不作”。怎样求新呢？他说：

同是一语，人人如此说，我之说法独异，或人正我反，人直我曲，或隐约其词以出之，或颠倒字句而出之，为法不一。昔人点铁成金之说，我能悟之。不必铁果成金，但有惟铁是用之时，人以金试而不效，我投以铁，铁即成金矣。彼持不龟手之药而往觅封侯者，岂非神于点铁者哉！所最忌者不能于浅近处求新，而于一切古冢秘笈之中，搜其隐事僻句及人所不经见之冷字，入于词中，以示新艳，高则高，贵则贵矣，其如人之不欲见何？（《窥词管见》第五则）

清代对修辞学有较大贡献的还有汪中、俞樾等。汪中著《述学》一书，其中最有名的文章是《释三九》两篇，认为三、九往往只是虚数，发前人之所未发。《述学》中篇讲“曲”与“形容”，即一般所说的“婉曲”和“夸张”，也有可称道的地方。

俞樾著《古书疑义举例》，谈到错综、倒装、借代、省略、映衬等重要修辞现象，每一现象都收集了丰富的实例，对于读懂古书，很有实际的用处。下面摘录一条：

又有举小名以代大名者。《诗·采葛》：“一日不见，如三秋兮。”三秋即岁也。岁有四时而独言秋，是举小名以代大名也。《汉书·东方朔传》：“年十二学书，三冬文史足用。”三冬亦即三岁也。学书三岁而足用，故下云：“十五学击剑。”注者不知其举小名以代大名，乃泥冬字为说云：“贫子冬日，乃得学书。”失其旨矣。

第三节 创立时期

1898年《马氏文通》出版，这是第一部系统的汉语语法书。不久有与语法相混杂的修辞书问世，这就是1912年出版的《修辞学驾说》。它用两章讲语法，叫“动词法”和“虚词法”；用一章讲“谋篇”、“造句”、“炼字”，叫“结构法”；另一章叫“修辞法”，讲引喻、“奇偶”和“摹写”。显然这是语法加附属于文章学的修辞知识的混合物。1923年，唐钺《修辞格》出版。此书“例言”指明其所用的英文参考书有讷斯菲尔德的《高级英文作文选》、佛纳尔德的《表情英语》。作者总结中国的修辞见解，搜讨古汉语的著名用例，纳入经过斟酌损益的新的框架，这是向外国学习的产物。唐钺把辞格分为五类二十七格。

第一类，根于比较的：显比、隐比、寓言、相形、反言、阶升、趋下。

第二类，根于联想的：伴名、类名、迁德。

第三类，根于想象的：拟人、呼告、想见、扬厉。

第四类，根于曲折的：微辞、舛辞、冷语、负辞、诘问、感叹、同辞、婉辞、纡辞。

第五类，根于重复的：反复、俪辞、排句、复字。

二十七格绝大多数都沿用到现在，不过换了一些名称，有些格增补了内容，并且有所合并罢了。

继《修辞格》之后出版的修辞书，郑奠的《中国修辞学研究法》值得特别注意。因为它想“述先士之正论，考前文之成规”，创立中国自己的修辞学。但它研究的主要是文章作法那一套，如文章的气势、利病、繁简和特点等，所用方法限于集录古人成说，未能达到自己的目的。它的功劳在于汇集资料，可供翻检参阅。

1926 年出版的王易的《修辞学》，借鉴西欧与日本的学说，提出了一个初具规模的体系，明确规定了修辞分为积极修辞与消极修辞，认为风格与文体在修辞学研究的范围之内。但所有这些都只是初步的论述，几乎所有的问题都没有一个完全明确的解决。

这一段时间内以及稍后，写修辞著作的还有马叙伦、张弓、董鲁安、徐梗生、薛祥绥、陈介白、金兆梓等。他们的书不外乎上面几个类型，或者跟文法学相结合，或者跟文章学相结合，或者走唐钺、王易的路子，借鉴外国修辞学说，研究本国的语言材料，中外结合。

这种中外结合成功的实例莫过于陈望道的《修辞学发凡》（以下简称《发凡》）了。陈望道（1890—1977），浙江义乌人。《发凡》出版于 1932 年，它从马克思主义观点出发，论述了形式和内容的关系、变化与统一的关系，恰当地处理了古和今的关系，总结了中外修辞学研究的可靠成果，体现了当时语言学研究的水平。它的出版，标志着汉语修辞学的诞生，从而揭开了修辞学史新的一页。就是到了80年后的今天，我们也只能指出其中的某些不够，指出它立名不是全都妥善等。这不仅因为《发凡》的作者有辩证唯物主义思想，而且因为他有比较完备的修辞学理论。这些理论的主要之点是：

（一）把修辞理解为“调整语辞”。他批评以“修”为“修饰”、以“辞”为“文辞”的说法，以为修辞“是调整语辞使达意传情能够适切的一种努力”。如果讲成“修饰”，就重在华巧；只讲成“文辞”，就重在文言和书面语了。“调整语辞”一说比较科学地规定了修辞的界域，从而反对了形式主义和复古主义的倾向。

（二）认为修辞现象产生于修辞形式的第三阶段。第一阶段是收集材料，第二阶段是剪裁配置，第三阶段是写说发表。到了写说发表的时候，才产生修辞现象，而修辞现象就是修辞学研究的对象。这一看法有助于廓清一些关于修辞对象的含混观点，确立修辞学的科学性质。

（三）提出“修辞以适应题旨情境为第一义”。所谓“题旨”，即说话的“主意和本旨”；所谓“情境”，指说的对象、目的、时间、地点、上下文等。适应题旨情境，是修辞的“标准”和“依据”。过去的修辞事实证明了这一提法的科学性，现在和将来也只能丰富它，而不能背离它。

（四）分修辞为积极修辞和消极修辞两大类。前者“具体”，使人感动，“侧重在应合情境”；后者“抽象”，使意义明白，“侧重在应合题旨”。两大分野的说法虽来源于日本学者（岛村、五十岚力），但也吸收了我国古代文论的精华，如《发凡》所引的《文心雕龙·体性》和《湖南文征序》中的有关论述，有所借鉴，有所继承，所以不是外国的原样子，也不是古代的老样子，而是一个带有创造性的论点了。

（五）讨论修辞以语言为本位，这个观点贯穿《发凡》全书。

《发凡》阐明了最一般的语言学说，论述了修辞同语言的关系，同语言文字形音义中固有因素、临时因素的关系，强调修辞要利用语言文字的一切可能性，这种可能性，一半是语言的习性（如形、音、义等），一半是体裁形式的遗产（如藏词、引用、仿拟等）。让修辞学往语言学方面靠拢，重视语言手段在修辞中的作用，对于建立修辞学这个学科，具有关键性的意义。

《发凡》全书共十二篇。一、二、三篇可说是引论部分。四篇讲消极修辞，提出了明确、通顺、平匀、稳密四项标准。五、六、七、八篇讲积极修辞。九篇讲辞趣，包括词的色彩、声音和形貌。十篇讲修辞手段运用的灵活性及其发展变化。从四到十篇是本体部分。第十一篇讲文体风格，可算是附论。最后一篇是结论。

《发凡》没有就篇章结构展开论述。修辞学要独立于文章学之外，不从文章学角度讨论篇章结构，是理所当然的。《发凡》论述得最精详也最有贡献的部分是辞格，其体制之完善、举例之精到、用语之致密、方法之科学，都是前无古人而令来者赞佩不已的。《发凡》中论述粗略的部分包括所谓的消极修辞，本来应当详加论列、深入探讨的，因为消极修辞和运用语言的过程相终始，普遍地存在于一切言语现象之中。对于这样重要的内容反而说得简略，或多或少地限制了全书的价值。

1933 年杨树达的《中国修辞学》出版。和郑奠一样，作者也有建立中国自己的修辞学的愿望，有勤于搜讨、尊重事实的朴学精神。但郑书以文章学为归宿，杨书则注意训诂学、语法学的研究成果，实际上把修辞学看成语言学的一个部门，因而作出了较大的成绩。它现在仍然是研究古汉语修辞学的最重要的参考书。全书十八章：一、释名；二、修辞之重要；三、修辞举例；四、变化；五、改窜；六、嫌疑；七、参互；八、双关；九、曲指；十、夸张；十一、存真；十二、代用；十三、合叙；十四、连及，十五、自释；十六、错综；十七、颠倒；十八、省略。十八章之外，又集录古人文中语病二十六例作为附录。《中国修辞学》至少有以下几项贡献：（一）它为古汉语修辞研究提供了科学的方法，即熟悉古籍，掌握材料，集录样例，从中抽出规律，而不是用别人的结论，举汉语的例证敷衍成篇。（二）主要由归纳法得出的《中国修辞学》的结论，有与外语修辞学相同的，如双关、曲指、夸张、代用等，证明了这些修辞方式的普遍性；也有为国外修辞学所不谈及的，如避复、避嫌、别白、参互等，这些论证，丰富了世界上各民族修辞学的宝库。（三）它不仅为我们列举了修辞样式，同时也告诉我们阅读古书的条例，把两者结合起来，提高了古汉语修辞的实用价值。例如：

《左传·哀公八年》：吴师克东阳而进，舍于五梧，明日，舍于蚕室。公宾庚、公甲叔子与战于夷，获叔子与析朱鉏，献于王。王曰：“此同车，必使能，国未可望也。”

树达按：杜注云：公宾庚、公甲叔子并析朱鉏为三人，皆同车，传互言之。树达按：叔子与析朱鉏同车，则朱鉏亦与吴战可知。叔子与析朱鉏被获，则公宾庚亦被获可知。然传文记与吴战者只及公宾庚、公叔甲子而不及析朱鉏，言被获者但及叔子与析朱鉏而不及公宾庚，故杜云传互言之也。（《中国修辞学》第七章）

读完这一段，我们对《左氏传·注》就能了然于胸了。（四）它摒弃了语法、修辞互相混淆的做法，而把一些语法现象看做修辞手段。不用说错综、颠倒、省略各章，就是合叙、变化两章，实际上也涉及语法修辞。认识到古人已将语法作为修辞手法，并且有较多、较集中的论述，启迪后人沿着已经开拓的道路行进，这是《中国修辞学》的又一项重要贡献。

此后写修辞本的还有曹冕、赵景深、张文治、郑业键等。

第四节　发展时期

中华人民共和国成立后，以《人民日报》连载吕叔湘、朱德熙《语法修辞讲话》为开端，一直延续到现在，这是汉语修辞学研究的新时期。现在已看得出来的特点有：（一）把前一时期修辞研究的成果普及到了前所未有的程度。（二）在寻求一条使修辞学更直接为社会服务的途径，就是说，让人们学了有较大的用处。（三）探索修辞学新体系的努力日益加强。（四）除了不多的单篇论文和偶尔涉及的修辞见解外，古汉语修辞的研究没有取得大的进展。大多数有研究能力的人都把精力集中在现代汉语修辞上，所以有人把这一时期称为“白话修辞学创立时期”。本书是古汉语修辞学，不对这一时期的修辞研究作详细介绍。

我们以为，修辞学无论将怎样变动，如果不将《修辞学发凡》已触及的问题深化，如果不将王易以来被称为消极修辞的那一部分的研究加强，不把它的内容扩展，成为修辞学的主要部分，那就没有修辞学研究实质性的进步。照这样理解，本时期的研究自然是上一时期研究的继续，是抚育已诞生了的婴儿，使之不断成长壮大。

附 录

一、唐钺论修辞格（节录）

论修辞格的名称

凡语文中要增大或确定词句所有的效力，不用通常语气而用变格的语法，这种地方叫做修辞格 Figure of Rhetoric，又称语格 Figure of Speech。

论显比 Simile

比方两个不同类的事物，有一件相似的点，把这相似明明白白地说出来用做比较，这种口气是叫做显比格。例如：

同心之言，其臭如兰（《易·系辞》）/予临兆民，懔①乎若朽索之驭六马（《夏书·五子之歌》）/手如柔荑，肤如凝脂，领如蝤蛴，齿如瓠犀（《诗经·卫风·硕人》）/夫兵犹火也，弗戢，将自焚也（《左传·隐公四年》）

又如：

君子之德，风；小人之德，草：草，上之风，必偃（《论语》）/狐裘蒙戎，一国三公（《左传·隐公五年》）/木从绳则正，后从谏则圣（《商书·说命上》）/筌者所以在鱼，得鱼而忘筌；蹄者所以在兔，得兔而忘蹄；言者所以在意，得意而忘言（《庄子·外物》）

论隐比 Metaphor

隐比和显比分别的地方，就是显比的比喻是明明白白地说出来，隐比的比喻只是隐然含蓄在文中而没有说出来。比方说“圣人

---

① 原误作“怀”。

之于人，犹凤凰之于飞鸟也”，这是显比；若说“圣人，人中之凤凰也”，这就成为隐比了。

名词类：民坠涂炭（《商书·仲虺之诰》）/有夏桀弗克若天，流毒下国（《周书·泰誓》）/膏泽下于民（《孟子》）/然则君之所读者，古人之糟魄也夫（《庄子·天道》）

形容词类：螓首蛾眉（《诗经·卫风·硕人》）/目于眢井而拯之（《左传》）/初弦哀丝动豪竹（杜诗）/雪肤花貌参差是（白居易《长恨歌》）

动词类：是尝食言多矣，能无肥乎（《左传·哀公二十五年》）/沐甚雨，栉疾风（《庄子·天下篇》）/全躯保妻子之臣，随而媒蘖其短（司马迁《报任安书》）/徘徊于桂椒之间，翱翔于激水之上（宋玉《风赋》）

论寓言 Allegory

也有人以为是文体，不是修辞格，其实两说都不错。寓言也是以相似做基础。其长而成篇的固然成了一种文体。其短而用在文中的，是显比之类。但是寓言是比喻之部，他的寓意或是明讲出来，或是听读者自己揣测，却没有一定的。

南海之帝为倏，北海之帝为忽，中央之帝为浑沌。倏与忽时相遇于浑沌之地，浑沌待之甚善。倏与忽谋报浑沌之德，曰：“人皆有七窍以视听食息，此独无有尝试凿之。”日凿一窍，七日而浑沌死。(《庄子·应帝王》)

论相形 Antithesis

用两个相反的事物并在一起说，使他们互相反衬，叫做相形格。这好像叫一个侏儒，站在长狄身旁，人家一看，觉得侏儒更加矮了，同时长狄更加长了。相形格也是利用这种反衬心理。

俗人昭昭，我独若昏；俗人察察，我独闷闷（《老子》）/砻磨砥砺，不见其损，有时而尽；种树畜养，不见其益，有时而大。积德累行，不见其善，有时而用；弃义背理，不见其恶，有时而亡（枚乘《奏吴王书》）/夫贤君之践位也，岂特委琐龌龊，拘文牵俗，修诵习传，当世取说云尔哉？必将崇论闳议，创业垂统，为万

世规（司马相如《难蜀父老》）/毛先生以三寸之舌，强于十万之师（《史记》）

论反言 Epigram

一句话之中，表面上好像含着两个互相矛盾的意思，但是却有深意在内，这叫做反言格。《老子》说："正言若反。"大概也是指这种语法。《老子》中反言格用得不少：

是以圣人后其身而身先（《老子·上篇》）/曲则全，枉则直，洼则盈，敝则新（《老子·上篇》）/上德不德，是以有德（《老子·下篇》）/大音希声，大象无形（《老子·下篇》）

其他书和内典中，反言也多：

至乐无乐，至誉无誉（《庄子·至乐》）/莫见乎隐①，莫显乎微（《中庸》）/世尊说我见人见众生见寿者见，即非我见人见众生见寿者见（《金刚经》）/学了些精致的淘气（《石头记》第九回，贾政骂宝玉）

论阶升 Climax

讲话作文时，把吃紧的话搁在最后，轻的话搁在最前，中间以次渐重，叫做阶升格。

可与共学，未可与适道，可与适道，未可与立，可与立，未可与权（《论语》）/人法地，地法天，天法道，道法自然（《老子》）/汝闻人籁，而未闻地籁，汝闻地籁，而未闻天籁夫（《庄子·齐物论》）/太上不辱先，其次不辱身，其次不辱理色，其次不辱辞令，其次诎体受辱，其次易服受辱，其次关木索被捶楚受辱，其次剔毛发婴金铁受辱，其次毁肌肤断肢体受辱，最下腐刑极矣（司马迁《报任安书》）

论趋下格 Anti-climax

话中把最重要的事物搁在最前讲，最不重要的在最后，中间以次递轻，叫做趋下格。

帝者与师处，王者与友处，霸者与臣处，亡国与役处（《战国

---

① 原误作"也"。

策》）/东郭子问于庄子曰："所谓道，恶乎在？"庄子曰："无所有在。"东郭子曰："期而后可。"庄子曰："在蝼蚁。"曰："何其下耶？"曰："在稊稗。"曰："何其愈下耶？"曰："在瓦甓。"曰："何其愈甚耶？"曰："在屎溺。"（《庄子·知北游》）

论伴名 Metonymy

不说一件东西的正当名字，而以他的随伴或附属东西称呼他，叫做伴名。

以一个人或物的标识代那个人或物：

乘朱轮者十人（杨恽《报孙会宗书》）/不受于褐宽博（《孟子》）/万国衣冠拜冕旒（王维《和贾至舍人早朝大明宫之作》）/朱门何足荣（郭璞《游仙诗》）

以工具或器官代运用他的人：

十目所视，十手所指（《大学》）/美女破舌（《战国策》引周书）/画师本无数，好手不可遇（杜甫诗）/蛾眉为枯骨（常建《昭君墓》）

以包藏一个东西的物，代那个东西：

会须一饮三百杯（李白《将进酒》）/高谈雄辩惊四筵（杜甫《饮中八仙歌》）/其家不可教而能教人者，无之（《大学》）/资养万锺（《战国策》）

以果代因：

何为带牛佩犊（《前汉书》龚遂语。牛指剑，犊指刀，谓剑刀可易牛犊）/朱光驰北陆（张协《七哀诗》。朱光，日也）

以因代果：

落日满秋山（王维《归嵩山作》。日，日色也）/受降城外月如霜（唐人诗。月谓月色也）/空中闻天鸡（李白《天姥吟》。天鸡，谓其声）

以创制之人代所制之物：

老子（指老子所著书）/干将莫邪（剑名，谓干将莫邪所铸之剑也）/人怀盈尺和氏而无贵矣（曹植与吴质书。和氏，指和氏之璧）/惟有杜康（曹操诗。杜康，造酒者，以指酒）

以地方代其所产之物：

新教小玉唱伊州（白居易诗。伊州，本出伊州之曲也）/佛狼机（旧称大炮为佛狼机，即法兰西的别音）/龙井（杭州龙井所产茶叶）

以情感代情感的对象：

外宁者必有内忧（《左传》。忧谓可忧之事）/出无敌国外患（《孟子》。患指可患之事）/怜欢敢唤名，念欢不呼字，连唤欢复欢，两誓不相弃（宋《读曲》歌。欢，所欢也）

论类名 Synecdoche

语文中以普通的名代特别的，或以特别的代普通的，叫做类名格。

以特别代较为普通：

暴虎冯河（《论语》。指一切匹夫之勇）/白头如新，倾盖如故（邹阳《狱中上梁王书》）/一饭之德必偿，睚眦之怨必报（《史记》）/刺绣文不如倚市门（《史记·货殖列传》）

以普通代特别：

英物（物，男子也）/尤物（物，女人也）/向高座者，故是凶物（《世说新语》）/无蕴年（《左传》。年，谷也）

以个人或个物代其类：

欲轻之于尧舜之道者，大貉小貉也；欲重之于尧舜之道者，大桀小桀也（《孟子》）/放郑声（《论语》）/故当有其事也，非萧曹子房平勃樊霍则不能安（扬雄《解嘲》）

以一部代全体：

一日不见如三秋兮（《诗经·国风·采葛》）/三冬文史足用（《汉书·东方朔传》）/明眸皓齿今何在（杜甫《哀江头》）/弹五弦之妙指（张衡《归田赋》）

以制一个物件的材料代那个物件：

则就木焉（《左传·僖公二十二年》）/家累千金（司马相如《谏猎书》）/丝竹骈罗（潘岳《闲居赋》）/白战不许持寸铁（苏轼《聚星堂雪》）

以具体代抽象：

君子谓共姬女而不妇（《左传·襄公三十年》）/鲁卫之政，兄弟也（《论语》）/虽袒裼裸裎于我侧（《孟子》）/忍令上国衣冠沦为夷狄（相传石达开语。衣冠，文明也）

以抽象代具体：

兼弱攻昧，取乱侮亡（《左传》）/上老老则民兴孝，上长长则民兴悌（《大学》）/知好色则慕少艾（《孟子》）/后宫佳丽三千人（白居易《长恨歌》）

论迁德 Transferred Epithet

两个观念联在一起时，一个的形容词常常移用在另一个上头，这种语法叫做迁德格。

怒发上冲冠（《史记·蔺相如列传》）/慈颜和（潘岳《闲居赋》）/十样宫眉捧寿觞（晏叔原《鹧鸪天》）/寒山一带伤心碧（李白《菩萨蛮》）

论拟人 Personification

文中把无知觉感情的东西，当做有知觉感情同人类一样，叫做拟人格。

天地为愁，草木凄悲（李华《吊古战场文》）/况阳春召我以烟景，大块假我以文章（李白《春夜宴桃李园序》）/舒州杓，力士铛，李白与尔同死生（李白《襄阳歌》）/长镵长镵白木柄，我生托子以为命（杜甫《乾元中寓寄同谷县作歌》）

论呼告 Apostrophe

文中作者忽然直接对他意中所有的人或物或抽象观念说话，好像那个人就在他面前，或是那个东西或抽象观念是在他面前的活人一样，这种叫做呼告格。

问君西游何时还（李白《蜀道难》）/嗟尔远道之人胡为乎来哉（李白《蜀道难》）/重为告曰杖兮杖兮，尔之生也甚正直（杜甫《桃竹杖引》）/王孙善保千金躯（杜甫《哀王孙》）

论想见 Vision

语文中叙过去或未来或想象的事情，好像作者目击他的样子，叫做想见格。

臣必见越之破吴，豸鹿游于姑胥之台，荆棘蔓于宫阙（《吴越春秋》）/今臣亦见宫中生荆棘、露沾衣也（《史记·淮南列传》）/君不见高阳酒徒起草中，长揖山东隆准公，入门开说骋雄辩，两女辍洗来趋风（李白《梁甫吟》）/君不见青海头，古来白骨无人收，新鬼烦冤旧鬼哭，天阴雨湿声啾啾（杜甫《兵车行》）

论扬厉 Hyperbole

凡文章铺张夸饰，言过其实的地方，叫做扬厉格。

汤汤洪水方割，荡荡怀山襄陵，浩浩滔天（《书·尧典》）/前徒倒戈，攻于后以北，血流漂杵（《书·武成》）/谁谓河广，一苇杭之。谁谓宋远，跂予望之（《诗·卫风》）/笔落惊风雨，诗成泣鬼神（杜甫《寄李十二白》）

论微辞 Innuendo

说话时不说明本意而以含蓄出之，但却说得如此如此，使听者明白说者的本意，叫做微辞格。

吾尝将百万军，然安知狱吏之贵乎（《史记·周勃世家》）/其所语，世俗之所知也，无绝殊者；而天子独喜其事秘，世莫知也（《史记·封禅书》。言天子之愚也）

论舛辞 Irony

语文中不说真意，而说与真意相反的话，叫做舛辞格。

功名富贵若长在，汉水亦应西北流（李白《江上吟》）/楚庄王之时，有所爱马……病肥死，欲以大夫棺椁礼葬之。……优孟曰：马者王之所爱也，以楚国堂堂之大，何求不得？以大夫之礼葬之，薄，请以人君礼葬之。（《史记·滑稽列传》）/二世……欲漆其城，优旃曰：善，主上虽无言，臣固将请之。漆城虽百姓愁费，然佳哉漆城荡荡，寇来不能上。（《史记·滑稽列传》）/猛见了可憎模样（《西厢记》）

论冷语 Sarcasm

舛辞以外用于讽刺人的特别语法，叫做冷语格。冷语比舛语来得厉害些。

意者玄得无尚白乎？何为官之落拓也（扬雄《解嘲》）／今将军尚不得行，何乃故也（《史记·李广列传》）／诸侯闻之，皆知大王贱人而贵马也（《史记·滑稽列传》）／何次道往瓦官寺，礼拜甚勤。阮思旷语之曰："卿志大宇宙，勇迈终古。"何曰："卿今日何故忽见推①？"阮②曰："我图数千户郡，尚不能得，卿乃图作佛，不亦大乎？"（《世说新语·排调》）

论负辞 Litotes

语文中以负式的话，申明郑重正意的，叫做负辞格。

不仁哉梁惠王也（《孟子》）／应侯不快（《战国策》）／寡人虽无似也（《礼记》。无似，庸劣也）／一肚皮不合时宜（《志林》）

论诘问 Interrogation

平常因为我们不知某事而对人发问，这并不含着修辞格。但是，比方要说明一个事物，自己先发疑问，然后自己作答；或是要申重语意，只发问而使读者自己心中作答：这两种诘问都是修辞格。

说明的诘问格：

臣闻明月之珠，夜光之璧，以暗投人于道，众莫不按剑相眄于道，何则？无因而至前也（邹阳《狱中上梁王书》）／何以守位？曰仁。何以正人？曰义（李康《运命书》）

申重的诘问格：

众非元后何戴？（《书经》）／是可忍也，孰不可忍也？（《论语》）／苟无岁，何有民？苟无民，何有君？（《战国策》）／天涯何处无芳草？（苏轼《蝶恋花》）

论感叹 Exclamation

有强烈感情，不用常语而以惊叹口气出之，叫做感叹格。

君子哉若人！尚德哉若人！（《论语》）／逝者如斯夫！（《论语》）／命也夫，斯人也而有斯疾也！（《论语》）／诘，善哉！技盍

---

① 原文漏"推"字。

② 原文"阮"误作"既"。

至此乎！（《庄子·养生主》）

论同辞 Identical Statement

这格才听好像不消说得的，而其实却含深意。如禅门机锋语“从来处来”之类，就是同辞格。

可乎可，不可乎不可（《庄子·齐物论》）/圣人安其所安，不安其所不安（《庄子·列御寇》）/尔为尔，我为我，尔焉能浼我哉（《孟子》）/为可为于可为之时，则从；为不可为于不可为之时，则凶（扬雄《解嘲》）

论婉辞 Euphemism

凡遇一个或物或事，有不满意的地方，不直说明白而用比较的和婉些的话讲他，叫做婉辞格。

有采薪之忧（《孟子》。谓病也）/恐太后玉体之有所郄也（《战国策》）/愿及未填沟壑而托之（《战国策》）/假令愚民取长陵一抔土（《史记·张释之传》）

论纡辞 Circumlocution

一句话不简简单单地说，而用冗长的话代替他，叫做纡辞格。

孰谓鄹人之子知礼乎？（《论语》。鄹人之子指孔子）/秦王一旦捐宾客而不立朝（《战国策》）/是喑哑叱咤之雄，尚慈于持斋念佛之妇也（《石头记》中《读花人金钏赞》。“……雄”，指项羽；“……妇”，指王夫人）

论反复 Repetition

欲表现强烈的感情或意见，而用重复的讲述方法，叫做反复格。

用一样的话复述：

其惟圣人乎，知进退存亡而不失其正者，其惟圣人乎！（《易·乾卦》）/天丧予，天丧予！（《论语》）

用不一样的话复述：

南有樛木，葛藟累之。乐只君子，福履绥之。南有樛木，葛藟荒之。乐只君子，福履将之。南有樛木，葛藟萦之。乐只君子，福履成之（《诗·樛木》）/颜色憔悴，形容枯槁（屈平《渔父》）

论俪辞 Balance

凡语文遇两个相似或相对的意思，而以字数相同、语法相同的两句表他，叫做俪辞格。

罪疑惟轻，功疑惟重（《书·大禹谟》）/满招损，谦受益（《易》）/同声相应，同气相求。水流湿，火就燥。云从龙，风从虎（《易》）/爱之能勿劳乎，忠焉能勿诲乎（《论语》）。

论排句 Parallelism

排句和俪辞大同，不过后者两句字数要相等，前者不一定要相等。后者只含两句，前者两句或者两句以上都可以。

尧舜，性之也；汤武，身之也；五霸，假之也（《孟子》）/吾妻之美我者，私我也；妾之美我者，畏我也；客之美我者，有求于我也（《战国策》）/智可以欺王公，不可以欺豚鱼；力可以得天下，不可以得匹夫匹妇之心（苏轼《潮州韩文公庙碑》）

论复字

古人文中，有时将同一字重复用在句中的，这种语法可以叫做复字格。

知足之足，常足矣（《老子》）/老吾老，以及人之老；幼吾幼，以及人之幼（《孟子》）/始乎适而未尝不适者，忘适之适也（《庄子》）/物物者，与物无际（《庄子》）

（据《修辞格》一书，商务印书馆，1923年）.

二、《二十四诗品》今注

晚唐《二十四诗品》（相传作者为司空图），罗根泽以为是二十四种诗境，二十四种风格。① 朱东润以为是“诗的哲学论，于诗人之人生观，以及诗之作法，诗之品题，一一言及”②。时下似乎都同意，它艺术地描绘出了各种诗歌风格的特点，是风格问题较为

① 《中国文学批评史》第四分册，商务印书馆1947年版，第62页。
② 《中国文学批评史大纲》，上海古籍出版社1981年版，第99页。

完整的理论著作。然而《二十四诗品》用的是诗歌语言，简练含蓄，玄奥闳深，是以注家叠出，仍难衷一是。我的注解，主要扣紧字句固有的意义，遵循文学表现习用的先例，重在训诂。我以为，这是据以阐释风格学内容的基础。如果在语言上模模糊糊，摸不清它的确切含义，就决难有中肯的理论分析。

1. 雄浑

大用外腓，真体内充。返虚入浑，积健为雄。
具备万物，横绝太空。荒荒油云，寥寥长空。
超以象外，得其环中。持之匪强，来之无穷。

注释：

雄浑：雄健浑厚。唐·沈亚之《为韩尹祭韩令公文》："泽梁宋之戎郊，涵雄浑于云水。"据本品正文的解说，雄浑即是自强不息，进入无欲无为的本然状态，而能驾御万物，纵横宇宙。

大用外腓：重大的作用发挥在外。用，作用。这里与"体"相对，有"表现"、"形式"的意味。"用"前加"大"字，称赞之词。腓，音肥，就读作"肥"（腓、肥古书中有时通作。《诗·邶风·泉水》："我思肥泉。"马瑞辰《传笺通释》："肥之言腓也。"《易·咸》："咸其腓。"陆德明《释文》："腓，荀作肥。"），与下句"充"相对为文，义近于"充"。（古书中肥、充近义连用。郑注《周礼》："玄谓：禂，读如伏诛之诛，今侏大字也。为牲祭求肥充，为马祭求肥健。""肥充"，也可作"充肥"。《后汉书·董卓传》："……乃尸卓于市。天时始热，卓素充肥，脂流于地。守尸吏然火置卓脐中，光明达曙。"）句中是充足、充分发挥的意思。

真体内充：自然本性充盈于内。真体，本性，本于自然之性。真，自然，自然之道。《汉书·杨王孙传》："欲赢葬，以反吾真。"颜师古注："真者，自然之道也。"指未经人为的东西。原出《庄子·秋水》："谨守而勿失，是谓反其真。"体，心性。《文选·任昉〈王文宪集序〉》："夷雅之体，无待韦弦。"李善注："体，性也……言王公平雅之性无待此韦弦以成也。"

这里"体"与"用"相对为文，本于《参同契》卷下："春夏据内体……秋冬当外用。”“体”谓性，性质。性质在内，故说“内体”，作用在外，故说“外用”。体、用后来成了一个哲学范畴，可有内容和形式、本质和现象的意义。

返虚入浑：返回到无欲无为，就进入到“浑”的境界了。虚，指无欲无为。《老子·第十六章》：“致虚极。守静笃。”魏源《本义》：“虚者无欲也。”《韩非子·解老》：“所以贵无为无思为虚者，谓其意无所制也。”浑，浑沌，这里指厚积无穷的原始状态。

积健为雄：积累起无数的强力，就成了“雄”。《易·乾》；“天行健，君子以自强不息。”这里实际上是说，“雄”，就是自强不息。

具备万物：谓返身积健，就一切都听我指挥了。《管子·内业》：“气意得而天下服，心意定而天下听，搏气如神，万物备存。”《孟子·尽心上》：“万物皆备于我矣，反身而诚，乐莫大焉。”

横绝：犹如说横贯。《史记·留侯世家》：“鸿鹄高飞，一举千里，羽翮已就，横绝四海，横绝四海，当可奈何？”张说《拨川郡王神道碑》：“奋飞横绝，抟空直上。”

荒荒油云：广大的密云。相传汉严遵《道德指归论》：“天下荒荒，万物自得。”油云：等于说密云，浓云。《孟子·梁惠王上》：“天油然作云．沛然下雨。”赵岐注：“油然，兴云之貌。”

寥寥：广阔、空旷的样子。《魏书·张渊传》：“恢恢太虚，寥寥帝庭，五座并设，爰集神灵。”注：“恢恢、寥寥，皆广大清虚之貌。”

象外：物象之外，物外。《三国志·魏志·荀恽传》“诜弟顗，咸熙中为司空”，裴松之注引晋孙盛《晋阳秋》：“斯则象外之意，系表之言，固蕴而不出矣。”宋惠洪《冷斋夜话·象外句》：“唐僧多佳句。其琢句法，比物以意，而不指言某物，谓之象外句。”

环中：圆环的中心，这里比喻核心内容。语本《庄子·齐物论》：“彼是莫得其偶．谓之道枢；枢始得其环中，以应无穷。”

持之匪强：不是勉强具有雄浑风格。持，拥有，具有。《管子·大匡》："持社稷宗庙者，不让事，不广闲。"之，代雄浑。匪，不。强，勉强。

来之无穷：雄浑的风格就会源源不绝地到来。来之，使之来。《诗·郑风·女曰鸡鸣》："知子之来之，杂佩以赠之。"

2. **冲淡**

素处以默，妙机其微。饮之太和，独鹤与飞。

犹之惠风，荏苒在衣，阅音修篁，美曰载归。

遇之匪深，即之愈稀，脱有形似，握手已违。

注释：

冲淡：平和淡泊。《晋书·杜夷传》："夷清虚冲淡，与俗异轨，考槃空谷，肥遁匿迹。"

素处以默：以无语的方式质朴地对待（事物）。本于《老子·第二章》："是以圣人处无为之事，行不言之教。"唐玄宗疏："饰智诈者，虽拱默非无为也。任真素者，则终日指扮，未始不晏然矣。故圣人知诸性空，自无矜执。则理天下者当弃绝浮伪，任用纯德，百姓化之，各安其分。各安其分则不扰，岂非无为之事乎？言出于己，皆因天下之心，则终身言，未尝言，岂非不言之教乎？"处，对待。《荀子·非相》："谈说之术，矜庄以莅之，端诚以处之，坚强以持之。"

妙机其微：玄机微妙。妙机，犹如说玄机，深奥幽眇之理。唐张说《道家四首奉敕撰》之三："金炉承道诀，玉牒启玄机。"其微，就是微，微妙。"其"不为义。《诗·卫风·北风》"北风其凉，雨雪其雱。""北风其凉"，即北风凉。"雨雪其雱"，即雨雪雱（盛貌）。

饮之太和：使作品充满大自然冲和（淡泊平和）之气。饮，使之饮，这里是说使作品充满。太和，天地间冲和之气。《易·乾》："保合大和，乃利贞。"朱熹本义："太和，阴阳会合冲和之气也。"

鹤与飞：与鹤同飞。言其人与大自然合而为一。韩愈《柳州罗池庙碑铭》："侯朝出游兮暮来归，春与猿吟兮秋与鹤飞。"极言柳宗元纵情山水，与自然亲密无间。据宋吴曾《能改斋漫录》，谓韩文集作“秋与鹤飞”，而碑刻实作“秋鹤与飞”，《二十四诗品》从碑刻作。

惠风：和风。晋王羲之《兰亭集序》：“是日也，天朗气清，惠风和畅。”

荏苒：音忍染。同于“荏染”。柔软的样子。《诗·小雅·巧言》：“荏染柔木，君子树之。”朱熹集传：“荏染，柔貌。”这里说和风在衣上作柔软状，意思便是吹拂。

阅音修篁：在修竹之间聆听和风吹竹，鸟鸣悦耳。阅，这里是聆听的意思。视觉通于听觉，即所谓“通感”。篁，谓竹。

美曰载归：归向（于这种境界）是为美。本当说载归曰美，为了押韵，倒其序为“美曰载归”。曰，为也。见《词诠》。载，语助无义。有人以为“曰”也是语助无义，一个四字句，中间两字无义，几乎是不可能的。权威的解释认为此句意为“心赏其美，神与之合，不禁产生与之俱归的愿望”。多“心赏”字，又多“不禁产生”等字。有人译此句为“柔声呼唤你同归故里”，以“柔声呼唤”当“美曰”二字。皆所不取。

遇之匪深，即之愈稀：遇见它（指冲淡风格），平易得很，而有意追求它，却是少有见到。就是现在所说的，可遇不可求。匪，非，不。即，接近，语境义就是追求。

脱有形似：如果有些形似。脱，假设连词。唐薛用弱《集异记·王涣之》：“待此子所唱，如非我诗，吾即终身不敢与子争衡矣。脱是吾诗，子等当须拜床下，奉吾为师。”

握手已违：转眼间就远离而去。握手，指一握手之间，言时间短暂。违，违离，离去。

3. **纤秾**

采采流水，蓬蓬远春。窈窕幽谷，时见美人。
碧桃满树，风日水滨。柳阴路曲，流莺比邻。
乘之愈往，识之愈真。如将不尽，与古为新。

注释：

纤秾：这里指纤巧富丽。唐元稹《唐杜工部墓志铭》：“効齐梁则不逮于魏晋，工乐府则力屈于五言。律切则骨格不存，闲暇则纤秾莫备。（至于子美，盖所谓上薄风雅，下该沈宋，言夺苏李，气吞曹刘……）”

采采：华丽的样子。《诗·曹风·蜉蝣》：“蜉蝣之翼，采采衣服。”朱熹集传：“采采，华饰也。”这里形容清流潺潺的波纹。

蓬蓬远春：草木丰茂，春景无边。蓬蓬，犹蓬勃、茂盛的样子。《诗·小雅·采菽》：“维柞之枝，其叶蓬蓬。”毛传：“蓬蓬，盛貌。”远春，辽阔遥远的春景。朱熹《春日》诗：“胜日寻芳泗水滨，无边光景一时新。”“无边光景”，可用来解释“远春”的含义。

窈窕深谷，时见美人：幽静的深山穷谷里，常能见到绝代佳人。杜甫《佳人》：“绝代有佳人，幽居在空谷。”窈窕，幽远雅静的样子。陶渊明《归去来兮辞》：“既窈窕以寻壑，亦崎岖而经丘。”

碧桃：桃的一种，这里指桃花。

风日水滨：风和日丽，水流之旁，美不胜收。晋王羲之《兰亭集序》：“（此地）又有清流激湍，映带左右。引以为流觞曲水，列坐其次。虽无丝竹管弦之盛，一觞一咏，亦足以畅叙幽情。是日也，天朗气清，惠风和畅，仰观宇宙之大，俯察品类之盛，所以游目骋怀，足以极视听之娱，信可乐也。”很可能作者在写“风日水滨”四个字的时候，早已有这段文字涵泳在胸。

柳阴路曲：杨柳阴阴，道路逶迤。唐卢纶《与从弟瑾同下第后，出关言别》：“杂花飞尽柳阴阴，官路逶迤绿草深。”曲，曲折逶迤。

流莺比邻：善于歌唱的莺是我的近邻。流莺，莺声婉转如清澈的流水，所以叫流莺。比邻，邻居。杜甫《兵车行》：“生女犹得嫁比邻，生男埋没随百草。”

乘之愈往，识之愈真：趁此胜景前行，越往前深入，对于此景此风格的认识，就越是真切。乘，趁。

如将不尽，与古为新：如果此情此景此风格能长时保持，（所作）就将与古时佳作一样，历久而弥新。唐李德裕《文章论》：

“譬诸日月，虽终古常见而光景常新，此所以为灵物也。”

4. **沉着**

绿林野屋，落日气清。脱巾独步，时闻鸟声。

鸿雁不来，之子远行。所思不远，若为平生？

海风碧云，夜渚月明。如有佳语，大河前横。

注释：

沉着：本作“沈著”。原意或是沈淀。宋戴侗《六书故·地理》：“滓，阻史切，泥垢沈著也。”作为风格，意思是着实、厚重，不轻浮。唐元稹《法曲》：“明皇度曲多新态，宛转浸淫易沈著。”与“沉着、冷静”的“沉着”义别。据本品的说解，则沉着又含有忧国忧民因而心情沉重的意思。

脱巾：脱去头巾。形容潇洒随意，不拘礼仪。杜甫《饮中八仙歌》：“张旭三杯草圣传，脱帽露顶王公前，挥毫落纸如云烟。”

鸿雁不来：意指时局不宁。《逸周书·时训解》：“白露之日鸿雁来。……鸿雁不来，远人背叛。”“寒露之日鸿雁来。……鸿雁不来，小民不服。”

之子远行：这个人避难远行。之子，这个人。《诗·周南·桃夭》：“之子于归，宜其室家。”这里以特指表示泛指，并没有说出这个人究竟是谁。远行，谓避难远行。刘宋鲍照《代结客少年场行》：“骢马金络头，锦带佩吴钩。失意杯酒间，白刃起相仇。追兵一旦至，负剑远行游。”

所思不远：谓忧国。《诗·鄘风·载驰》：“载驰载驱，归唁卫侯。驱马悠悠，言至于漕。大夫跋涉，我心则忧。既不我嘉，不能旋反。视尔不臧，我思不远。……大夫君子，无我有尤，百尔所思，不如我所之。”此诗本事和主题，小序说：“《载驰》，许穆夫人作也。闵其宗国颠覆，自伤不能救也。卫懿公为狄人所灭，国人分散，露于漕邑。许穆夫人闵卫之亡，伤许之小力不能救，思归唁其兄，又义不得，故赋是诗也。”

若为平生：其奈一生抱负何？是说忧国忧民无法付诸行动，莫奈其何。若为，若何，奈何。唐王维《送杨少府贬郴州》诗：“明到衡山与洞庭，若为秋月听猿声？”平生，一生志趣。唐裴度《中书即事》诗：“盐梅非拟议，葵藿是平生。”“若为平生”句，参元稹《哭吕衡州》：“杜预春秋癖，杨雄著述精。在时兼不语，终古定归名。耒水波纹细，湘江竹叶轻。平生思风月，潜寐若为情。”

海风碧云：比喻环境险恶，社会黑暗。海风，暗指环境险恶。唐许浑《长安岁暮诗》：“三山岁岁有人去，唯恐海风生白波。”唐屠隆《溟海波恬赋》：“海风蓬蓬而萧飕，高天下垂，大地欲浮，长波卷雪，跳沫崩丘。”碧云，从古人诗句“日暮碧云合”① 中抽取“碧云”二字，以喻社会黑暗。唐许康佐《日暮碧云合赋》：“日际愁阴生，天涯暮云碧。重重不辨盖，沈沈乍如积。林色黯凝溟，日光俄已夕。”

夜渚月明：星月映照着夜晚孤寂的小洲。谓人间一片死寂，生气毫无，唯星月微动而已。全取杜甫《草阁》“鱼龙回夜渚②，星月动秋山”诗意。旧注说：“按郦道元水经曰：‘鱼龙以秋日为夜，龙秋分而降，蛰寝于渊，故以秋日为夜也。’”又说：“子美言‘鱼龙夜水’，‘鱼龙寂寞秋江冷’也。”

大河前横：本是说“前横大河”，前面就是横渡黄河的愿景了。因叶韵而倒。句盖出《汉书·扬雄传》：“乃帅群臣，横大河，凑汾阴……陟西岳以望八荒，迹殷周之虚，眇然以思唐虞之风。”字面上说“大河横前”，用意在思唐虞之风，致尧舜之治。致治，这才是作者心目中的“佳语”。

本品的注解与前哲时贤迥然不同。我所凭借的是“鸿雁不来”与“所思不远”两句，我坚信这两句的解释，只此方为正解。

5. 高古

畸人乘真，手把芙蓉。泛彼浩劫，窅然空踪。
月出东斗，好风相从。太华夜碧，人闻清钟。
虚伫神素，脱然畦封，黄唐在独，落落玄宗。

---

① 鲍照《拟汤惠休怨别》：“日暮碧云合，佳人殊不来。”
② “渚”，今本作“水”。

注释：

高古：高雅古朴。唐白居易《与元九书》："以康乐之奥博，多溺于山水；以渊明之高古，偏放于田园。"

畸人：不同于凡俗的有道之上。《庄子·大宗师》："子贡曰：'敢问畸人！'（孔子）曰：'畸人者，畸于人而侔于天。'"畸，音基，不规整的。

手把芙蓉：手持莲花。李白《庐山谣》："遥见仙人彩云里，手把芙蓉朝玉京。"因李白此句，"手把芙蓉"，连带便有上升天庭之意。玉京，天帝之都。

泛彼浩劫：渡过那些大灾大难。泛，浮行，漂渡。劫，毁灭性的灾难。本为佛教名词，梵文 kalpa 的音译"劫波"的略称。古印度传说，世界若干万年毁灭一次，再重新开始，这样一周期叫做一劫。这一类的毁灭也就叫劫。

窅然空踪：空空荡荡地，踪迹全无。窅然，空无的样子。窅，音杳。唐李景亮《李章武传》："视天欲明，急趋至角，即不复见，但空室窅然，寒灯半灭而已。"

东斗：东方斗宿。

太华夜碧，人闻清钟：华山入夜，一碧无余，忽传来钟声清亮，以喻高古的雅调。

虚伫神素：谓心形皆保持虚静。伫，音注，积聚。唐刘知几《史通·辨识》："夫设官分职，伫勣课能，欲使上无虚称，下无虚受。"这里的意思是保持。神，指心。素，指形。《北史·韦夐传论》："韦夐隐不负人，贞不绝俗，怡神坟籍，养素邱园。"

脱然畦封：超脱于世俗陈规之外。畦封，区界。这里指陈规陋习的条条框框。

黄唐在独：常序当为独在黄唐。独自处于远古时代。黄唐，黄帝、唐尧，借指远古时代。

落落：卓越的样子。北周庾信《谢赵王示新诗启》："落落词高，飘飘意远。"

玄宗：（佛或道）奥妙的义理。称"宗"，是说它至高无上，为干非枝。北齐颜之推《颜氏家训·勉学》："何晏王弼，祖述玄宗，递相夸尚，景附草靡。"

6. 典雅

玉壶买春，赏雨茆屋。坐中佳士，左右修竹。
白云初晴，幽鸟相逐。眠琴绿阴，上有飞瀑。
落花无言，人淡如菊。书之岁华，其曰可读。

注释：

典雅：言有典据，格调高雅。南朝梁刘勰《文心雕龙·体性》："典雅者，镕式经诰，方轨儒门者也。"镕式，犹俗语一个模子铸出来。方轨，犹言并轨。二词皆取法、效法之意。曹丕《与吴质书》："而伟长独怀文抱质，恬淡寡欲，有箕山之志，可谓彬彬君子矣。著《中论》二十余篇，辞义典雅，足传于后。"

玉壶买春：用玉壶载酒游春。玉壶，酒壶的美称。唐李白《待酒不至》诗："玉壶系青丝，沽酒来何迟。"春，指春景，春色。又可指酒。唐代酒名多带一"春"字，如"富水春"、"上窟春"、"烧春"等。

赏雨茆屋：居茅屋看云赏雨，听鸟种山，饶有幽趣。唐钱起《石门暮春》："自哂鄙夫多野性，闲居数亩半临湍。溪云杂雨来茅屋，山雀将雏到药栏。"茆，即茅字。

左右修竹：处于修竹之间。唐白居易《题西亭》："直廊抵曲房，窈窕深且虚。修竹夹左右，清风来徐徐。"修，长。

白云初晴：白云舒卷，雨后初晴。唐焦郁[①]《白云向空尽》："白云生远岫，摇曳入晴空。乘化随舒卷，无心任始终。"

幽鸟相逐：林中飞鸟相逐。唐卢象《永城使风》："夕鸟向林去，晚帆相逐飞。虫声出乱草，水气薄行衣。"唐姚崇《奉和圣制夏日游石淙山》："石泉石镜恒留月，山鸟山花竞逐风。"

眠琴绿阴：将琴搁置在绿阴之下。示有琴而不弹。眠，使……眠。《晋书·陶潜传》："性不解音，而畜素琴一张，弦徽不具。每

---

① 一作"周存"。

朋酒之会，则抚而和之，曰：‘但识琴中趣，何劳弦上声。’”

上有飞瀑：绿阴之上有瀑布奔泻。此盖取王子安文意。王勃《益州绵竹县武都山净慧寺碑》：“日月之所窜伏，烟霞之所枕倚。飞泉瀑溜，荡涤崩崖。绿树玄藤，网岁丘壑。”

人淡如菊：陶渊明《饮酒》诗其七：“秋菊有佳色，裛露掇其英。泛此忘忧物，远我遗世情。一觞虽独进，杯尽壶自倾。日入群动息，归鸟趋林鸣。啸傲东轩下，聊复得此生。”此诗便是“人淡如菊”境界：赏菊掇英，忘忧遗世，独酌倾壶，群息而啸傲。

书之岁华：将这美好的时光和景象描写下来。之：这。岁华：岁时。

其曰可读：也许值得欣赏品读。其曰，大概会说，也许会说。其，表揣测副词。

7. **洗炼**

犹矿出金，如铅出银，超心炼冶，绝爱缁磷。
空潭泻春，古镜照神，体素储洁，乘月返真。
载瞻星气，载歌幽人。流水今日，明月前身。

注释：

洗炼：同于“洗练”。意思是清洗，清除杂质，洗去污垢。《宋书·顾觊之传》：“澡雪灵府，洗练神宅，据道为心，依德为虑。”“洗练”与“澡雪”对文同义。洗，言洗涤；练，以煮、漂之法，使生丝柔软洁白。以近义词素构词。作为风格，义与“简练”略同。

超心：谓以超然之心，了悟之心。唐陶翰《宿天竺寺》：“心超诸境外，了与悬解同。”

绝爱缁磷：意谓除尽杂质与瑕疵。绝爱，意义只取“绝”，弃绝。“绝爱”连用而加以否定，本于《韩非子·外储说右下》：“彼民之所以为我用者，非以吾爱之为我用者也，以吾势之为我用者也。吾释势，与民相收，若是，吾适不爱，而民因不为我用也。故遂绝爱道也。”缁磷，喻杂质瑕疵。李白《古风五十九首》其五十：“赵璧无缁磷，燕石非贞真。流俗多错误，岂知玉与珉?”语本

《论语·阳货》:“不曰坚乎，磨而不磷。不曰白乎，涅而不缁。”注引孔曰:“磷，薄也。涅，可以染皂。言至坚者磨之而不薄，至白者染之于涅而不黑。喻君子虽在浊乱，浊乱不能污。”

空潭泻春：深潭流泻出春水，与周遭形成独特的春景。参唐王维《过香积寺》诗:“泉声咽危石，日色冷青松。薄暮空潭曲，安禅制毒龙。”

古镜照神：古时宝境映照出心神。参唐朱昼《赠友人古镜》:“我有古时镜，初自坏陵得。蛟龙作泥蟠，魑魅幸月蚀。摩久见菱蕊，青于蓝水色。赠君将照心，无使心受惑。”

体素储洁：以纯素为其品性，而修习他的高洁的品质。体素，以纯素为其体性。《庄子·刻意》:“素也者，谓其无所与杂也；纯也者，谓其不亏其神也。能体纯素，谓之真人。”储，积聚，这里犹如说修习。

乘月返真：趁着月光的明洁，以返回自然之道。《庄子·秋水》:“北海若曰：无以人灭天，无以故灭命，无以得殉名，谨守而勿失，是谓返其真。”

载瞻星气：仰望着星辰的光。载：语助词，无实义。《诗经·小雅·采薇》:“行道迟迟.载渴载饥。”星气，谓星光，星辰之光。刘禹锡《酬留守牛相公宫城早秋寓言见寄》:“晓月映宫树，秋光起天津。凉风稍动叶，宿露未生尘。星气尚芳丽，旷望感心神。”

载歌幽人：歌唱幽隐有道之士。幽人，如同本文他处说雅士、畸人、美人等，都是指有道之士。晋庾敳《幽人箴》:“幽人守虚，仰钻玄远。”“载……载……”这种格式，往往表示两个动作同时进行，或兼而有之。

流水今日，明月前身：谓今日流水，其前身亦是流水。前身是明月，今日亦是明月。所表达的思想正如李白《把酒问月》所言：“今人不见古时月，今月曾经照古人。古人今人若流水，共看明月皆如此。唯愿当歌对酒时，月光长照金樽里。”意思是当视野广大，胸怀开阔，古往来今，莫不居我胸中。创作如果拘拘于细微末节，导致板滞沉闷，虽简练亦不足取。有注家谓："言流水是我今之日，而活泼无穷，明月是我前之身，而修因有素也。"供参考。

8. 劲健

行神如空，行气如虹。巫峡千寻，走云连风。

饮真茹强，蓄素守中。喻彼行健，是谓存雄。

天地与立，神化攸同。期之以实，御之以终。

注释：

劲健：强健多力。《后汉书·西域传·鲜卑》："（鲜卑）称兵十万，才力劲健，意智益生。"

行神如空：运行神思如太空广阔无垠。神思，言想象。此"空"为"天马行空"之"空"。

行气如虹：运行其气，气若长虹。

千寻：极言其高而且险。寻：古代长度单位，八尺为寻。

走云连风：谓风云奔腾翻涌。直说就是风和云如奔走似的翻腾。连，连词，犹如说"和"。《太平广记》卷十引晋葛洪《神仙传》："余注此经以来，一千七百余年，凡传三人，连子四矣。"

饮真茹强：是说以自然之道和自强不息的精神作为营养，而使自己劲健。茹，吞食。

蓄素守中：积累原始质朴之性，保持中和之德。中，指中和之气。《左传·成公十三年》："民受天地之中以生，所谓命也。"《汉书·律历志上》引此文，颜师古注云："中，谓中和之气也。"道家以中和为元气。《太平经·和三气兴帝王法》："元气有三名，太阳、太阴、中和。"而元气，谓天地未分前的混沌之气。《汉书·律历志上》："太极元气，函三为一。"颜师古注引孟康曰："元气始起于子，未分之时，天地人混合为一。"

"蓄素守中"，注家多引《文心雕龙·程器》"固宜蓄素以绷①中，散采以彪外"为解，以为"中"指内心。那里中、外相对，

① 绷，杨明照《文心雕龙校注拾遗》以为当作"弸"。文渊阁《四库全书》本正作"弸"。弸，满也。

“中”自是指内心，这里蓄、守相对，素、中相对，故不取“中”为内心之说。

喻彼行健，是谓存雄：这劲健的风格可用儒家的“天行健”来作比，也可以叫做道家的“存雄”。喻，打比方。行健，《易·乾卦》：“天行健，君子以自强不息。”存雄，《庄子·天下篇》：“天地其壮乎？施存雄而无术。”郭庆藩《庄子集释》以“意在雄俊，超世过人”当“存雄”二字。揣摩其意，“存雄”相当于自居雄杰，或者就是称雄的意思。

天地与立：是说行健、存雄二者与天地并立，伟大而永久。

神化攸同：（行健与存雄）为神奇的变化规律所同具。化，造化，自然变化规律。《素问·五常政大论》：“化不可代，时不可违。”《吕氏春秋·似顺》：“有知顺之为倒、倒之为顺者，则可与言化矣。”高诱注：“化，道也。”《诗经·大雅·文王有声》：“四方攸同。”朱熹集传：“四方诸侯相率而归周，无有不顺。”也就是周为四方诸侯所同归。攸，所。“……攸同”为一名词谓语句，翻译过来，前面加“为”。

期之以实：以此来要求作品。期，希望，要求。之，代作品。实，通寔，相当于“是”。《诗·小雅·頍弁》：“有頍者弁，实维伊何？”郑玄笺：“实犹是也。言幽王服是皮弁之冠，是维何为乎？”《诗·大雅·韩奕》：“实墉实壑，实亩实借。”郑玄笺：“实当作寔。赵魏之东，实、寔同声。寔，是也。……故筑治是城，濬脩是壑，井牧是田亩，收敛是赋税，使如故常。”

御之以终：（以此）统帅作品而至于篇末。御，统御，统帅。以，于。

9. **绮丽**

神存富贵，始轻黄金。浓尽必枯，浅者屡深。
雾余水畔，红杏在林。月明华屋，画桥碧阴。
金樽酒满，伴客弹琴，取之自足，良殚美襟。

注释：

绮丽：华美艳丽。曹丕《善哉行》其二：“流郑激楚，度宫中商。感心动耳，绮丽难忘。”

神存富贵，始轻黄金：精神世界富有并高贵，才能轻视物质世界的黄金。李白《经乱离后天恩流夜郎忆旧游书怀赠江夏韦太守良宰》：“片辞贵白璧，一诺轻黄金。”

浓尽必枯：浓密茂盛到极点必定枯萎。谓绮丽不当过分。唐孙过庭《书谱》：“带躁方润，将浓遂枯。泯规矩于方圆，遁钩绳之曲直。”

浅者屡深：轻淡的文笔往往能收到深刻的效果。唐钱起《赋得寒云轻重色送子恂入京》：“无限寒云色，苍茫浅更深。”

雾余水畔，红杏在林：水边雾气还没有完全消散，红杏在林中开放。作者以为这样的（和下面写的）景象和氛围，适合于表现绮丽风格。唐温庭筠《阳春曲》：“云母空窗晓烟薄，香昏龙气凝晖阁。霏霏雾雨杏花天，帘外春寒著罗幕。”

月明华屋：明月照映着华丽的屋宇。唐陈陶《赠温州韩使君》：“严城鼓动鱼惊海，华屋樽开月下天。内史笔锋光案牍，鄢陵诗句满山川。”

画桥碧阴：绿荫中雕饰瑰丽的桥影。唐无名氏《绝句》：“绿杨阴转画桥斜，舟有笙歌岸有花。”唐末冯延巳《菩萨蛮》：“相逢颦翠黛，笑把珠珰解。家住柳阴中，画桥东复东。”唐宋诗人词人，多以烟柳画桥为一道风景。

金樽酒满，伴客弹琴：金杯中斟满美酒，陪同好友弹琴。唐孟浩然《游凤林寺西岭》：“共喜年华好，来游水石间。烟容开远树，春色满幽山。壶酒朋情洽，琴歌野兴闲。莫愁归路暝，招月伴人还。”唐岑参《送张秘书充刘相公通汴河判官便赴江外觐省》：“长安多权贵，珂佩声珊珊。儒生直如弦，权贵不须干。斗酒取一醉，孤琴为君弹。”

取之自足，良殚美襟：取这些诗境自已足够，足以尽情畅叙美好的胸怀。之：代“雾余水畔”六句。良殚美襟，化用陶诗“余襟良已殚”。陶渊明《诸人共游周家墓柏下》：“情歌散新声，绿酒开芳颜。未知明日事，余襟良已殚。”襟，胸襟。良，表肯定的语气副词，确实。殚，音旦，尽。

10. **自然**

俯拾即是，不取诸邻。俱道适往，著手成春。

如逢花开，如瞻岁新。真与不夺，强得易贫。

幽人空山，过雨采苹。薄言情悟，悠悠天钧。

注释：

自然：不勉强，不拘束，不任性，本来是什么样子就是什么样子。《后汉书·郎颛传》："臣伏见光禄大夫江夏黄琼，耽道乐术，清亮自然，被褐怀宝，含味经籍。"

俱道适往：载道而往。俱道，与道俱，与道在一起，即是载道。《庄子·天下》："道可载而与之俱也。"道，哲学名词，宇宙间的根本道理。《韩非子·解老》："道者，万物之所然者，万理之所稽也。"适，往。适、往同义连用，意思还是往。《论语·子罕》"可与共学，未可与适道。"往道的方向走，以期不离于道，而归于道。

著手成春：手之所触，立即出现生机，形成美景。著，今作"着"，接触。唐方干《冬夜泊僧舍》诗："照墙灯焰细，著瓦雨声繁。"春，比喻生机或美景。唐刘禹锡《酬乐天扬州初逢席上见赠》诗："沉舟侧畔千帆过，病树前头万木春。"唐戴叔伦《旅次寄湖南张郎中》："却是梅花无世态，隔墙分送一枝春。"

真与不夺，强得易贫：自然之道所给予的不会被人夺去，勉强搜取终会陷于贫困。真，自然之道，见"雄浑"品注，也就是本始的、未经人为的。

幽人空山：幽隐的有道之士在空无人迹的山中自在逍遥。韦应物《秋夜寄丘员外》："怀君属秋夜，散步咏凉天。空山松子落，幽人应未眠。"

过雨采苹：雨过以后采集野菜。苹：植物名，又名田字草，初生可食。泛指野菜。《诗·小雅·鹿鸣》："呦呦鹿鸣，食野之苹。"唐钱起《江行无题一百首》之一："雨余虽复绿，不是采苹时。"知当时雨后采苹，浑是常事，而竟不采，所以诗人特发而为诗。其所以雨后采集，大概雨后其菜鲜洁。过雨采苹，殆是唐时农家一道风景。

薄言情悟：对情事的了悟。这里指诗情、诗兴。薄言：语助无义，为凑足四字句而设。情悟，参唐人诗句，韦应物《答崔主簿问，兼简温上人》："缘情生众累，晚悟依道流。"戴衢《不第夜吟》："扰扰东西南北情，何人于此悟浮生？"

悠悠天钧；为连绵不绝的造化所决定。悠悠，连绵不绝的样子。晋左思《吴都赋》："直冲涛而上濑，常沛沛以悠悠。"天钧，大自然的陶铸，亦即造化。钧，制陶用具，借指陶铸。语出《庄子·齐物论》："是以圣人和之以是非，而休乎天钧。"释文云："本又作均，崔云：均，陶均也。"

11. **含蓄**

不着一字，尽得风流。语不涉难，已不堪忧。
是有真宰，与之沉浮。如渌满酒，花时返秋。
悠悠空尘，忽忽海沤。浅深聚散，万取一收。

注释：

含蓄：意未尽露，而蕴含在言辞之中。唐刘肃《大唐新语·举贤》："韩琬，少负才华。长安中，为高邮主簿，使于都场。以州县徒劳，率然题壁曰：'筋力尽于高邮，容色衰于主簿。岂言行之缺，而友朋之过欤？'景龙中，自亳州司户应制，集于京。吏部员外薛钦绪考琬，策入高等。谓琬曰：'今日非友朋之过欤！昔尝与魏知古、崔璩、卢藏用，听《涅槃经》于大云寺。会食，之旧舍，偶见题壁。诸公曰：此高邮主簿叹后时耶？顾问主人，方知足下。即末有含蓄意，祈以相汲。今日方申。'琬谢之曰：'士感知己，岂期十年之外见君子之深心乎？'"

不着一字，尽得风流：不用写一个字，就能充分达到美好。着(zhuó)：两物相触相接为着。笔着于纸就是写。风流，品德、才学或文辞美好。李白《赠孟浩然》："吾爱孟夫子，风流天下闻。"这里指文辞美好。

语不涉难，已不堪忧：文辞还未涉及苦难，已使人感到不堪其忧。一作“语不涉己，若不堪忧”。

是有真宰，与之沉浮：这里有个宇宙的主宰，含蓄的风格和他一起升沉变化，或隐或现。唐杜甫《遣兴》诗之一：“性命苟不存，英雄徒自强。吞声勿复道，真宰意茫茫。”语本《庄子·齐物论》：“若有真宰，而特不得其朕。”

如渌满酒：如过滤满坛子带滓的酒，酒意不尽。渌：通“漉”，滤。

花时返秋：如花开时又回到秋天，欲开而未开。

悠悠空尘：广大无际的空中的尘埃。悠悠，辽阔遥远。《诗·王风·黍离》：“知我者谓我心忧，不知我者谓我何求，悠悠苍天，此何人哉?”毛传：“悠悠，远意。”

忽忽海沤：急速聚散的海里的泡沫。忽忽，急速的样子。

空尘与海沤，本佛家言人生空幻。晋支遁《咏大德诗》：“寄旅海沤乡，委化同天壤。”唐皎然《杂寓兴》：“冥冥光尘内，机丧成海沤。”

浅深聚散，万取一收：事物变化万状，取之虽众，而收之归一。一，谓旨意。“浅深聚散”，水之深浅，物之聚散，与前之空尘、海沤，总言事物变化万端，巨细皆罗。

12. 豪放

观花匪禁，吞吐大荒。由道返气，处得以狂。

天风浪浪，海山苍苍。真力弥满，万象在旁。

前招三辰，后引凤凰。晓策六鳌，濯足扶桑。

注释：

豪放：气魄宏大，感情奔放，无所拘束。《北史·张彝传》：“彝少而豪放，出入殿庭，步眄高上，无所顾忌。”

观花匪禁：赏花无拘无束。

吞吐大荒：吞进并吐出最为遥远、最为广大的地盘。比喻胸怀博大无极，气魄宏伟无比。《史记·司马相如列传》：“吞若云梦者八九，其于胸中曾不蒂芥。”大荒，最遥远、最广大的地方。《山海经·大荒东经》：“东海之外，大荒之中，有山名曰大言，日月所出。”

由道返气：由道回到气，意思是豪气源于宇宙间根本之道。注家多以《孟子》“集义所生”为比。《孟子·公孙丑上》：“‘敢问何谓浩然之气？’曰：‘……其为气也，配义与道，无是馁也。是集义所生者，非义袭而取之也。’”孟子是说，他的浩然之气，是由义的聚集产生的，气来源于义。

处得以狂：常序当说成“得以狂处（之）”。因为豪气由道产生，所以，作者得以狂放之态来处事，来创作。处，对待。“处”等于说处之，特指对待创作。

天风浪浪：太空长风浩荡。浪浪：空阔广大的样子。唐王延翰《瀛州天尊院壁画赞》：“海天苍苍，海波浪浪。”

海山苍苍：大海里的远山无边无际。苍苍：茫无边际的样子。《淮南子·俶真训》：“浑浑苍苍，纯朴未散。”

真力弥满：自然之力充实饱满。弥，满。《楚辞·大招》：“茝兰桂树，郁弥路兮。”王逸注：“郁郁然满路。”弥、满同义连用。

万象在旁：言“真力”为主，万事万物在其旁为辅佐。东汉蔡邕《明堂论》：“明堂者，天子太庙，所以宗祀其祖以配上帝者也。……譬如北辰，居其所而众星拱之，万象翼之。政教之所由生，变化之所由来，明一统也。故言明堂，事之大，义之深也。”

前招三辰：日、月、星在前照耀。《左传·桓公二年》：“三辰旂旗，昭其明也。”杜预注：“三辰，日、月、星也。”招，假借作“昭”。《经义述闻·国语上·好尽言以招人过》：

“立于淫乱之朝，好尽言以招人过，怨之本也。”……引之案：“……昭十二年《左传》‘祭公谋父作祈招之诗’，张衡《东京赋》‘招有道于侧陋’，贾逵、薛综注并云：‘招，昭也。’……是‘招’字古通作‘昭’。‘招人过’，即‘昭人过’。”而“昭”有照耀义。《三国志·魏志·陈思王植传》：“惠洽椒房，恩昭九族。”

后引凤凰：随后引来了凤凰。即“凤凰来仪”的意思。音乐动听，招来了凤凰舞蹈，仪容可观。《书·益稷》：“《萧韶》九成，凤皇来仪。”孔传：“仪，有容仪。备乐九奏而致凤皇，则余鸟兽不待九而率舞。”唐吴融《沃焦山赋》：“云中捻管，惟引凤凰。”

晓策六鳌：早上驾着大龟出行。策，马鞭，引申有驾的意思。晋葛洪《抱朴子·畅玄》：“乘流光，策飞景，凌六虚，贯涵容。”鳌，传说中的海中大龟。言“六鳌”，是说数量多，排场大。

濯足扶桑：晚上到扶桑那里去洗脚。扶桑，神话中的大树名。《山海经·海外东经》：“汤谷上有扶桑，十日所浴，在黑齿北。”《海内十洲记·带洲》：“多生林木，叶如桑。又有椹，树长者二千丈，大二千余围。树两两同根偶生，更相依倚，是以名为扶桑也。”

古书与“扶桑”连在一起说，多是“六龙”，未有“六鳌”。《楚辞·刘向〈远逝〉》：“贯澒濛以东朅东朅兮，维六龙于扶桑。”王逸注：“澒濛，气也。朅，去也。言遂贯出澒濛之气而东去。系六龙于扶桑之木也。”又《文选·木华〈海赋〉》：“翩如惊凫之失侣，倏如六龙之所掣。”注：“《春秋命历序》曰：‘皇伯登出扶桑，日之阳，驾六龙以上下。’”其次，古有“一钓而连六鳌”（《列子·汤问》）与“断鳌足以立四极”（《淮南子·览冥训》）之说，“策六鳌”之说，亦所未闻。

13. **精神**

> 欲返不尽，相期与来。明漪绝底，奇花初胎。
> 青春鹦鹉，杨柳楼台。碧山人来，清酒深杯。
> 生气远出，不着死灰。妙造自然，伊谁与裁？

注释：

精神：精神饱满，生机盎然。《世说新语·言语》“周仆射”刘孝标注引《晋纪》：“伯仁仪容弘伟，善于俯仰应答，精神足以荫映数人。”

欲返不尽：如果反求诸己，则有不尽的储藏。返，指“反身”，返、反字通。《孟子·尽心上》：“孟子曰：万物皆备于我矣，反身而诚，乐莫大焉。”《孟子·公孙丑上》：“射者正己而后发，发而不中，不怨胜己者，反求诸己而已矣。”《论语·述而》：“我欲仁斯仁至矣。”这些都是“欲返”之所据。不尽，指精神方面的储备取之不尽。

相期与来：（精神）与所相期者俱来。相期，实指所要达到的目的。相期多种多样，目的五花八门。唐孟浩然《送元公之鄂渚寻观主张骖鸾》："应是神仙子，相期汗漫游。"李白《送溧阳宋少府陟》："何日清中原，相期廓天步。"唐储光羲《同武平一员外游湖五首时武贬金坛令》其二："青林碧屿暗相期，缓楫挥觥欲赋诗。"唐刘长卿《送沈少府之任淮南》："相期丹霄路，遥听清风颂。勿为州县卑，时来自为用。"诸诗人之所期，孟是仙游，李是清中原，储是山水诗酒，刘所说是丹霄路，亦即到朝廷里去做大官。

明漪绝底：明净的带有微波锦纹的溪水清澈见底。漪，音衣，风吹水面形成的锦状波纹。唐陈陶《飞龙引》："长洲茂苑朝夕池，映日含风结细漪。"绝，犹极。绝底，犹如说极底。《诗·小雅·正月》："终逾绝险，曾是不意。"

奇花初胎：奇花异卉含苞待放。胎，孕于母体中的幼体，这里用做动词，指形成花苞。

青春鹦鹉：可能指鹦鹉洲上的春景。如崔颢《黄鹤楼》："晴川历历汉阳树，春草萋萋鹦鹉洲。"所指又可能是如刘禹锡《杂曲歌辞·浪淘沙》所写："鹦鹉舟头浪飐沙，青楼春望日将斜。衔泥燕子争归舍，独自狂夫不忆家。"

杨柳楼台：所反映之景象或如顾非熊《经河中》诗："一望蒲城路，关河气象雄。楼台山色里，杨柳水声中。"或如刘禹锡《杂曲歌辞·柳枝》："江上朱楼新雨晴，瀼西春水縠文生。桥东桥西好杨柳，人来人去唱歌行。"假如我们设想《二十四诗品》的作者是据王昌龄《闺怨》而概括出"杨柳楼台"的，也不为过。王诗说："闺中少妇不知愁，春日凝妆上翠楼。忽见陌头杨柳色，悔教夫壻觅封侯。"

碧山人来：青山上的人来。碧山，青山。但这里的"碧山"，可能是指特定的"碧山"。李白《山中问答》："问余何意栖碧山？笑而不答心自闲。桃花流水杳然去，别有天地非人间。"《二十四诗品》中的"碧山"，应当是《山中问答》中那一类的"碧山"。

清酒深杯：（与碧山上来人共饮）满杯清酒。唐孙氏《谢人送酒》:“谢将清酒寄愁人，澄澈甘香气味真。好是绿窗风月夜，一杯摇荡满怀春。”

生气远出，不着死灰:生气充盛，不沾一点呆滞之气。远出，言气之盛，如同气味可以远闻。死灰，火已熄尽无复余焰的冷灰，比喻毫无生气的板滞。语出《庄子·齐物论》:“形固可使如槁木，而心固可使如死灰乎?”

妙造自然，伊谁与裁:(精神乃)大自然美妙的创造，能和谁加以裁度取舍呢?言无可非议。伊，句首语气词，无实义。

14. **缜密**

是有真迹，如不可知。意象欲出，造化已奇。

水流花开，清露未晞，要路愈远，幽行为迟。

语不欲犯，思不欲痴，犹春于绿，明月雪时。

注释:

缜密:细致周密，无懈可击。《南史·孔休源传》:“累居显职，性缜密，未尝言禁中事。”缜，音枕。

是有真迹，如不可知:这里存在本原之迹，好像不可知。意思是说，不论知与不知，其实确乎存在。参看前文“是有真宰”。

意象欲出，造化已奇:在大自然神奇变化的大背景下，诗的意境将要产生。或者换一个说法:大自然神奇的变化，蕴含着诗的意境。造化，天地，大自然。杜甫《望岳》:“造化锺神秀，阴阳割昏晓。”已，说明造化之奇当在意象之前，是意象之出的背景或条件。意象，类似于我们现在所说的诗的意境。

水流花开:所描写的景象或如唐刘乾《招隐寺赋》:“其始，穿竹田以行崎岖，诘曲十余里而后至。草木幽异，猱猿下来。空谷无人，水流花开。”

清露未晞:清新的露珠未干。晞，音希，晒干。语出《诗·秦风·蒹葭》:“蒹葭凄凄，白露未晞。”唐陈陶《蒲门戍观海作》:“廓落溟涨晓，蒲门郁苍苍。登楼礼东君，旭日生扶桑。毫厘见蓬瀛，含吐金银光。草木露未晞，蜃楼气若藏。”唐马戴《山中兴作》:“高高丹桂枝，袅袅女萝衣。密叶浮云过，幽阴暮鸟归。日和风翠动，花落瀑泉飞。欲剪兰为佩，中林露未晞。”所引唐诗，一写海景，一写山色，不知《二十四诗品》所指是海是山。

要路愈远：主要的道路越是遥远。

幽行为迟：在僻静处经行因而越是迟缓。幽，僻静。南朝梁王籍《入若耶溪》诗：“蝉噪林逾静，鸟鸣山更幽。”

这两句或是比喻题材越是繁富，写起来就应当越是缜密。

语不欲犯：用语不可盛气凌人。《汉书·五行志》：“史记周单襄公，与晋郤锜、郤犨、郤至，齐国佐语。告鲁成公曰：‘晋将有乱，三郤其当之乎！夫郤氏，晋之宠人也。二卿而五大夫，可以戒惧矣。高位实疾颠，厚味实腊毒。今郤伯之语犯，叔迂，季伐。犯则陵人，迂则诬人，伐则掩人。有是宠也而益之以三怨，其谁能忍之？’”

思不欲痴：思路不要愚笨。

犹春于绿，明月雪时：像春天和绿色，明月和白雪那样，融合无间。春于绿，春对于绿，长相伴随。明月雪时，明月与白雪相拟相衬之时。唐李峤《雪》：“瑞雪惊千里，从风下九霄。地疑明月夜，山似白云朝。”

15. 疏野

惟性所宅，真取弗羁。控物自富，与率为期。
筑室松下，脱帽看诗。但知旦暮，不辨何时。
倘然适意，岂必有为。若其天放，如是得之。

注释：

疏野：放纵不拘。唐白居易《答裴相公乞鹤》诗：“不知疏野性，解爱凤池无？”

惟心所宅：惟心性所在，心性在什么地方，写作就写到什么地方。意思是创作随心所欲。惟，只，只有。宅，居。《尚书·舜典》：“有能奋庸熙帝之载，使宅百揆。”居，在。《易·乾》：“是故居上位而不骄，在下位而不忧。”居、在相对为文，“居”也是“在”。

真取弗羁：取其本原，不受拘束。真，谓本原，未经人为之物，亦即自然之道。羁，马笼头，引申为拘束，束缚。

控物自富：能驾御外物就自然富足。意思是如能做到物为我用，就有不尽的题材，产生丰富的创作。控，控制，驾御。一作“拾”。自富，法家、道家、儒家各有其自富说。《管子·禁藏》：“善者势利之在，而民自美安。不推而往，不引而来，不烦不扰，而民自富。”意思是任民逐利而民自富。《文子·道原》本于《老子》，它说：“唯圣人能遗物反己。……故曰：‘我无为而民自化，我无事而民自富……’”“遗物反己”，“无事而民自富”，这是道家的自富说。还有儒家的“自富”，其说本于《荀子》，见于《盐铁论·水旱》：“方今之务在除饥寒之患，罢盐铁，退权利，分土地，趣本业，养桑麻，尽地力也。寡功节用则民自富。”我以为《二十四诗品》的哲学思想当属于道家范畴。以为“控物”是“御物”，那就脱离道家甚远，而近于儒了。因疑“控”或当作“空”，“空物”谓以物为虚无，无则有，有则富。其心虚静，其创作灵感就会如泉涌出。

与率为期：把直率作为创作要求。率，直率、坦率。《庄子·山木》：“形莫若缘，情莫若率。缘则不离，率则不劳。”郭象注：“情不矫，故常逸。”期，希望，要求。

不辨何时：忘了年月日，极言其忘世无为。唐太上隐者①《答人》：“偶来松树下，高枕石头眠。山中无历日，寒尽不知年。”

松下：唐人诗写山间野趣多用之。以王维为例，《戏赠张五弟諲三首》其一：“清川兴悠悠，空林对偃蹇。青苔石上净，细草松下软。”《瓜园诗》：“黄鹂转深木，朱槿照中园。犹羡松下客，石上闻清猿。”《送孙秀才》：“玉枕双文簟，金盘五色瓜。山中无鲁酒，松下饭胡麻。”《积雨辋川庄作》：“漠漠水田飞白鹭，阴阴夏木啭黄鹂。山中习静观朝槿，松下清斋折露葵。”《与卢员外象过崔处士兴宗林亭》：“绿树重阴盖四邻，青苔日厚自无尘。科头箕踞长松下，白眼看他世上人。”

---

① 一署“司空曙”。

脱帽看诗：悠闲潇洒地品赏诗词。脱帽，悠闲随意之态。李白《扶风豪士歌》："脱吾帽，向君笑，饮君酒，为君吟，张良未逐赤松去，桥边黄石知我心。"参见"沉着"品"脱巾"注。

倘然适意，岂必有为：如果适情惬意，又何必一定要有所为而为？倘然，犹倘若，假设之词。唐贯休《送僧归翠微》："只衲一个衲，翠微归旧岑。不知何岁月，即得到师心。径绕千峰细，庵开乱木深。倘然云外老，他日亦相寻。"

若其天放，如是得之：照着（庄子）那"天放"的说法，像这样就算是做到了。若，顺应。《诗·小雅·大田》："播厥百谷，既庭且硕，曾孙是若。"天放，任其自然。《庄子·马蹄》："一而不党，命曰天放。"成玄英疏："直置放任，则物皆自足，故名曰天放也。"

16. 清奇

娟娟群松，下有漪流。晴雪满汀，隔溪渔舟。
可人如玉，步屧寻幽。载瞻载止，空碧悠悠。
神出古异，淡不可收。如月之曙，如气之秋。

注释：

清奇：气象清新，构思奇妙。唐薛谦光《论选举疏》："若其文擅清奇，便充甲第；藻思微减，旋即告归，以此收人，恐乖事实。"唐末张为《诗人主客图序》："以李益为清奇雅正主，上入室苏郁，入室刘畋……升堂方干……及门僧良乂……以孟郊为清奇僻苦主，上入室陈陶、周朴，及门刘得仁、李溟。"知张为又将清奇分为雅正和僻苦两派，而以李益为雅正派，孟郊为僻苦派代表人物。

娟娟群松：秀美的松林。娟娟，秀美。杜甫《小寒食舟中作》："娟娟戏蝶过闲幔，片片轻鸥下急湍。"

下有漪流：下面有漾起波纹的水流。漪：水的波纹，代指带微波的水。刘勰《文心雕龙·定势》："激水不漪，槁木无阴。"此"漪"用为动词，不漪，谓不漾起微波。

晴雪满汀：初晴日雪满沙滩。汀，水边或水中小块平地。一作

“竹”。

隔溪渔舟：溪的彼岸旁有渔舟荡漾。隐隐约约现出《桃花源记》里面所写的意境。唐王维《桃源行》：“渔舟逐水爱山春，两岸桃花夹古津。坐看红树不知远，行尽青溪不见人。”

可人：有才有德可爱的人。《礼记·杂记下》：“其所与游辟也，可人也。”孔颖达疏：“可人也者，谓其人性行是堪可之人也，可任用之。”《三国志·蜀志·费祎传》：“君信可人，必能办贼者也。”

如玉：像玉一样美而有德。《诗·小雅·白驹》：“皎皎白驹，在彼空谷。生刍一束，其人如玉。”东汉许慎《说文解字》：“玉，石之美，有五德：润泽以温，仁之方也；䚡理自外，可以知中，义之方也；其声舒扬，专以远闻，智之方也；不挠而折，勇之方也；锐廉而不刿，洁之方也。”

步屧寻幽：漫步寻访清幽的美景。李白《春陪商州裴使君游石娥溪》：“横天耸翠壁，喷壑鸣红泉。寻幽殊未歇，爱此春光发。溪傍饶名花，石上有好月。”步屧，行走，漫步。《南史·袁粲传》：“（袁粲）又尝步屧白杨郊野间，道遇一士大夫，便呼与酣饮。”屧，音泄。本指鞋中的衬垫，后用指木屐，引申而有步行的意思。

载瞻载止：走着看一会，又停一会。载，语助无义。

空碧悠悠：碧空寥廓无际。《诗·王风·黍离》：“悠悠苍天，此何人哉！”

神出古异，淡不可收：显出高古奇特的神情，恬淡得无法描绘出来。

如月之曙，如气之秋：像破晓的月色那样明净，像秋季那样天高气爽。

17. 委曲

登彼太行，翠绕羊肠。杳霭流玉，悠悠花香。
力之于时，声之于羌。似往已回，如幽匪藏。
水理漩洑，鹏风翱翔。道不自器，与之圆方。

注释：

委曲：婉转曲折。曹植《与吴季重书》：“得所来讯，文采委曲，晔若春荣，浏若清风，申咏反复。”唐顾况《石上藤》：“空山无鸟迹，何物如人意？委曲结绳文，离披草书字。”

登彼太行，翠绕羊肠：攀登那太行山，但见青翠之色在羊肠坂上千回百转。曹操《苦寒行》：“北上太行山，艰哉何巍巍！羊肠阪诘屈，车轮为之摧。”羊肠坂，太行山一坡名，上有小路盘旋如羊肠，因名。曹操诗与这里都以“羊肠”状太行山路曲折迂回。

杳霭流玉：像玉一样美洁的流水，它所形成的水汽深远苍茫。杳霭，深远的水雾。阮籍《清思赋》：“载云舆之杳霭兮，乘夏后之两龙。”此“杳霭”，谓高远的云气。玉流，本于颜延年《赠王太常》：“玉水记方流，璇源载圆折。”《文选》注引《尸子》曰：“凡水其方折者有玉，其圆折者有珠也。”

力之于时：力有赖于时，有才力者赖有时运方得遂其志。杜甫《遣兴三首》其三：“时来展材力，先后无丑好。”唐王珪《咏淮阴侯》：“信亦胡为者？剑歌从项梁。项羽不能用，脱身归汉王。道契君臣合，时来名位彰。”这里的意思是如贤才之得时。

声之于羌：如乐曲之得精良乐器的演奏。羌，指羌笛。唐王建《塞上逢故人》：“羌笳三两曲，人醉海西营。”“羌”指羌笛，“笳”指胡笳。这里以羌笛代优良的乐器。刘禹锡《杨柳枝词首》其一：“塞北梅花羌笛吹，淮南桂树小山词。请君莫奏前朝曲，听唱新翻杨柳枝。”

似往已回，如幽匪藏：好像离去了而又已回来，好像已经幽隐却又露出了面目。这就是所谓“委曲”。

水理漩洑，鹏风翱翔：像旋涡状的水纹急速转动，像大鹏乘羊角风螺旋状上升。理，纹理。漩洑，即旋涡。翱翔，回旋飞翔。《庄子·逍遥游》：“翱翔蓬蒿之间，此亦飞之至也。”这里说大鹏乘风“翱翔”，所指当是“抟扶摇羊角而上”。《庄子·逍遥游》：“有鸟焉，其名为鹏，背若泰山，翼若垂天之云，抟扶摇羊角而上者九万里。”抟，音团，犹积聚。扶摇，从下向上的暴风。羊角，如羊角状旋转的龙卷风之类。言积聚暴风旋风乘之而上。

道不自器，与之圆方：道不自己赋予形象，而随器用之圆而圆，随器用之方而方。言无定形。《易·系辞上》：“形而上者谓之道，形而下者谓之器。”“道”是不可见的思想体系，“器”是有形的具体事物。无形基于有形，故说“与之圆方”。

18. **实境**

取语甚直，计思匪深。忽逢幽人，如见道心。

清涧之曲，碧松之阴。一客荷樵，一客听琴。

情性所至，妙不自寻。遇之自天，泠然希音。

注释：

实境：实实在在的境地。唐符载《鄂州何大夫创制夏亭诗序》：“乃缘后殿，穿窈窕，出乎苍莽之巅，果有实境待我而启。万古不偶，今为知音。”

取语甚直，计思匪深：用词甚为质直，构思也不深奥。

忽逢幽人，如见道心：忽然遇见了幽隐的有道之士，好像领悟到了道的基本精神。道心，自然之道的核心，自然之道的基本精神。《书·大禹谟》：“人心惟危，道心惟微。”

清涧之曲，碧松之阴：幽静的山溪之畔，碧绿的松树之下。曲，水道弯曲处。阴，树木覆盖之地。《南史·张充传》：“松柏阴森，相缭于涧侧。”唐韩愈《山石》：“山红涧碧纷烂漫，时见松枥皆十围。当流赤足蹋涧石，水声激激风生衣。人生如此自可乐，岂必局束为人鞿？”

一客荷樵，一客听琴：樵牧琴酒，皆唐诗人心所喜乐。李商隐《秋日晚思》：“取适琴将酒，忘名牧与樵。平生有游旧，一一在青霄。”陆龟蒙《樵歌》：“纵调为野吟，徐徐下云磴。因知负樵乐，不减援琴兴。”

情性所至，妙不自寻：性格到达了某种程度，妙就妙在不是擅自臆造。情性，性格。刘勰《文心雕龙·原道》：“雕琢情性，组织辞令，木铎起而千里应，席珍流而万世响。”

遇之自天，泠然希音：（实境的风格）都是从自然得来，是轻妙的乐音。泠然，轻妙的样子。《庄子·逍遥游》：“夫列子御风而行，泠然善也。”郭象注：“泠然，轻妙之貌。”泠，音零。希音，美妙的声音，这里指乐音。“希音”即“希声”。《老子·第四十一章》：“大方无隅，大器晚成，大音希声，大象无形，道隐无名。夫唯道，善贷且成。”晋王弼注：“凡此诸善，皆是道之所成也。在象则为大象，而大象无形。在音则为大音，而大音希声。”希声本作无声解。但它却是“大音”，是“道”之音，而“道”，是《二十四诗品》的最高美学原则，所以可释为“美妙的声音”。

19. **悲慨**

大风卷水，林木为摧。适苦欲死，招憩不来。
百岁如流，富贵冷灰。大道日丧，若为雄才？
壮士拂剑，浩然弥哀。萧萧落叶，漏雨苍苔。

注释：

悲慨：悲愤感慨。王羲之《遗殷浩书》：“自寇乱以来，处内外之任者，未有深谋远虑括囊至计。而疲竭根本，各从所志，竟无一功可论，一事可记。忠言嘉谋，弃而莫用。遂令天下将有土崩之势，何能不痛心悲慨也！”

大风卷水，林木为摧：飓风卷起轩然大波，摧折树木森林。北齐刘昼《刘子·慎隙》：“譬如风焉，披云飞石，卷水蹶木。”为，被。

适苦欲死：正当他思想痛苦难忍的时候。《庄子·达生》：“孔子观于吕梁，县水三十仞，流沫四十里，鼋鼍鱼鳖之所不能游也。见一丈夫游之，以为有苦而欲死也，使弟子并流而拯之。”

招憩不来：要他来休息他不来。憩，音气，休息。唐吴融《登真赋》：“过太微而一憩，倚华盖而招真。”

百岁如流，富贵冷灰：百年岁月如流水易逝，富贵犹如冷灰，无意追求。百岁，泛指人的一生。一作“百年”。唐刘威《遣怀寄欧阳秀才》：“地上江河天上乌，百年流转只须臾。”冷灰，言已毫无热情。唐刘言史《赠童尼》：“昔时艳质如明玉，今日空心是冷灰。”

大道日丧，若为雄才：大道一天天地沦丧，有雄才大略的俊杰其可奈何。意思是英雄们莫奈其何。大道，最高的指导思想。《礼记·礼运》："孔子曰：'大道之行也，与三代之英，丘未之逮也，而有志焉。"若为，若何，如何，奈何。参"沉着"品注。

壮士拂剑，浩然弥哀：壮士拔剑拂拭，悲愤满怀。壮士，有豪情的勇士。浩然，充盛的样子。弥，遍，满。哀，等于说悲愤。

萧萧落叶，漏雨苍苔：落叶萧萧飘下，残雨滴在苍苔之上。萧萧，草木摇落声。杜甫《登高》："无边落木萧萧下，不尽长江滚滚来。"漏雨，等于说残雨。唐郑谷《西蜀淨众寺松溪八韵寄水笔崔处士》："寒烟斋后散，春雨夜中平。染岸苍苔古，翘沙白鹭明。"

20. **形容**

绝伫灵素，少回清真。如觅水影，如写阳春。

风云变态，花草精神。海之波澜，山之嶙峋。

俱似大道，妙契同尘。离形得似，庶几斯人。

注释：

形容：描摹，描写。唐张说《洛州张司马集序》："夫言者志之所之，文者物之相杂。然则心不可蕴，故发挥以形容，辞不可陋，故错综以润色。"李白诗："我居清空里，君隐黄埃中。声形不相吊，心事难形容。"（《东坡集》中所载《李白谪仙诗》）

绝伫灵素：尽力修养性灵。绝，尽。伫，积聚，心灵之积聚，便是修养。灵素，谓心灵，性灵。晋葛洪《抱朴子·擢才》："千钧之重，非贲获不能抱也；白雪之弦，非灵素不能徽也。"

少回清真：（才能）稍稍返回到高洁的自然之性。少，犹稍。《汉书·贾山传》："臣不敢以久远谕，愿借秦以为谕，唯陛下少加意焉。"清，高洁。《论语·公冶长》："崔子弑齐君，陈文子有马十乘，弃而违之，至于他邦……子曰：'清矣。'"真，本然，自然。李白《避地司空原言怀》："倾家事金鼎，年貌何长新！所愿得此道，终然保清真。"

水影：光线折射，把远处景物显示在地面的幻景。《晋书·苻坚载记下》："长安有水影，远观若水，视地则见人，至是则止。坚恶之。”《宋书·五行志》：“宋文帝元嘉二十五年，青州城南地，远望见地中如水有影，人马百物皆见影中，积年乃灭。”有注以“水影”为“水中倒影”，倘是倒影，就无须去“觅”了。

写阳春：下引李白诗文可为此作注。《春夜宴桃李园序》：“阳春召我以烟景，大块假我以文章。”是说春阳大地提供了丰富的写作素材。《愁阳春赋》：“东风归来，见碧草而知春。荡漾惚恍，何垂杨旖旎之愁人。天光青而妍和，海气绿而芳新。野彩翠兮芊绵，云飘飖而相鲜。演漾兮夤缘，窥青苔之生泉。缥缈兮翩绵，见游丝之萦烟。魂与此兮俱断，醉风光兮凄然。若乃陇水秦声，江猿巴吟，明妃玉塞，楚客枫林，试登高而望远，痛切骨而伤心。春心荡兮如波，春愁乱兮如雪，兼万情之悲欢，兹一感于芳节。若有一人兮湘水滨，隔云霓而见无因。洒别泪于尺波，寄东流于情亲。若使春光可揽而不灭兮，吾欲赠天涯之佳人。”这是对阳春尽情的描写。

风云变态：风云变幻，形态无定。晋陆机《思亲赋》自注：“身寓洛阳，而亲之坟墓在吴中，思因风云之便，以寄吾诚敬。由岁至暮，自夕至明，风云变态不常，卒无可以寄吾情者。”杜甫《上白帝城二首》其一：“江城含变态，一上一回新。天欲今朝雨，山归万古春。”宋郭知达注：“朝暮云烟变化，态度多端也。《楚辞·思美人》篇曰：‘观南人之变态。’”

花草精神：花草焕发着神采。唐杜牧《蔷薇花》：“朵朵精神叶叶柔，雨晴香拂醉人头。”

海之波澜，山之嶙峋：大海波涛汹涌，大山高耸特立。嶙峋，音邻旬，山突兀高耸的样子。

大道：这里指宇宙最根本的法则。《庄子·天下》：“天能覆之而不能载之，地能载之而不能覆之，大道能包之而不能辩之，知万物皆有所可，有所不可。”

妙契同尘：与老庄的万物混一说相契合。妙契，从汉译佛经中借用的一个词。它在佛经中有三个义项：①以“妙契”为动词，组成一个动宾词组，宾语是实际上的主语。意思是（宾语）与佛理相契合。元魏吉迦夜共昙曜译《杂宝藏经》:“大王神德，妙契言旨。积德所种，故享斯国位。”言大王的言旨与佛理相契合。②名词，玄理，佛理。北凉昙无谶《大般涅槃经》:“然冥化无朕，妙契无言。”言佛理无言语可以表达。③动词，即契合，符合。姚秦僧肇《肇论》:“有天竺沙门鸠摩罗什者，少践大方，研机斯趣，独拔于言象之表，妙契于希夷之境。”“希夷”本于《老子》，谓空寂虚无。这里用的是第三个意义。同尘，如灰尘之混杂异物，比喻混一、统一。语本《老子》:“和其光，同其尘，湛兮似或存。”

离形得似：超越了形似而达到了神似。

庶几斯人：此人与善于形容的高手也就相差不远了。庶几，差不多。斯，此。

21. **超诣**

匪神之灵，匪机之微。如将白云，清风与归。
远引若至，临之已非。少有道气，终与俗违。
乱山乔木，碧苔芳晖，诵之思之，其声愈希。

注释：

超诣：犹如说超越。刘义庆《世说新语·赏誉》:“简文云：渊源语不超诣简至，然经纶思寻处，故有局陈。”杜甫《夜听许十一诵诗爱而有作》:“紫燕自超诣，翠驳谁剪刎?”仇注：“自超诣，独能超出也。”

匪神之灵，匪机之微：不是神灵显圣，也不是冥冥中细微的预兆。言超诣之得，缘于人事。之，语助无义。机，这里同于“几”。汉蔡琰《悲愤诗》之一：“失意机微间，辄言毙降虏。”机，一本作“几”。几微，细微的预兆。《汉书·萧望之传》:“愿陛下选明经术，温故知新，通于几微谋虑之士以为内臣，与参政事。”

如将白云，清风与归：如与白云、清风同归。意思是处在清风、白云的境界里。这种境界可以是“同贫清风馆，共素白云室。”(孔稚圭《酬张长史》）可以是“穆穆与清风并扇，英英将白云共朗，永锺清祉，长享元吉。”（王僧孺《礼佛唱导发愿文》）可以是

“白云至止，杂萝薜以成帷；清风来兮，协笙竽而吹籁。”（唐孙秘《散木赋》）也可以是兼有其中的两种，也不排斥第三种。

远引若至，临之已非：从远处引来，好像已经到达，可是临近一看，却又并非如此。《史记·封禅书》：“未至，望之如云。及到，三神山反居水下。临之，风辄引去，终莫能至云。”

少有道气，终与俗违：起初朴素得很，没有得道之象，因为追求超诣，最终背离了世俗。少有，缺少，没有。

乱山乔木：指乱山与乔木等所构成的郊野风光。唐张继①《冯翊西楼》：“近郭乱山横古渡，野庄乔木带新烟。”

碧苔芳晖：青苔与春晖相映。唐杨炯《青苔赋》：“春淡荡兮景物华，承芳卉兮借落花。”芳晖，犹如说春晖，春光。江淹《知己赋》：“唯华名与芳晖兮，争日月而无沫。”

诵之思之，其声愈希：吟诵它深思它，就觉得它更加美妙了。之，其，这里代具有超诣风格的作品。希，为“希声”、“希音”之“希”，犹如说美妙。参“实境”品“泠然希音”注。

22. **飘逸**

落落欲往，矫矫不群。缑山之鹤，华顶之云。

高人惠中，令色细缊。御风蓬叶，泛彼无垠。

如不可执，如将有闻。识者期之，欲得愈分。

注释：

飘逸：以言文章风格，谓潇洒脱俗。《晋书·陆机传》：“机文犹玄圃之积玉，无非夜光焉。五河之吐流，泉源如一焉。其弘丽妍赡，英锐漂逸，亦一代之绝乎！”漂，通飘。

落落欲往，矫矫不群：鹤立鸡群似的欲有所往；高高在上，不同凡响。落落，卓越貌。见“高古”品注。矫矫：犹高高。《汉书·叙传》：“贾生矫矫，弱冠登朝。”师古曰：“矫矫，高举之貌也。”

缑山之鹤：止于缑山上的鹤。语出《列仙传》：“周王子乔好

① 一作郎士元。

吹笙，作凤鸣，后告其家：‘七月七日待我于缑氏山头。’及期，果乘白鹤谢时人而去。”缑，音钩。

华顶之云：聚于华顶峰上的云。华顶，指华顶峰。宋祝穆《方舆胜览·台州》：“华顶峰，在天台县东北六十里，盖天台第八重最高处，高一万丈。绝顶东望沧海，俗号望海尖。草木薰郁，殆非人世。孙绰所谓‘陟降信宿，迄乎仙都’是也。”华顶峰为求仙、采药、炼丹胜处。唐沈佺期《同工部李侍郎送司马白云归天台》：“紫微降天仙，丹地投云藻。上言华顶事，中问长生道。华顶居最高，大壑朝阳早。长生术何妙，童颜后天老。”唐孟浩然《寄天台道士》：“焚香宿华顶，裛露采灵芝。”唐李绅《华顶》：“欲向仙峰炼九丹，独瞻华顶礼仙坛。”华顶峰亦多云。唐灵澈《天姥岑望天台山》：“天台众峰外，华顶当寒空。有时半不见，崔嵬在云中。”

高人惠中，令色絪缊：高人内心聪慧，外貌俊美。高人，高出于人的有道之士。惠中，内心聪慧。惠，通作慧。令色，美好的容颜。絪缊，同于氤氲，常指云、烟、雾、气等的浓烈，移用于形容其他，多与浓、烈的意义相类。唐权龙褒《喜雨》：“暗去也没雨，明来也没云。日头赫赤出，地上绿氤氲。”“绿氤氲”，谓浓绿，极绿，绿油油的。本例说“令色絪缊”，意思便是美好的容颜极其亮丽。唐韩愈《送李愿归盘谷序》：“秀外而惠中。”此处前句明说“惠中”，后句则是实说“秀外”。

御风蓬叶，泛彼无垠：蓬叶驾风而行，漂浮在那无边的辽阔之中。蓬，草名，叶形似柳叶，秋枯根拔，遇风飞旋，故又名“飞蓬”。《商子·禁使》：“今夫飞蓬，遇飘风而行千里，乘风之势也。”泛，浮游。垠，音银，边际。

如不可执：如同没有实体可以执取，言把捉不住。柳宗元《禬说》：“继而叹曰：神之貌乎，吾不得而见也；祭之飨乎，吾不得而知也。是其诞慢惝怳，冥冥焉不可执取者。”语本《关尹子·八筹》：“然则万物在天地间不可执，谓之万不可执，谓之五不可执，谓之一不可执。谓之非万不可执，谓之非五不可执，谓之非一。”

如将有闻：如像将有所闻知，生怕不能据以实践。《论语·公冶长》："子路有闻，未之能行，唯恐有闻。"朱熹集注："前所闻者既未及行，故恐复有所闻，而行之不给也。"

识者期之：有见识的人以它（指飘逸）为追求的目标。《汉书·师丹传》："京师识者咸以为宜复丹邑爵，使奉朝请，四方所瞻卬也。"

欲得愈分：可是越是想得到它，就越是得不到。言当顺其自然。分，分离，这里的意思就是得不到。

23. 旷达

生者百岁，相去几何。欢乐苦短，忧愁实多。
何如尊酒，日往烟萝。花覆茅檐，疏雨相过。
倒酒既尽，杖藜行歌。孰不有古，南山峨峨。

注释：

旷达：看得开，想得通，不系心于名利，不拘泥于俗规俗见。《晋书·张翰传》："翰任心自适，不求当世。或谓之曰：'卿乃可纵适一时，独不为身后名邪？'答曰：'使我有身后名，不如即时一杯酒。'时人贵其旷达。"白居易《秋日与张宾客舒著作同游龙门醉中狂歌》："并辔踟蹰下西岸，扣舷容与绕中汀。开怀旷达无所系，触目胜绝不可名。"

生者百岁，相去几何：人活不过百岁，距死期能有多少时间？曹操《短歌行》："对酒当歌，人生几何？譬如朝露，去日苦多。"

欢乐苦短，忧愁实多：苦于欢乐的日子短，又苦于忧愁的日子实在多。这样浅近的意思却有深刻的哲理，也可发而为诗。白居易《食后》："乐人惜日促，忧人厌年赊。"

何如尊酒，日往烟萝：哪里比得上带一坛子酒，每天去风景优美的地方游玩？烟萝，烟云缭绕藤萝丛生之处，泛指风景优美的地方。白居易《夜游西武丘寺八韵》："舟船转云岛，楼阁出烟萝。路入青松影，门临白月波。鱼跳惊秉烛，猿觑怪鸣珂。"

花覆茅檐：遍地野花，覆盖着茅屋以至阶沿。茅檐，茅屋及其附属建筑的代称。杜甫《春归》："苔径临江竹，茅檐覆地花。"九家集注云："言竹生苔径而临江，花倚茅檐而覆地耳。《古燕歌行》

云：'杨柳覆地亦千条。'又云'桃抽覆地春花舒'，非花落而在地也。"

疏雨相过：稀疏的小雨飘洒过来。白居易《江楼晚眺，景物鲜奇，吟玩成篇，寄水部张员外》："淡烟疏雨间斜阳，江色鲜明海气凉。蜃散云收破楼阁，虹残水照断桥梁。风翻白浪花千片，雁点青天字一行。"

倒酒既尽，杖藜行歌：饮酒已经尽兴，拄杖且行且歌。杜甫《晦日寻崔戢李封》："出门无所待，徒步觉自由。杖藜复恣意，免值公与侯。"杖藜，拄杖。

孰不有古，南山峨峨：谁没有作古的时候，只有终南山永远巍峨高耸。《诗·小雅·天保》："如月之恒，如日之升，如南山之寿，不骞不崩。"峨峨，《文选·〈楚辞·招魂〉》："增冰峨峨，飞雪千里些。"吕向注："峨峨，高貌。"

24. **流动**

若纳水辖，如转丸珠。夫岂可道，假体如愚。
荒荒坤轴，悠悠天枢。载要其端，载闻其符。
超超神明，返返冥无。来往千载，是之谓乎。

注释：

流动：如水之流，变动不居。萧统《解二谛义》："生灭流动，无有住相。"

若纳水辖，如转丸珠：像水车进水，源源不绝；如旋转圆珠，滚动自如。纳，入，使水入。水辖（音管），水车。转丸，言旋转如丸，无不如意。唐朝沈仲《象环赋》："道崇受物用，能宽而有容。理贵适时体，如丸而任转。"语本晋崔豹《古今注》："蜣螂能以土苞粪推转成丸，圆正无斜角。庄周曰：蛣蜣之智在于转丸。"丸珠，言珠丸，或圆珠。

夫岂可道，假体如愚：托生的说法类似于愚蠢，不值得称道。假体，犹如说借体（复生），也就是托生。晋葛洪《抱朴子·论仙》："杜伯报恨于周宣，彭生托形于玄豕，如意假体于苍狗。""假体于苍狗"，事见于《汉书·五行志》："高后八年三月，被霸上，还过枳，道见物如仓狗，橶高后掖，忽而不见。卜之，赵王如意为祟。遂病掖伤而崩。”言事物流动如进水，如转丸，但如托生这一类的关于变化的说法则不可信。

荒荒坤轴，悠悠天枢：茫茫大地的轴心，迢迢上天的枢纽。地轴所以转地，天枢所以运天。谓宇宙的主宰者运行不息。

载要其端，载闻其符：探求转地运天的端绪，认知它的征兆。要，探求。《易·系辞下》：“噫亦要存亡吉凶，则居可知矣。”高亨注：“要亦求也。此言用《易经》求人事之存亡吉凶，则安坐可知矣。”闻，与“要”相对为文，意思是认知。唐李涉诗：“暮雨萧萧江上村，绿林豪客夜知闻。他时不用逃名姓，世上如今半是君。”第二句言夜里认识了豪客们。知、闻同义词素并列成词，“闻”亦“知”也。符，征兆。《战国策·秦策三》：“岂非道之符，而圣人所谓吉祥善事与?”

超超神明，返返冥无：超越神明，而返回到至道。超超，即超，重言之。返返即返，也是重言。冥无，谓至道。葛洪《神仙传·广成子》：“至道之精，窈窈①冥冥；至道之极，昏昏默默，无视无听。”语本《庄子·在宥》：“来！吾语女至道。至道之精，窈窈冥冥；至道之极，昏昏默默。”所谓“至道”，极深微精妙之道，至高无上的道。

来往千载，是之谓乎：古往今来数千年，大概就都是这样的吧。言万事如纳水，如转丸，如地转，如天运，人们求其端而识其符，终返于至道。

附：《我解〈二十四诗品·沉着〉》（一次学术演讲）

绿林野屋，落日气清。脱巾独步，时闻鸟声。
鸿雁不来，之子远行。所思不远，若为平生?
海风碧云，夜渚月明。如有佳语，大河前横。

时人的解释，多是沾亲带故一类。所谓“沾亲带故”，就是盯

---

① 窈，一作杳。

住一个词语，一个句子，无根少据地生发开去，扯到一个什么有点关系的地方去。如郭绍虞老先生，他在《诗品集解》里注释“鸿雁”四句：

鸿雁不来，则云山寥落，之子远行，则情怀渺邈。然而所思不远，好像当前即是；若为平生，又觉握手如昨。那么，千里如咫尺，似又未尝相离也。之子远行，所思已无可见之理；若为平生，所思犹有得见之情。思之不见，愈思得见，一心凝聚，萦回往复，则独念之深切又正是沉着之表现也。前言景，此言情，双股夹写，而沉着亦形象化矣。①

本来就那么四句：“鸿雁不来，之子远行。所思不远，若为平生。”却牵扯出“云山寥落，情怀渺邈，好像当前即是，又觉握手如昨，千里如咫尺，似又未尝相离也。所思已无可见之理，所思犹有得见之情”。进而引申出“思之不见，愈思得见，一心凝聚，萦回往复，则独念之深切又正是沉着之表现也”。“鸿雁不来”四句是本文，其他便是沾带出来的“亲”“故”。

郭老先生是我们的前辈，学养深厚，但这类沾亲带故的注释法，仍然不便依从。后来的学者虽或有理论之长，但要求其对古典文献如《二十四诗品》者，作出胜过前人的注解实难。但如果强其所难，非要他们注释不可，那多半就要靠望文生义了。我们把目光转向训诂昌明的清代。道光年间的孙联奎，他著《诗品臆说》，我以为《诗品臆说》较能抠紧词句说话。

“绿林野屋”境，无些子喧嚣，是可思之地。

“落日气清”气，无半点氛浊，是可思之时。

“脱巾独步”于是沉思独往。佳在脱巾，脱巾便无头巾气。

“时闻鸟声”其时，他无所闻。诗肠鼓吹，正须乎此。

“鸿雁不来，之子远行”尺素未达，所以致思。曰“之子”，则其人必非寻常人物，必非泛泛交情。

---

① 郭绍虞、王文生：《中国历代文论选》第二册，上海古籍出版社1979年版，第209页。

"所思不远"思之近。

"若为平生"思之切。"所思"字，是通首关键。上六句皆思，下二句，是思之极境。

"海风碧云，夜渚月明"风举，云停，千潭月印，空阔澄沏，直思到这样境地。

"如有佳语，大河前横"有佳意，必有佳语；所谓词由意生也。佳语而有大河横阻，斯语无泛设。句句，字字，皆沉着矣。前十句，皆言沉着之思，尾二句方拍到诗上。

孙说切近词句，已较为可信。但所释仅就事论事，忽略了文学方面的故习，亦即忽视了文学形象的继承性。小子后出，有较好的逾越前人的条件。我之所释，在这一方面就不可以无所弥补了。

这一品我的解释是：

在绿林夹野屋这样优美的环境里，在秋高气清夕阳西下风景如画之时，我脱下头巾，不拘仪节，潇洒独步，时而传来啁啾的鸟声，引发我的遐思。此言诗人避乱到王宫谷的情景。此地虽好，但外面时局不宁，正人君子，避乱远行，撩起了我忧国忧民的情怀。其奈一生抱负何？社会黑暗，环境险恶。入夜，人间一片死寂，唯星月微动而已。此时如有佳作呈现，那一定是看到了美好的愿景。如此写下来的诗词，就是沉着格调的好诗。所谓沉着，言踏实，厚重，不轻浮。

本品的注解与前哲时贤迥然不同。我所凭借的是"鸿雁不来"与"所思不远"等句的出典，以及诗作的文学传统的继承性。我坚信我的解释，只此方为正解，亦有"脱巾独步"之意存焉。

后 记

本书编写，采用了同义学说。修辞中的同义学说来源于苏联。1930年出版的别什科夫斯基的《祖国语言、语言学和修辞学的教法问题》，就明确划分出语法同义现象，并且认为修辞学应当研究这种现象的细微差别。从20世纪30年代到60年代初期，有不少苏联语言学著作较多地分析了同义现象。依据罗森塔尔的《俄语实践修辞学》，同义修辞的具体内容，一个是“同义词汇”（或叫“同义的集合体”，译为“同义现象”，或译为“同义形式”、“同义结构”），一个是“平行结构”，还有一个是“同一内容的不同说法”（用在修辞学中，可译为“异体”）。1959年6月，高名凯先生在天津作了题为“语言风格学的内容和任务”的学术报告，认为“平行的同义系列”是风格学（即修辞学）的研究对象之一。张弓《现代汉语修辞学》（1963年出版）第三章，除了论说同义词以外，还讲“同义形式”。近几年来，国内一些年青学者的注意力，再度转向同义学说，对此作了一些初步的探讨。我们这本修辞书借鉴了苏联的同义修辞理论，参考了国内有关“同义”的论述，加上了我们自己在这方面的心得体会。

本书第四章，是讲利用文艺的、心理的、逻辑的、历史的、美学的因素的修辞，故统称为特殊修辞。第一节讲提炼，与文艺创作过程相类，但不相同。第二节讲比喻。比喻基于对事物特点的认识和类似特点的联想，有心理因素，也有语言因素。起兴是不明显的比喻，我们放在同一节里解说。第三节讲事物间有着各种各样的联系和关系，利用这些联系和关系来修辞，便是借代和映衬，而藏词是一种特殊的借代。这节便是逻辑（即事理）修辞。第四节比拟、夸张，两者都反映人们的想象和愿望，是一种心理状态，与第二节的心理过程互相区别，但也可归入利用心理因素这一类。引用通常是引用前人的话，与历史因素有关，因篇幅较短，附在第四节的末尾。第五节讲整齐和错综。按照美学的观点，形式美是指自然事物的一些属性（如色彩、线条、声音等），在一种合规律的联系中所呈现出来的能引起美感的特性。所谓合规律的联系，包括整齐一律、均衡对称、多样统一等。对偶、排比、错综，正是修辞中可能引起审美感的形式。

现今流行的修辞学书，多数人承认其有技术含量并成了系统的，主要还是讲辞格的那一部分。辞格的项目、内容及界域，各书虽或有小异，例证亦多不同，并时有补苴，而其大体并无二致。本书不以辞格为主，论述多所缺漏，深恐对读者有损，便取唐钺、陈望道两位前辈论辞格作为附录，因为这是众修辞学书之所本。这本古汉语《修辞学》没有设专章阐述语体和风格，《附录》中《古人论文体风格》，是就此作聊胜于无的弥补。

编写本书的主要参考书有唐钺《修辞格》、王易《修辞学通诠》、陈望道《修辞学发凡》、杨树达《中国修辞学》、郑奠等《古汉语修辞学资料汇编》、孙常叙《汉语词汇》、周振甫《诗词例话》、张弓《现代汉语修辞学》、倪宝元《修辞》、胡裕树《现代汉语》（增订本）、范文澜《文心雕龙注》、王朝闻《美学概论》、朱光潜《美学文学论文选集》、吕叔湘和朱德熙《语法修辞讲话》，还有《滹南遗老集》等。引文有时有节省，引用书目从略。在此一并说明。

李维琦

1984 年 12 月 30 日

再版后记

在这本小书里，我引进了同义修辞，作为修辞内容的一个组成部分。

修辞中的同义学说的研究越来越深入，已不是1983年我写《修辞学》的时候那个样子了。那时候研究同义修辞的青年人，现在都已经不年青，其中许多人已离同义修辞而去，不再坚持这个东西。只有南京大学的王希杰教授等锲而不舍，对此有了更多更老到的论述。北方民族大学聂焱教授还据王氏的理论写成了《广义同义修辞学》，涵盖了语音、词语、句子、超句、文字、标点、辞格、语体、风格和方法论等各个方面，是一次十分有益的尝试。

现在再版我的这本旧书，自然没有可能按照现在的理论来重新写过。我当时只是据我所理解的同义修辞理论，用我认为最靠得住的方法来写同义修辞。同义修辞现在有人追溯到《公羊传》，这与我当年的想法略同。我曾经想过，在思想里头策划过，写一本从三传看同义修辞的书，那写出来一定是相当可观的。如果有人——比如说我的老师——坚持要我继续与同义修辞打交道，那么，那劳作的成果一定是《三传修辞要略》。如果我无他事可为，现在仍然是一个可供挑选的研究项目。我的能耐，如果也可说是能耐的话，是归纳现成的东西，不是演绎那未知的事物。明知演绎的重要，是求得新知的必经之路，但我仍只能兔守我的旧法，觉得我这个办法可靠，多少于世人有益。让那些资质聪慧的人演绎去吧，我甘愿居于下风而不悔。由王希杰教授首倡，现在修辞学界有人在谈论湖湘修辞学派，如果有这样一个学派，那它的特点之一就是多从古籍中勾稽和归纳修辞材料，重在扎实可靠，持之有据，而缺乏纵横驰骋的想象力和层出不穷的创造性。

已经说得明白了，我的同义修辞研究成果是归纳出来的，不是推论出来的。我用两种可以比较的语言材料来对比，一般说来，把后出的那一种看做是对前一种的修饰和订正，是一种修辞，被称为所谓的“消极修辞”。这样做的结果，得到五个方面的成果：一是语词，一是语法，一是信息，一是借代，还有一个是繁简。这五个方面我当时都企图写进《修辞学》，堂而皇之地标为“语法修辞”，成为一章的题目。有的就含含糊糊地进了《修辞学》，比如信息修辞被说成是“提炼”，混在“特殊修辞”那一章里面。现在为了偿还夙愿，我把借代修辞补充出来。在本版中出现的以“二、广义借代”为题的便是。

修辞学界的朋友们曾经提出异议，不同时代的材料怎么可以放在同一个平面来讨论呢？我的回答是，可以的。在修辞者看来，他要加工，他要改作，就是从他那个时代来看问题的，不是两者进行优劣对比，所以是一个平面，没有两个平面。况且构成同义修辞的大部分是语法修辞，而语法，是千百年形成的格式，短短几十年，甚至是几百年大致都是一回事，并没有什么两样。构成同义修辞的另一部分也不算小，那就是广义借代，这一部分主要是讲相关，讲各种各样的关系和不同的视角，这关系和视角也并不是一个时代一个样。

我的《修辞学》在绪论里讲到写修辞学的体式，实际上是指一本修辞学应当包括哪些内容才算完备。就现在大众所能接受的水平来看，大概应当包括语言要素的修辞、辞格修辞、语体和风格等，也许还有话语修辞乃至篇章修辞，如果承认同义学说，也当包括同义修辞在内。用某种学说或思想作指导写出某种修辞来是可行的、有益的，但如果想由谁来统一天下，至少在目前，恐怕还有困难，不免存在若干勉强的成分在内。在一个学术年会上，有青年人问我(我那时也不算年老)，你如何能把所有修辞都称之为同义修辞？我回答说，我只是为同义修辞争一席之地，绝没有吞并其他修辞样式的意思。我现在依然认为，同义修辞只是修辞的一部分。不过，我认为是最重要的一部分。那些辞格，我称之为特殊修辞，就是有不把它当做正宗看待的意思。因为这些修辞许多都是在特别讲究的情况下才会有的，是有意为之，而不是一开口一动笔就会碰到的随时随地可见的修辞。打个比方，修辞犹如治病，我说的同义修辞是为了对付常见病、多发病，而辞格等是对付罕见病、高贵病的。共产党告诉我们要为人民服务，要多为大众着想，这是我的出发点。

现在回过头来，补充说说同义修辞的来历。说者把来源追溯到福楼拜，那倒也不是捕风捉影，本来还是有点蛛丝马迹。不过作为一种修辞学说，那还是应当作古正经地说来自苏联，换一个说法，是来自俄语。聂焱教授在他的著作里首先提到维诺格拉多夫和格沃兹节夫，他说得正确。操俄语的语言学家们称呼同义学说为 синонимия 或 синонимика，可别为三类，都是讲句法词法上的，并没有涉及其他方面。如果你接触过一点俄语，我来举个例子，这例子应当是通俗易懂的。中国的，形容词，俄语作 китайский，而 китай（中国）的第二格形式 китая，也可以表示"中国的"这个意思，不过它放在被修饰的名词之后，而不像 китайский 必置于名词之前。这便是同义语法形式。我们的前辈讲同义形式，或平行结构等，大概就是指的这一类情形。到了我辈人手中，有的就是郢书燕说，有的就是借鸡下蛋，吹嘘过去自我作古的灵魂，估摸着或想象着什么什么是同义形式或同义结构、同义手段等。也有少数学者用他们睿智的头脑，进行缜密的思考，总结他人关于同义修辞的经验，而得出若干种同义修辞的科学体系。还有笨笨如我，到古籍中去苦苦搜寻同义形式。这样大家努力，一来二往，也就形成了有中国特色的同义修辞学说了。我说这些，是想表明，我根据语言材料归纳出来的同义修辞，也是同义学说兴旺时期的一种产物，未必就注定是不配上台盘的次货。大家竞争嘛，看社会和历史终究接受谁。我的书不像王希杰教授的《汉语修辞学》，几乎每年都要重印一次，那说明他和他的学说得到了社会的公认。我的书呢，都没有再版过，除了那些不免流到地摊上去的古文今译之类。今回再版，是破天荒第一回。我有自知之明，从来没有想到过，社会上会有很多人认同我的同义学说。现在既然再版了，就来说说初衷，或者它有点历史意义，或者大小也算是一家之言，有它存在的价值。

本书根据师承，没有“古汉语修辞学简史”一章，这比之于嗣后成书的宗廷虎教授等一系列的中国修辞学史著作，真是小巫见大巫了。但对于没有工夫读大部头著作的人说来，仍然是一个可读的选项。

本书附录，再版时有所调整。唐钺《修辞格》，这一部讨论辞格的“祖师爷”书，已经绝版。原只介绍了辞格的定义，未及内容。今稍作充实，借以窥知唐著概貌。古汉语风格研究，似是修辞研究中的弱项，特附《二十四诗品》今注，以为研究古代诗文风格者之一助。

李维琦

2012 年 4 月 5 日

图书在版编目（CIP）数据

修辞学/李维琦著. —长沙：湖南师范大学出版社，2012. 5
（修辞文萃丛书）

ISBN 978-7-5648-0703-0

Ⅰ. ①修… Ⅱ. ①李… Ⅲ. ①古汉语—修辞学 Ⅳ. ①H15

中国版本图书馆 CIP 数据核字（2012）第 071582 号

修辞学

李维琦 著

◇责任编辑：谭南冬
◇责任校对：胡亚兰
◇出版发行：湖南师范大学出版社
地址/长沙市岳麓山 邮编/410081
电话/0731.88853867 88872751 传真/0731.88872636
网址/http://press.hunnu.edu.cn
◇经销：湖南省新华书店
◇印刷：长沙市华中印刷厂

◇开本：880 mm×1230 mm 1/32
◇印张：9.75
◇字数：280 千字
◇版次：2012 年 6 月第 1 版第 1 次印刷
◇书号：ISBN 978-7-5648-0703-0
◇定价：21.00 元